后浪

审势

洞察世界的风口

黄湘 著

光明日报出版社

献给沈昌文先生（1931—2021）

目　录

第二章　反思资本主义

第三章　美国

第四章　欧洲

第五章　中东

第六章　大数据与社会

导　言

2017 年 9 月，笔者应编辑符淑淑之约，成为《第一财经周刊》的"读书笔记"专栏作家，大约每两期（周）发表一篇文章，内容是对最近出版的一本值得推荐的英文新书的导读与评论。从 2019 年初开始，《第一财经周刊》改为《第一财经》月刊，专栏文章每期（月）一篇，版面也从两页增为三页。本书是笔者从 2017 年 9 月到 2021 年初为专栏撰写的文章结集，共 48 篇。

这些文章所谈论的 48 本书，是笔者从近年浏览的 300 多本英文新书中挑选出来的。它们有些是在英语知识界颇受关注的著作，有些则相对冷僻，但都具备敏锐的问题意识和独到的视角，设使观其大略，应能对全球政治、经济、社会发展的诸多关键脉络有所洞察。这也是本书名为《审势：洞察世界的风口》的原因。

一

本书第一章的主题是**"民众、国家与权力"**，这是一个历久弥新的话题。雨果的人道主义，以及他所主张的崇尚"救赎与和解"的社会改良道路，在今天依然具有振聋发聩的意义，他笔下的"悲惨世界"依然是现实社会的一面镜子。

当然，和雨果的时代相比，21 世纪的人类社会的权力关系已经发生了翻天覆地的变化。历史学家弗格森通过对"网络权力"和"等级权力"两种权力类型的分析，重构了近代以来的历史叙事。他将当今时代界定为"第二网络化时代"，与西方世界从 15 世纪后期到 18世纪 90 年代的"第一网络化时代"相对照，告诫世人警惕不受约束的"网络权力"。事实上，无论是公共议程备受挑衅和扭曲的"后真相时代"的来临，还是互联网巨头凭借马太效应所形成的超级垄断，都是"网络权力"泛滥的恶果。

福山的"历史终结论"和亨廷顿的"文明冲突论"都是曾经风靡一时的显学，但是这两套理论都回避了第二次世界大战之后世界历史的另一条主轴：第三世界的非殖民化和反抗帝国主义。1902 年，英国经济学家霍布森（John Hobson）出版了《帝国主义》一书，将工业革命之后的西方列强在非西方世界建立经济、文化、政治霸权和殖民统治的行为称为"帝国主义"，并将帝国主义视为工业资本主义的必然后果。第二次世界大战摧毁了传统的殖民帝国主义，战后的两个超级大国苏联和美国都号称自己反帝国主义，支持民族自决，然而实际上都是追求霸权的新型帝国。霍布森所说的"工业资本主义导致帝国主义"的逻辑在今天并未全然过时，值得警醒。

自从"民族自决"的原则问世以来，民族主义一直占据着政治议题的制高点。当今欧美主流学术界倾向于强调民族主义的阴暗面，提倡以"公民国家"取代民族主义；以色列哲学家和政治评论家哈扎尼对此发起挑战，为民族主义辩护，他的论述不乏精彩之处，但也暴露了难以自圆其说的悖论。这恰恰从反面说明了，民族主义的理念应当适可而止，不能成为吞噬一切的价值标准。

和民族主义相比，近年来极右翼民粹主义在欧美国家的兴起是一个更为紧迫的议题。美国政治学者诺里斯和英格哈特指出,极右翼民粹主义的主要驱动力,来自欧美国家一部分充满怀旧情绪的选民对于 20 世纪后期兴起的西方"后物质主义"文化价值转型的抵制和反动,传统政党基于经济理念的"左""右"分野在今天业已被民粹主义和普世自由主义的文化分野所取代。民粹主义总是和威权主义相结合,从而为政治强人、社会不宽容、非法治的治理打开了大门,损害自由民主制度赖以维系的权力分立、程序正义和保护少数群体权利等原则。长期而言,欧美威权民粹主义的命运,取决于西方社会的"后物质主义"文化价值转型能否继续向前推进。

许多西方人对罗马帝国的辉煌津津乐道,对罗马帝国的衰亡不胜怅惘。而在历史学家谢德尔看来,正是后罗马时期的欧洲政治碎片化,才锻造了各方议价和妥协的规则,打开了创新的空间,创造了商业繁荣,而定于一尊的帝国决策方式则无法避免经济停滞与治乱循环。这是导致出现"可持续经济增长兴起于西方,而非世界其他地区"的"大分流"现象的根本原因。

本书第二章的主题是"**反思资本主义**"。经济学家皮凯蒂 2013 年出版的《21 世纪资本论》一书,是当今世界反思资本主义的出发点。这部著作的中心论点是,贫富差异的不断扩大是资本主义的基本特征,除了从 1930 年到 1975 年的一段短暂的例外时期之外,资本主义社会的资本收益率始终超过收入增长率,财富主要是通过资本收益而不是劳动所得来积累,并且会向金字塔顶端的富有阶层集中,从而导致贫富两极分化愈演愈烈。

制造业和金融业是资本主义的两个重要支柱。从历史上看,制造业常常是在政治权利和法治受到压抑的情况下才能实现最大限度的突飞猛进，仅凭制造业发展并不能带来社会进步。另外，系统性金融危机是资本主义的宿命，2008年全球金融危机爆发十年之后，导致危机的根本原因并未解决，存在再次发生金融危机的风险。

皮凯蒂的《21世纪资本论》基于经济史的海量数据，描述了一幅宏观的历史图景，但是并未揭示资本收益率为何总是超过收入增长率的微观机制。法学家皮斯特将这一微观机制归因于法律的安排，庞大而复杂的法律系统保证了资本所有者始终能够索取更多的收益。在很多学者笔下，发轫于西欧的资本主义体系被描述为对欧洲传统封建社会的革命性的颠覆与断裂，皮斯特则着重揭示了两者的一脉相承之处。随着封建社会的解体，在政治和公法领域，人人享有平等权利的观念越来越普及，但是在和资产相关的私法领域，法律代码却是从封建社会的财产法衍生而来。几个世纪以前将地产编写成资本的法律代码，现在仍被用来将债券、股票、观念等编写成资本。这样一个系统性地对某类资产赋予排他性特权的法律秩序，必然会导致不平等的日益加剧，同时也剥夺了公民的民主权利。皮斯特据此对于不平等问题给出了从改良法律入手的解决方案。

对资本主义的反思与对左派政治的召唤一脉相承。在当今美国社会，与特朗普所倡导的以法西斯主义为底色的右派经济民族主义针锋相对的，是旨在回归罗斯福"新政"传统的左派经济民族主义。在2016年和2020年两次总统大选中呼声颇高的桑德斯终结了"社会主义"在美国遭受污名化的历史，他所主张的社会主义在很大程度上是一种继承蒲鲁东和巴枯宁传统的"自由意志社会主义"。

如何在实践层面改造资本主义？法学家、政治活动家蒂侨特将反垄断视为当务之急。1916年至1939年担任美国最高法院大法官的布兰代斯将保卫民主视为反垄断的核心，将财富集中在少数人手中视为民主的对立面。这一理念曾是20世纪上半叶美国构建反垄断法律体系的指南。然而，从1979年开始，在主张自由放任的芝加哥学派之"法与经济学"思想的影响下，"保卫消费者福利"成为美国反垄断的司法指南，只要不会导致消费者支付高价格，垄断就不是问题。像沃尔玛和亚马逊这样"以本伤人"将竞争对手逐一击垮并收购的巨无霸垄断者，或是像打车公司优步这样的新兴互联网巨头，在20世纪80年代以前都属于反垄断法的惩治对象，现在却能畅行无阻。蒂侨特呼吁回到布兰代斯的立场，以公民权利反垄断。

对于资本主义经济难以化解的失业率高的问题，作为主流宏观经济学对立面的"现代货币理论"构想的解决方案是，政府通过"就业保障计划"创造工作岗位，并启动经济中总是存在的闲置资源，而不必担心通胀。主流宏观经济学认为，如果央行试图用货币政策将失业率压低到所谓"自然失业率"以下，通胀将无限加速并摧毁就业，因此央行的货币政策必须只关注如何达到通胀目标，而不是背负降低失业率的过度责任。换言之，央行需要利用一定比例的失业人口作为防御通胀的工具。而在"现代货币理论"看来，"就业保障计划"作为一种定向支出，可以精准涵盖那些愿意工作的失业者，不会对工资和物价造成直接压力，不会比任由这些人失业更容易引发通胀。虽然"现代货币理论"迄今为止一直备受争议，但是它正在间接地重塑当今世界的宏观经济政策。

二

本书第三章的主题是"**美国**"，可以视为笔者在2016年出版的

《美国裂变：大历史转折点上的总统大选》一书的续篇。

特朗普执政四年，纲纪废弛。曾经长期担任《纽约时报》首席书评人的角谷美智子指出，特朗普的政治风格有三个主要特点：激发大众的民粹诉求，寻找替罪羊，操纵语言。特朗普是擅长颠倒语词意义的行家，他宣称媒体所曝光的真相是"假新闻"，宣称由国会授权、司法部监督的"通俄门"调查是"猎巫"（意指以无中生有的证据加罪于人，实施政治迫害），通过不断的催眠式重复，在支持者心目中建构了一个几乎颠扑不破的"另类真相"的世界。他和希特勒一样，将自己的谎言化作毫无羞耻感的煽动机器，使用马基雅维利式的权术来操控听众的恐惧与怨恨。

在美国和墨西哥边界建造高墙，是特朗普在 2016 年总统大选中向选民提出的主要承诺之一，也是他在 2020 年总统大选中向选民吹嘘的主要政绩之一。历史学家格兰丁指出，特朗普对于建"墙"议题的大肆操作，标志着长期以来被视为美国精神基本要素的"边疆"神话的终结。"边疆"神话假定，只要向着横无际涯的边疆进发，贫穷、不平等、种族主义等严重的社会问题就能够获得解决之道。美国建立全球权力的前提在于世界经济可以无尽增长，正如横无际涯的边疆可以不断提供自由土地，因此美国承诺建立和支持一个自由、普世、多边的世界秩序。而特朗普政府建"墙"的出发点则是认为全球财富的竞争是零和博弈，移民进入美国就是剥夺美国人的工作和福利。

白人福音派基督徒是特朗普的铁杆票仓，在 2016 年和 2020 年大选中，特朗普在这个群体中的支持率分别为 81% 和 78%，盖因在神学上荒腔走板的白人福音派运动其实是打着宗教旗号的政治运动，其信徒相信特朗普是上帝派来振兴白人至上主义和重建基督教美国的使者。虽然美国人口结构转型、宗教式微的大趋势无法阻挡，但是在可以预见的将来，负隅顽抗的白人福音派仍然拥有在美国社会制造"王者"的巨大潜力。一个特朗普倒下了，下一个特朗普还可能再度崛起。

"Me Too"运动是特朗普执政期间美国最重要的社会运动，影响力无远弗届。虽然该运动在起始阶段是一个跨党派的运动，但是后来逐渐具备了动员女性作为民主党支持者积极参政的政治功能，这是因为在美国社会最反对女权的保守派基督徒是共和党的核心选民。曾经担任特朗普政府白宫首席策略师的班农对"Me Too"运动有如下评论："这场反父权运动将会推翻一万年的历史，时机已经到了，女性将要主宰社会，而且她们不可能找到比特朗普更适合的大恶人了，他就是父权的代表。未来将永远不一样了。"

以总人口比例而言，近年来美国社会出现了明显的左转倾向，然而，美国政治生态的左转在相当程度上落后于社会左转，原因在于"赢家通吃"的选举制度和人口地理因素的共同作用。有别于按照得票比例获得席位的比例代表制，"赢家通吃"意味着在一个选区内获得51%得票率的参选人可以拿到所有席位，而获得49%得票率的另一方没有任何席位。自从20世纪70年代以来，民主党的支持者不成比例地集中在人口稠密的城市。在"赢家通吃"的选举制度下，民主党的很多选票被浪费在城市选区的胜利中，而共和党只需要在人口数目相同的乡村选区取得微弱的领先优势，就能抵消民主党在城市选区的一次压倒性胜利。不过，随着知识经济和远程工作的普及，"郊区"或将不可逆转地向城市靠拢，从而推动美国政治生态的左转。

中美贸易战是当前全球经济最重要的事件之一。政治学家范格拉斯塔克指出，特朗普政府的贸易保护主义加快了美国霸权的衰落。目前还难以判断特朗普对美国贸易政策的长远影响，难以判断未来美国是倾向自由贸易还是保护主义。但可以肯定的是，美国政治竞选活动中对贸易议题的长期忽视业已终结，贸易政策会成为动员选民的关键议题。特朗普之后的美国贸易政策面临四大问题：如何应对霸权衰落、如何应对中美对峙、如何应对全球治理的挑战，以及如何处理国内不同利益集团对于贸易政策的分歧。无论如何，美国能够以贸易政策为威胁手段迫使中国就范的时代已经过去了，因为其他国家需要维持与中国的贸易。

本书第四章的主题是**"欧洲"**，按照中文语境的习惯，关于俄罗斯的两篇读书笔记也收入这一部分，虽然今天在很多语境中欧洲是欧洲联盟的同义词。

曾经担任希腊财政部长的瓦鲁法克斯在回忆录里对欧盟的当权精英提出了严厉批评。本来是经济学教授的瓦鲁法克斯在 2015 年临危受命出任公职，目的是和欧盟谈判，缓解希腊债务危机。他和很多经济学家一致认为，希腊深陷债务危机并非咎由自取，而是源自欧元区货币制度的结构性矛盾，而欧盟施加给希腊的通过财政紧缩来偿还债务的方案只会让希腊永远贫弱、永远还不起债。最合理的解决方案是欧盟效仿第二次世界大战以后作为战胜国的英美等西方国家对联邦德国债务减记的先例，同意对希腊大幅减债。然而，这一方案遭到了以德国总理默克尔为代表的欧盟当权精英的冰冷拒绝，他们对希腊这个南欧小国的民选政府颐指气使，坚持索要"一磅肉"。正是这些当权精英的傲慢与短视，使得反精英的民粹主义和民族主义无可避免地急剧兴起。

欧盟从长远而言是否真的有前途？这一问题业已成为各方舆论的争辩焦点。历史学家克肖指出，当前欧盟面临的威胁主要来自三个方面：其一，全球化加剧了经济不平等；其二，高科技重新塑造了工作和雇佣关系，淡化了第二次世界大战以来欧洲社会长期秉持的对于那些在市场竞争中处于不利地位的群体的集体责任感；其三，移民大举拥入所带来的恐怖主义风险，以及由此激发的排外浪潮和极端民族主义。上述三大问题驱使不少民众拥抱对于民族国家的认同，而反对欧洲整合。然而，如果建构作为超国家政治实体的欧盟的努力失败了，欧洲再度回到列国争斗的状态，残酷血腥的战争噩梦就迟早会重演。

俄罗斯是中国最大的邻国，也是一个极其复杂、非常难以界定的大国。在两位横跨多个学科领域的学者拉怀勒和劳德瓦尼看来，俄罗斯未来的内政外交存在巨大的不确定性，人口因素将会起到决定性作用。俄罗斯的经济繁荣集中在其疆域的欧洲部分，而远东的大片领土将会逐渐成为无人区，吞并克里米亚也强化了黑海和地中海对于俄罗斯地缘战略的重要性。俄罗斯最终会更加重视发展与欧洲和东地中海国家的关系而无暇他顾。

本书第五章的主题是"**中东**"。中东地区既是全球油气资源的主要产地，又是当今世界的火药桶。叙利亚、沙特阿拉伯和伊朗都是经常出现在新闻热点里的国家，都是矛盾四伏，且稍有风吹草动便牵动大国角力。随着中国与中东地区的关联度日益增强，有必要了解这三个国家的基本国情。

土耳其曾经长期被公认为伊斯兰国家世俗化、现代化的典范。

然而，在土耳其一直无法获得欧洲国家接纳、无法加入欧盟的大背景下，自从 2003 年以来担任土耳其领导人的埃尔多安使用铁腕手段，一步步把土耳其从一个面向西方的世俗化国家转变成一个面向中东、在政治上复兴伊斯兰宗教传统的国家，试图恢复昔日奥斯曼帝国的荣光。结果导致土耳其社会急剧地两极分化为支持和反对埃尔多安的两大阵营，不存在中间派的空间。埃尔多安的土耳其"帝国梦"也从高调兴起走向处处碰壁。

巴勒斯坦问题是近百年来国际社会不断恶化的一道伤口，历史学家哈利迪提醒世人，以色列和巴勒斯坦的冲突从来都不是两个民族运动之间对同一块土地的平等争夺，而是一场犹太复国主义者的"定居者殖民主义"征服战争。以色列之所以能够长期成功推进其定居者殖民进程，关键在于它控制中东叙事的两套话术：一是刻意将巴勒斯坦民族运动和背景复杂、范围广泛的伊斯兰恐怖主义画上等号；二是刻意将反对犹太复国主义的殖民扩张与历史上罪孽深重的反犹太主义混为一谈。通过扣"恐怖主义"和"反犹太主义"的大帽子，成功占领"政治正确"的制高点。

然而，进入 21 世纪以后，西方国家民众对以色列的印象有了明显转变。"抵制、撤资、制裁"成为一项全球性的社会运动，它把以色列对待巴勒斯坦人的政策与南非白人统治时期对黑人的种族隔离政策相提并论，呼吁以色列政府停止占领巴勒斯坦领土，尊重阿拉伯裔以色列人的平等权益，承认海外巴勒斯坦难民的回归权。这场运动在美国的年青一代犹太人中间也得到了广泛支持。历史的吊诡在于，内塔尼亚胡政府千方百计堵死了通过由巴勒斯坦建立独立的主权国家来解决巴勒斯坦问题的"两国方案"，结果反而很有可能导致以色列在几代人之后不再是一个犹太国家，而是成为"以色列—巴勒斯坦"联邦或者邦联国家。

三

本书第六章的主题是"**大数据与社会**"。大数据技术在给人类创造了诸多便捷的同时，也引发了新的伦理危机。不少论者担心，大数据技术会导致未来社会不再具有不受监控的私人空间，传统意义上的私人领域和个人自由不复存在。

大数据技术所引发的伦理危机，不仅在于它会给私人领域带来前所未有的侵犯，而且在于它有可能对公共社会造成严重的威胁。政治学家尤班克斯通过对美国社会福利数据系统的案例分析，揭示大数据如何剥夺了本应属于贫困阶层的社会福利和发展机遇。一方面，自动化数据治理所排斥的穷人是"碎片化"的，他们难以彼此联系，难以通过集体的力量来争取权利；另一方面，自动化数据治理使得相关机构和人员可以轻易卸责，在很大程度上减少了公众对穷人的同情心。

仅从效率角度而言，大数据技术也存在与生俱来的盲区。博物学家爱德华·坦纳指出，大数据技术的功能在于通过迅速实现信息匹配，省略了"试错"过程，从而把用户锁定在既存的模式里。然而，在现实世界中，用户在很多情况下需要第三方中介在信息交流过程中承担必要的"守门人"功能，从而恢复被大数据技术所省略的"试错"过程，让用户得以超越既存模式。坦纳进而指出，从哲学角度而言，大数据技术的盲区在于它不能提供"地方性知识"和"默会知识"。缺乏上述两种重要的知识，意味着大数据技术不可能提供有效的"大图景"。对大数据技术的过度依赖，虽然能够在短期提高效率，但是从长远而言，必然事倍功半。

如何减少大数据技术对隐私和公平所造成的危害？传统思路是制定法律，规范人类对大数据技术的使用，这在许多国家已经付诸实践。而在计算机科学家群体内部，还有一条"从内部解决问题"的思路——通过特定的算法原则来指导机器如何处理大数据，而这些特定算法符合保护隐私和保障公平的伦理关怀，从而让大数据技术本身顾及隐私与公平。在计算机科学家克恩斯和罗斯看来，对抽象的价值观念赋予精密的数学定义，是将社会规范从内部嵌入大数据技术的起点。除了"隐私"和"公平"之外，将来还需要让大数据技术顾及更多的伦理观念，诸如"透明""可问责""安全""合乎道德"等。这不仅需要计算机科学家的学术探索，更需要借鉴哲学家的思辨成果。以哈佛公开课"公正"而蜚声国际的哲学家桑德尔，即深受他们的青睐。标志着人类文明新纪元的大数据时代，也将会赋予哲学全新的内涵。

本书第七章的主题是"**进化与遗传**"。进化论在历史上曾经被歪曲成社会达尔文主义，遗传学也曾经被用来为号称"优生学"的伪科学辩护，搞清楚这两门学科究竟说了些什么，真的非常重要。

学术界在谈论性选择的进化机制时，主要是关注达尔文所说的"战斗法则"，亦即同性动物——经常是雄性——之间为了争夺对异性的性控制所引发的斗争，由此进化出硕大的体形，以及诸如牛角、鹿角等锐利器官。鸟类学家普鲁姆则重现发现和深化了达尔文提出的另一种性选择进化机制"美之品味"，意指某一性别的动物——经常是雌性——基于自己的偏好来选择异性配偶，从而导致被选择的一方进化出各种富于魅力的特质，诸如鸟类多彩的羽毛、宛转的歌喉，山魈鲜艳的皮肤等。达尔文主张雌性的欲望和审美是动物界"美之品味"进化机制的关键，普鲁姆则更强调雌性动物的"性自主"，亦即雌性动物需要从对性交对象的自主选择中享受性爱的快乐。人类进入文明时代以后，由于各种制度性因素，女性成为主要审美对象，其"性自主"也长期受到制度化的压抑。普鲁姆支持女性主义，认为女性主义的核心在于确立女性的"性自主"，当前人类社会其实正在朝这个方向发展。

在西方生物学和医学发展史上，出现过一门号称旨在提高全民身心素质的伪科学——"优生学"。它使用基因遗传学的概念，鼓励"上等人"大量生育，减少乃至禁止"下等人"生育。事实上，同样的基因序列在不同的环境里可以有着不同的表征。尤其对于人类来说，其所面临的外部环境是被文明所改造和嵌入的，基因表征受到文明的巨大影响。越是在基因技术突飞猛进的今天，越是有必要避免将遗传简化为基因传递。人类不只是服从自然进化的规律，而是同时也一直进行着文明的演化。基因技术的发展必须遵循伦理学所指引和约束的方向，而伦理学必须在群体和个体之间寻求公平。

本书第八章的主题是**"教育"**。在当今中国，"教育内卷化"业已成为备受吐槽的公共议题，其实这早就是一个全球性的问题。经济学家卡普兰主张，教育的主要价值在于其"信号"功能，一个能够在逐级递进、层层淘汰的教育体系中脱颖而出或者说"幸存"的人，能够向就业市场和公众显示他具有优于那些被淘汰者的素质和能力。至于他究竟在学校里学了多少东西，其实并不是就业市场和公众的关注所在。从全社会的角度来看，教育基本上就是"零和博弈"，其本质功能就是要筛选赢家、淘汰输家，一些人所得就是另一些人所失。

如果说卡普兰揭示了教育体系和英才制度（meritocracy）在实践中的根本缺陷，作家德波尔则对教育体系和英才制度旨在将赢家与输家分门别类的基本逻辑给出了犀利的批判。无论如何，总会有人在选拔中被淘汰，他们是否就应该得到贫穷、无望和边缘化的待遇？如果学业成绩很大程度上是由智力决定，而智力来自基因遗传，不在个人控制范围之内，那么用智力来决定一个人的物质生活条件是否公正？

四

本书第九章的主题是"**警惕灾难**"。反恐专家克拉克和艾迪在2017 年列举了七种未来有可能发生的重大灾难性事件：其一是人工智能凌驾于人类智慧之上，导致人类受其控制；其二是新型的致死微生物导致全球大瘟疫；其三是全球气候变暖导致海平面上升；其四是地区性核战争令烟尘密布全球大气层的中间层，从而遮蔽太阳照射，导致地球进入冰河世纪；其五是互联网遭受类似珍珠港事件的黑客攻击；其六是流星撞击地球；其七是基因编程技术导致在实验室里诞生可怕的新物种，或是"美丽新世界"式的人种改进。凡此种种，都早已有人发出警告，但是各个国家和国际社会的决策者们并未真正着手面对。

2020 年横扫全球的新冠疫情，应验了上述第二条预言，而它只是全球化时代的第一场大瘟疫，未来或将潜在更多难以预测的疫情风险。

全球变暖是当今人类社会乃至整个地球生态系统面临的最严峻

的挑战。环保活动家林纳斯指出，如果越过了升温 2 摄氏度的临界点，就会引发正反馈，使地球温度不受控制地继续升高，这并非匀速的线性增长，而是不断加速的指数增长。根据联合国政府间气候变化专门委员会在 2018 年的报告，全球社会需要在 2030 年之前实现能源系统的根本转型，将碳排放量下降 50%，否则就不可能达成《巴黎协定》的目标。

犯罪学家阿尔瓦雷斯警告世人，气候变化对人类社会的灾难性冲击，并不能简化为海平面升高多少、降雨量改变多少等这一类可以被量化的科学问题。正所谓"天作孽犹可违，自作孽不可活"，气候变化打开了潘多拉的盒子，让人类社会在日益加剧的资源争夺中释放各种"自作孽"的恶端，才是其最直接、最致命的危害。

本书第十章的主题是"**后人类时代**"。这曾经是一个属于科幻文学的概念，但是现在已经成为不容回避的现实议题。科幻小说家阿西莫夫早在 1950 年就提出了著名的"机器人三大法则"，但那只是抽象地要求机器人服从人类利益，而不是设计一套机器人和人类都应当遵守的规则系统。国际象棋一代棋王卡斯帕罗夫发明的"先进国际象棋"对局规则，则赋予了电脑与人类棋手平等的参赛权，打开了对人工智能赋予民事权利之门。

人工智能的迅猛发展将会如何塑造未来的人类命运？宇宙学家泰格马克提出了"生命 3.0"的概念。他将生命定义为"自我复制的信息处理系统，其信息（软件）决定了其行为和其硬件的蓝图"。单细胞生命阿米巴这种最简单的生命形式属于"生命 1.0"；大脑"软件"具备"文化能力"的人类定义属于"生命 2.0"；很多高等动物可以视为"生命 1.1"，而今天有能力实现人工器官植入的人类可以视为"生命 2.1"。与这些生命形式相比，未来的人工智能将会一方面具备类似于人类的"文化能力"，另一方面又能重新设计和改造自身的"硬件"身体，从而成为一种新的生命形式 —— "生命 3.0"。

作为一位宇宙学家，泰格马克的视角与众不同。在他看来，以宇宙的时空尺度而言，"生命 2.0"所创造的文明注定要困死在沧海一粟之中，瞬息即逝；只有"生命 3.0"所创造的文明才拥有在宇宙中绵延相续的希望。

对于今天的人类来说，登陆火星已经为期不远，太空扩张也不再是遥不可及的梦想。现代宇航之父齐奥尔科夫斯基曾经有一句名言："地球是人类的摇篮，但人类不可能永远生活在摇篮中。"然而，地球真的只是人类的摇篮吗？就算将地球视为摇篮，人类对于走出摇篮是否已经做好了充分准备？政治学家杜德尼断言，在现有的文明条件下，人类的太空扩张是非常不可取的，人类灭绝的概率实际上可能会上升而不是下降。他列举的理由之一是外星殖民将会引发星际地缘政治冲突，在不同的星球上定居的人类殖民者最终会进化成不同的智能物种，最终完全将对方视为异类。即使是最小程度的太空扩张，也会给地球安全带来不可承受的风险。如果一个完全独立的火星殖民地进攻地球，地球上的人类社会将极难抵御。

支持太空扩张主义的思想基础是对于技术进步的乐观信仰。诚然，人类开发新技术的能力是无可置疑的，但是人类能否发展出准确的预见能力，预测新技术的后果究竟是通向繁荣抑或灾难？人类能否发展出强大的自我克制能力，去放弃那些诱人的但是有可能开启灾难之门的技术可能性（比如克隆人）？从以往的历史记录来看，答案并不乐观。而在科学技术获得长足发展的今天，"普罗米修斯"式的技术乐观主义比以往更加危险，更有可能令盲目的人类失足坠入深渊。

五

书稿杀青之际，惊闻人称"沈公"的沈昌文先生去世的消息。沈公一代巨擘，堪称广大教化主，笔者多年前亦曾承蒙提携，亲临謦欬。虽然任何人处在他的位置都难免卷入一些是非恩怨，但是在笔者看来，他正如后汉的黄叔度，"汪汪如万顷陂，澄之不清，扰之不浊"。

哲学家伯林曾经有一个著名的对于"狐狸型人格"和"刺猬型人格"的区分：前者见识广博，可以从多重观念立场出发，形成对未来的预测，即使这些观念彼此之间相互矛盾；后者可以把握重大的概念，所有的新材料、新数据都会被他们用来探究和理解其念念不忘的"一件大事"。历史学家加迪斯（John Gaddis）指出，一个出色的战略家应该既是"狐狸"又是"刺猬"，应该像狐狸一样为自己保留多种选择，同时又像刺猬一样专注于一件大事。沈公正是那种难得一见的集"狐狸""刺猬"于一身的人，所以能够成为通过编辑和出版构建公共领域的战略大师。

苏轼《荀卿论》道："其父杀人报仇，其子必且行劫。荀卿明王道，述礼乐，而李斯以其学乱天下，其高谈异论有以激之也。"20世纪90年代中期，沈公从《读书》主编职位离任之际，正值国内知识界进入所谓"从思想到学术"的话语转型轨道之时。这场话语转型的一个后果，就是在某一逻辑闭环里循环论证、自我暗示的话语方式日渐流行。流风所及，导致今日中文舆论场各种戾气横行。

本书既是一本"狐狸"之书，也是一本"刺猬"之书；既是对多重脉络的呈现，也是对"后全球化时代人类社会往何处去"这样一件大事的勾勒。笔者相信，"狐狸"与"刺猬"兼具的战略能力是可以培养的，舆论场的各种戾气也是可以消泯的，本书旨在为此略尽绵薄之力。

第一章

民众、国家与权力

《世纪小说：〈悲惨世界〉的非凡历险》
作者：[美]大卫·贝卢斯（David Bellos）
出版社：Farrar, Straus and Giroux
出版时间：2017 年 3 月
定价：27 美元

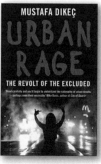

《城市怒火：被排斥者的反叛》
作者：[土耳其/英国]穆斯塔法·迪切奇（Mustafa Dikeç）
出版社：Yale University Press
出版时间：2018 年 1 月
定价：26 美元

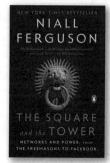

《广场与塔：从共济会到脸书的网络与权力》
作者：[英]尼尔·弗格森（Niall Ferguson）
出版社：Penguin Press
出版时间：2018 年 1 月
定价：30 美元

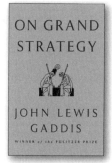

《论大战略》
作者：[美]约翰·刘易斯·加迪斯（John Lewis Gaddis）
出版社：Penguin Press
出版时间：2018 年 4 月
定价：26 美元

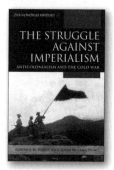

《反抗帝国主义：反殖民主义与冷战》
作者：[美]爱德华·嘉治（Edward Judge）、约翰·兰登（John Langdon）
出版社：Rowman & Littlefield Publishers
出版时间：2018 年 6 月
定价：35 美元

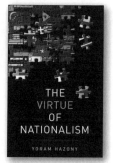

《民族主义的优点》
作者：[以色列]约拉姆·哈扎尼（Yoram Hazony）
出版社：Basic Books
出版时间：2018 年 9 月
定价：30 美元

《文化反动：特朗普、英国脱欧与威权民粹主义》
作者：[美]皮帕·诺里斯（Pippa Norris）、罗纳尔德·英格哈特（Ronald Inglehart）
出版社：Cambridge University Press
出版时间：2019 年 2 月
定价：29.99 美元

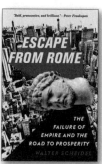

《逃离罗马：帝国的失败与通往繁荣之路》
作者：[奥地利]沃尔特·谢德尔（Walter Scheidel）
出版社：Princeton University Press
出版时间：2019 年 10 月
定价：35.00 美元

为什么《悲惨世界》是世纪小说
——《世纪小说:〈悲惨世界〉的非凡历险》

雨果的《悲惨世界》是中国读者最熟悉的世界文学名著之一，它在全世界的影响力也一直长盛不衰。1980 年，法国作曲家勋伯格和填词人鲍伯利合作，将其改编成音乐剧，该剧获得巨大成功，截至 2010 年，它在伦敦皇后剧场上演了 1 万场；在纽约百老汇，从 1987 年 3 月 12 日首演到 2003 年 5 月 18 日结束，它共上演了 6680 场，2006 年百老汇又上演该剧的复排版直到 2008 年。2012 年，改编自该音乐剧的电影上映，风靡全球。

然而，原著小说的内涵要比音乐剧和电影丰富很多。在小说问世 150 多年后的今天，普通读者或许已经很难体会它在当时是何等振聋发聩。2017 年，普林斯顿大学法国文学与比较文学教授贝卢斯（David Bellos）出版了《世纪小说:〈悲惨世界〉的非凡历险》（*The Novel of the Century: The Extraordinary Adventure of Les Misérables*）一书，拭去历史的积尘，再现了这部巨著的成书历程，以及它对现实社会的穿透力和冲击力。

雨果生于 1802 年，39 岁时就以其文学成就入选法兰西学院，成为 40 名号称"不朽者"的院士之一，1845 年又被封为贵族，并进入议会。多种契机导致雨果萌生了创作《悲惨世界》的念头：他曾经帮助一名在街头拉客的妓女脱离警察的盘问；他曾经看到一名男子因为偷了一条面包而被士兵打倒在地一路拖行，而旁边马车里的贵妇对此视而不见；他了解到曾经有一位穷苦农民因为偷了一块面包而入狱，又因为企图逃狱而被重判 19 年苦役，刑满释放后因为有案底而处处碰壁，难以维持生计；等等。1789 年的法国大革命树立了"自由、平等、博爱"的原则，经历了波旁王朝的复辟之后，1830 年 7 月革命所建立的七月王朝又恢复了红白蓝三色旗为国旗，在理念上承认"自由、平等、博爱"。但事实上，社会既不平等也不公正。雨果虽然身处社会顶层，却对底层民众的悲惨感同身受，希冀为他们发声。

从 1845 年开始，雨果断断续续地写这部小说，直到 1848 年由于爆发革命而中断。那一年在欧洲各国爆发了一系列武装革命，给当时主导欧洲的君主与贵族体制造成了巨大动荡。在法国，七月王朝国王路易-菲利普在 2 月放弃王位，逃亡英国，法国随即建立了共和政体，史称法兰西第二共和国。然而，在当年 12 月的总统选举中，将近半个世纪前叱咤风云的法国皇帝拿破仑·波拿巴的侄子路易·波拿巴当选总统。此时共和国是议会专政，总统的行政权力受限制。1851 年 12 月，路易·波拿巴发动政变，制定了扩大总统权力的新宪法，议会沦为橡皮图章。1852 年 12 月，路易·波拿巴称帝，建号"拿破仑三世"，法国建立了军事独裁政权，史称法兰西第二帝国。

雨果在 1851 年路易·波拿巴发动政变之后就强烈反对这位独裁者，为此被迫流亡国外，几经辗转，最终定居于英国的海外属地根西岛。这个岛屿位于英吉利海峡靠近法国海岸线的海峡群岛之中，雨果可以在此凭眺法国。1860 年，在中断多年之后，他再度投入《悲惨世界》的写作，1862 年这部厚达 1900 页的小说问世，立刻轰动一时。万人空巷争相购书，其场景之热烈超过了今人津津乐道的《哈利·波特》上市盛况。

《悲惨世界》的情节早已家喻户晓，在此不再赘述。它是一部包罗万象的巨著。全书使用了超过 2 万个不同的单词，其词汇量足以比肩莎士比亚。书中详尽地展示了当时法国社会的诸多方面，例如"巴黎老区的下水道，汇聚了所有走投无路和铤而走险的人"，例如江湖黑话的流派、口音和使用者个性，等等，堪称一部百科全书。

贝卢斯指出，除了《悲惨世界》，19 世纪 60 年代的欧洲还有三部经典小说问世：狄更斯的《远大前程》、托尔斯泰的《战争与和平》、陀思妥耶夫斯基的《罪与罚》。但是它们都没有像《悲惨世界》那样直指雨果所说的 19 世纪三大问题 ——"贫穷使男子潦倒，饥饿使妇女堕落，黑暗使儿童羸弱。"《悲惨世界》之所以被称为"世纪小说"，原因正在于此。

《悲惨世界》多次使用了"无产阶级"这个词汇。然而，有别于马克思从"不占有生产资料"的角度定义无产阶级，雨果对无产阶级的定义就是指其衣食无着、身份卑微、处境悲惨，亦即所谓"低端人口"。马克思主张无产阶级要从资产阶级手中夺取对生产资料的占有权，以此建立一个没有剥削的理想社会。而在雨果看来，一个"有良心"的资本主义社会反而是无产阶级的福音。小说主人公冉阿让一度使用化名成为富有的企业主，他麾下的企业员工都得到了基本的温饱。雨果笔下的社会冲突主要不是发生在劳资之间，而是发生在民众和国家机器之间，苦难和黑暗来自司法与监狱，而不是来自工厂。因此雨果的目标不是要通过阶级斗争来改变经济关系和社会制度，而是要通过救赎与和解来打破司法的枷锁，让社会具备良知。

从这个角度而言，《悲惨世界》的核心其实就是两个截然对立的主人公先后被感化的故事。冉阿让，一个出狱的苦役犯，受尽凌辱，内心充满黑暗，却由于受到一位圣徒式的主教的感化而弃恶从善，通过个人奋斗，寻求诚实的生活，灵魂在坎坷中一步步升华，最终用爱来拯救世界。

沙威，一个终身对冉阿让穷追不舍的警察，刻板而顽固地信仰法律，相信法律所定义的罪犯就必定是恶人，必须除恶务尽。最后却被冉阿让的善良所感化，终于意识到世间还有超越于法律之上的正义。由于无法承受自我否定的痛苦，最终选择投河自尽。

在音乐剧和电影中，情节被浓缩在几个小时之内，主人公的转化显得充满了戏剧性。贝卢斯却提醒说，《悲惨世界》并不是一个令人释然的关于善良战胜邪恶的故事，而是在展示想要成为一个好人是何等艰难。不同于同时代的托尔斯泰和陀思妥耶夫斯基，雨果对其笔下的人物并没有过多的心理描写，人物的性格与灵魂主要是通过行动来呈现。这些行动或许出人意表，但绝对真实可信，显示了作者高超的艺术功力。

雨果主张改良，但他承认民众拥有通过革命推翻暴政的权利。《悲惨世界》以浓墨重彩描述了 1832 年的巴黎共和党人起义，冉阿让养女珂赛特的情侣马吕斯就是起义的策划者之一。在历史上，那是一次失败的起义，巴黎支持共和制的青年学生挥舞着纯红色旗帜，与持着红白蓝三色旗的七月王朝军队展开街垒战，最终在军队的镇压下失败。红旗从此也逐渐成为左翼政治的象征。1871 年，《悲惨世界》问世 9 年以后，法国爆发了由激进左翼发动的巴黎公社起义。雨果对这次起义既不理解也不支持，但是当巴黎公社被镇压之后，他强烈反对政府的血腥报复，呼吁赦免全部公社成员，并在报纸上宣布将自己在比利时的住宅提供给流亡的公社成员当避难所。

自从《悲惨世界》问世以来，西方国家逐渐废除了种种苛待

"低端人口"的恶法，建立了社会福利制度和基础教育制度，而这主要是沿着雨果所主张的崇尚"救赎与和解"的社会改良道路而实现的。和同时代的许多著名思想家相比，雨果更有资格被誉为人类的导师。在中国，自从1984年《悲惨世界》第一个全译本出版以来，至今已经30多年了。然而，或许只是到了今天，我们才能真正读懂这部旷世巨著。

为何城市骚乱频发?

——《城市怒火:被排斥者的反叛》

人类社会正在步入前所未有的"城市时代"。据联合国人居署统计,1995 年全球有 22 座特大城市,14 座超大城市;而到 2015 年,两者数量已各增加一倍。从 2016 年到 2030 年,预计发展中国家城市人口将增加一倍,而城市占据的面积将增加两倍。

然而,快速的城市化进程与其说是推动繁荣的引擎,不如说是引爆混乱的导火索。进入 21 世纪以来,在西方国家发生了多起大规模的城市骚乱,包括辛辛那提(2001 年)、巴黎(2005 年)、雅典(2008 年)、伦敦(2011 年)、斯德哥尔摩(2013 年)、弗格森和亚特兰大(2014 年)、巴尔的摩(2015 年)、密尔沃基和夏洛特(2016 年),等等。在作为准西方国家(北约和经合组织成员国)的土耳其,也在 2013 年爆发了伊斯坦布尔骚乱。

伦敦大学人文地理学教授迪切奇(Mustafa Dikec)的《城市怒火:被排斥者的反叛》(*Urban Rage: the Revolt of the Excluded*)一书,正是旨在剖析这些西方和准西方国家城市骚乱频发的原因。他指出,这些骚乱并非有计划有组织的运动,而是来自"被排斥者"的燎原怒火。这些国家在自由民主制的表象之下,都存在严重的不平等、不公正,其民主程序无法救济弱势群体在事实上横遭排斥的困境。导致前述城市骚乱的系统性原因,是这些国家自从 20 世纪 70 年代以来所经历的政治、经济和城市转型,主要包含了五个方面:

其一,去工业化和放松金融监管,意味着稳定的工作岗位大幅缩水，不仅造成了劳工阶层的高失业率，也令很多中产阶层陷入困顿。新的经济环境使得资本所得远远超过工薪所得，严重加剧了经济不平等，这在大城市尤为明显，财富和贫困都高度集中。经济不平等并非仅限于收入的巨大差异，同时也是来自地理学家哈维（David Harvey）所说的"不断累积的资源剥夺"，例如城市的公共空间被改建成商场，传统社区由于城市开发而日渐消失，等等。

其二，城市政府为了开辟收入来源，启动各类招商和房地产开发项目，将传统社区"士绅化"（gentrification），亦即对原本聚集低收入人群的旧社区加以重建，导致地价、租金和生活指数上升，吸引高收入人士迁入，原先的居住者则被迫搬离，由此激化了社群矛盾。而在城市政府惯于滥用警力、把罚款当作创收来源的情况下，冲突就更有可能一触即发。

其三，少数群体日益加剧的"污名化"，是引发当代城市骚乱的重要因素。例如，中东伊斯兰极端主义恐怖组织的兴起，以及西方国家发动的反恐战争，使得西方国家内部的伊斯兰社群饱受主流人群的敌意、歧视和排斥，由此酝酿的怨恨埋下了骚乱的火种。

其四，政府以反恐为理由抑制公民自由，尤其是对公民的抗议活动越来越倾向于使用镇压措施乃至军事化手段。

其五，民众对政治精英和民主代议制度逐渐失去信心，导致政府的合法性危机。虽然这并非全新现象，但是，2008 年全球金融危机以及西方各国政府拙劣无能的应对措施，却使得合法性危机严重恶化。数以百万计的民众生活雪上加霜，他们对政治精英的信任也降到了最低点。

在急剧而不平等的转型过程中，虽然没有人能够预言何时、何地、何种事件将会触发社会动荡，但是可以肯定，那些深深感受到社会不公正的"被排斥者"迟早会在某一突发事件的推动下引爆怒火。

2014年震惊世界的美国弗格森骚乱就是一个典型例证。弗格森是密苏里州圣路易斯郊区的一座小镇，2014年8月9日，18岁的黑人青年布朗在未携带武器的情况下，遭到白人警察威尔逊射杀。布朗没有任何犯罪记录，在被射杀前仅仅和警察接触了不到3分钟。这起事件引发了连续多日的大规模抗议活动，并演变为骚乱。州政府出动配备重型武器的国民警卫队和警方一起维持秩序，弗格森街头一片狼藉，宛如战场。

迪切奇指出，弗格森骚乱是当地贫困黑人长期遭受系统性排斥的必然结果。2000年，美国绝大多数穷人居住在大都市的内城，但此后随着大都市纷纷启动内城重建，大批穷人被迫迁往郊区。圣路易斯也不例外，大量贫穷黑人从市中心迁往郊区，在原先以白人为主的弗格森小城旁边出现了一个种族隔离的黑人聚居区，号称"第二个弗格森"。而弗格森警方和法院则完全由白人构成。罚款和收费是弗格森名列第二位的主要财政收入来源，在骚乱前一年，这座小城的年度罚款和收费超过了250万美元。警方为了创收不择手段，例如在车站例行盘查乘客，要求出示身份证件。根据美国宪法第四修正案，只有当警察有合理理由怀疑车辆及乘客涉及犯罪活动时才有权盘查证件，但事实上，如果乘客坚持宪法权利拒绝出示证件，则会被弗格森警方以违反当地法律为由而逮捕，而后或是在法庭认缴罚款，或是入狱。而联邦司法部的调查表明，90%的被罚款者、95%的被逮捕者和100%的被警犬撕咬者都是黑人，这是无可置疑的种族歧视。警察经常在没有任何"合理怀疑"的情况下扫荡黑人聚居区，随便找借口抓人。

其他城市的骚乱有着各自不同的因果脉络，但无不是来自"被排斥者"的怒火。例如，2011 年的伦敦骚乱，起因是一名黑人被警察枪杀，但骚乱的参与者包括了约 40% 的白人、40% 的黑人以及 20% 的混血和亚裔等人种，是一场跨种族的反叛，原因是"白人已经变成了黑人"，亦即贫困白人像黑人一样绝望。从 1980 年到 2010 年，伦敦的中产阶层人口比例从 65% 降到了 37%，穷人比例从 20% 升到了 36%，富人比例则从 15% 升到了 27%。贫富分化严重加剧，市政府又以财政紧缩为由砍掉了很多福利项目，而且在骚乱前的数月之内，关闭了多家提供职业培训的"青年俱乐部"，任凭绝望蔓延。

2005 年的巴黎骚乱，起因是两名北非裔男孩在逃避警察查验身份证件时躲进变电站，不慎被电死，深层原因则是北非裔移民长期被排斥。在法国前殖民地阿尔及利亚 1962 年独立之后，大批认同法国的阿尔及利亚原住民移居法国本土，被法国政府安置在巴黎周边与主流社会隔绝的聚居区内，40 年后，这些聚居区早已沦为高人口密度、高失业率的贫民窟。法国主流社会在骨子里仍然是以当年殖民者对待被殖民者的心态俯视和贬抑这些在肤色、文化和宗教上的"异类"。巴黎房价从 2000 年开始飙升，法国政府在 2003 年启动了针对前述聚居区的拆迁计划，令贫民窟人群仅存的栖居空间也被肢解剥夺，注定仇恨堆积。

伦敦骚乱爆发后，时任英国首相卡梅伦在演讲中宣称，骚乱无关乎种族歧视、财政紧缩或贫穷，而是源于参与者的道德扭曲。不少专家学者则从病理学的角度，将骚乱归咎于参与者的精神问题。迪切奇反对这种诠释，他指出，一旦怒火爆发，整个事态就会进入自己的动力学轨道，那些具有各自不同的动机、卷入各自不同的行动的参与者既不可能预先设计，也不再有能力控制。很多人会在情势之下做出自己在正常状态下不愿意做的事情。关键不在于参与者个体的道德品质或精神病理，而是社会本身的问题。

迪切奇进而指出，每一起"被排斥者"宣泄怒火而发动的骚乱，伤害最大的其实是他们自己的社区。骚乱原本是对不公正的经济、社会和政治秩序的反叛，结果却在摧烧抢掠中制造了更多的不公正。然而，他认为不应过多责备骚乱的参与者，因为这几乎是他们让自己能够被"听见"、被"看见"的唯一手段。一名电视记者曾在伦敦骚乱中问一位参与者："这是不是表达不满的正确方式?"得到的回答是："如果我们没有骚乱，你现在会跟我说话吗?"

警惕“网络权力”

——《广场与塔：从共济会到脸书的网络与权力》

　　自从基于互联网 2.0 技术的社交媒体诞生伊始，对它的价值判断便一直趋于两极化。支持者认为，社交媒体使得那些过去只能扮演信息“接受者”角色的大众转变为主动的“传播者”，从而令多元的声音可以真切地在公共领域中相互讨论；反对者则认为，社交媒体所提供的只是高度碎片化的交流，容易造成偏见的自我强化，以及诉诸情感而非理性的群体认同和偶像崇拜，结果导致民粹主义大行其道。

　　近年来，随着社交媒体的政治冲击力迅猛飙升，西方主流传统媒体对它的评价经历了从褒到贬的大转变。2011 年“阿拉伯之春”爆发之时，西方各大媒体无不欢呼社交媒体推动了这场在中东地区史无前例的社会革命；然而，到了 2016 年，大多数西方主流传统媒体又哀叹社交媒体引发的民粹主义狂潮颠覆了西方社会的政治秩序，导致英国脱欧和特朗普当选美国总统，全球政治经济也随之险象环生。

　　如何看待社交媒体对政治、经济秩序的冲击？它在人类历史上是不是前所未有的现象？抑或有过类似的先例？英国历史学家弗格森（Niall Ferguson）的《广场与塔：从共济会到脸书的网络与权力》（ *The Square and the Tower: Networks and Power, from the Freemasons to Facebook* ）一书，通过对“网络权力”和“等级权力”两种权力类型的分析，重构了近代以来的历史叙事。弗格森将当今时代界定为“第二网络化时代”，与西方世界从 15 世纪后期到 18 世纪 90 年代的

"第一网络化时代"相对照，为理解人类文明的当前处境和走向提供了历史的镜鉴。

《广场与塔》的书名本身就隐喻了两种不同类型的权力。在广场上，人们在水平的层级上非正式地相遇杂处，形成网络化的交往结构；而塔则象征着上层控制下层的等级化结构。弗格森声称，历史学家对等级化实体——诸如国家、政府、军队、公司等——投入了过多的关注，对于相对松散的社会网络结构却研究甚少。一个主要原因是历史学家所依赖的史料大多数来自等级化实体所留存的档案，有关社会网络结构的记录则往往杳然难寻。

此书首先体现了弗格森爬梳史料重现社会网络的史学功力。全书一共 60 章，包含了大量引人入胜的历史故事，诸如共济会、维多利亚时代的皇室、罗斯柴尔德家族、克格勃在英国上流社会招募的"剑桥间谍帮"、尼克松和基辛格主掌的白宫等。这使得该书极具阅读快感，但它并不是一部简单的趣闻集锦。"网络权力"和"等级权力"的此消彼长才是弗格森的叙述重心所在。

弗格森指出，自从新石器时代以来，人类社会长期由"等级权力"主导。伟大的古代帝国无不是以等级结构有效治理社会的典范。然而，到了 15 世纪后期，随着古腾堡印刷术的发明和新大陆的发现，西方世界的"等级权力"之塔被颠覆了，取而代之的是众声喧哗的"网络权力"，西方世界进入了"第一网络化时代"。

弗格森在《当古腾堡遇见路德》一章中讲述了"第一网络化时代"的诞生。虽然中国的毕昇很早就发明了活字印刷，但是直到 15 世纪中叶，德国发明家古腾堡才首次将活字印刷所需要的各个环节组合成一个有效的生产系统，实现了大规模的印刷生产。1517 年，德国宗教改革领袖马丁·路德提出了《九十五条论纲》，公开否定了罗马天主教会所宣扬的只有通过教会和教皇才能赎罪的说教，揭开了宗教改革的序幕。早在此举 100 多年前，捷克也曾经爆发反对天主教会销售赎罪券的"胡斯运动"，但并未形成燎原之势。马丁·路德则幸运得多。由于古腾堡印刷术的发明，他的言论被广为传播。据统计，在 16 世纪，马丁·路德的著作有近 5000 种版本付印，其《圣经》德文译本有近 3000 种版本付印。马丁·路德在历史上首次将《圣经》从拉丁文译为德文，不仅使得德国民众可以通过母语直接理解基督教，从而摆脱罗马天主教的精神控制；也推动了欧洲各民族相继用自己的母语翻译《圣经》，促进了民族意识的发展。

弗格森指出，"第一网络化时代"为西方世界打开了"现代化"之门，旧的权威被打破了，新的思想和组织层出不穷，最终体现为经济与社会的除旧布新。而除了西方之外的其他任何一种文明都没有这样的机遇。

但是，对于生活在其中的普通民众来说，"第一网络化时代"却又是一个动荡不已的乱世。宗教改革摧毁了中世纪统一的基督教世界，令西方走向了教派分裂，斗争不仅发生在新教和天主教之间，也发生在新教的各教派之间。从 1562 年到 1598 年，法国发生了旷日持久的号称"胡格诺战争"的宗教战争。从 1618 年到 1648 年，欧洲主要国家均卷入了天主教联盟和新教联盟之间的"三十年战争"，日耳曼各邦国在战争中被消灭了近 60% 的人口。正是当时的乱世使得英国政治思想家霍布斯在《利维坦》一书中将人类的"自然状态"设想为"所有人反对所有人的战争"，只有当所有人将自己的权利转让给一个人或一组人，并签订社会契约，人类才能获得和平，而这意味着号称"利维坦"的专制国家的诞生。霍布斯在"网络权力"横行的时代呼唤"等级权力",将后者视为投进深渊的一束光明。

"第一网络化时代"的顶峰是1789年大革命前夜的法国。托克维尔在《旧制度与大革命》一书中将法国大革命的关键肇因归结为18世纪法国盛行的"文人政治"。各种沙龙、期刊、印刷品遍地开花,重构了公共舆论的"广场",王权的神圣性在文人的犀利谈锋下销蚀殆尽。而法国大革命的血腥残酷也是空前的,正如死在革命血色中的革命信徒罗兰夫人临终时所言:"自由,多少罪恶假汝之名以行!"

物极必反。从法国大革命中崛起的拿破仑通过建立帝国、颁布法典而重建了"等级权力",弗格森称拿破仑是第一个现代意义上的独裁者。"等级权力"在欧洲的全面恢复,则是始于拿破仑战败之后,欧洲列强在1814年和1815年所召开的"维也纳会议"。这次会议确立了号称"维也纳体系"的国际体系,一方面通过压制法国大革命提出的自由和人权等理念来维持社会的保守与稳定;另一方面通过维持列强之间的权力平衡来确保和平。从1815年到1914年,欧洲没有爆发大规模战争,维持了长达百年的和平,物质文明和精神文明都取得了长足发展。"维也纳体系"因此得到了基辛格的盛赞:"令人惊奇的不是解决办法如何欠妥,而是这种方法是多么的明智;也不在于解决方法如何'反动',而在于如何取得均衡。"——弗格森推崇基辛格,他在《广场与塔》之前出版的上一部著作就是关于基辛格早年生涯的传记。

然而,"等级权力"在20世纪的极权国家达到了顶峰,从中产生了奥斯维辛和古拉格的罪孽与恐怖。两者都是"等级权力"暴力统治逻辑的产物，也验证了"等级权力"下的个体是何其容易无条件服从，甚至是变本加厉地执行上级的命令，从而成为制度的帮凶。切近而惨痛的历史记忆，使得当今世界的公共舆论普遍对"等级权力"深具戒心，而对"网络权力"则评价相对正面，即使有所批评也颇多恕词。但是，弗格森提醒读者，不受约束的"网络权力"同样会造成巨大的灾难，其危害程度不亚于不受约束的"等级权力"。

自从 1969 年 10 月互联网诞生以来，人类进入了"第二网络化时代"。社交媒体的崛起和移动互联的流行，使得人类时时刻刻处在海量信息的流通和观点的碰撞中。但事实表明，这反而导致公共话语的崩溃。《科学》（Science）杂志 2018 年 3 月 9 日发表麻省理工学院学者沃索基（Soroush Vosoughi）等人的研究报告指出，在推特上向 1500 名用户传播假消息的速度，平均比传播真实新闻的速度快六倍。此项研究结果同样适用于脸书（Facebook）等社交媒体平台。在无序凌乱且真伪不明的网络话语冲击之下，公共议程的建构备受挑衅和扭曲，各种民粹主义和极端思潮则甚嚣尘上，势不可遏。

2016 年，牛津词典宣布将"后真相"（post-truth）作为当年的英文年度词汇，意指"诉诸情感与个人信念比陈述客观事实更能影响民意"。人类社会从此进入了"后真相时代"，相形之下，无论是古腾堡印刷术所催化的宗教分裂，还是 18 世纪法国沙龙所孵化的"文人政治"，都不免瞠乎其后。这似乎预示着一个大混乱的时代即将到来。

弗格森指出，在网络化结构中，那些处在高密度连接的节点位置的人或组织可以获得源源不断的巨大资源，产生"富者愈富、强者愈强"的马太效应，从而强化不平等。在当今世界，脸书（现称元宇宙）、亚马逊等互联网巨头都只用了短短十几年时间便富可敌国，其成功在很大程度上来自垄断地位所带来的租金。对于它们的监管和问责可谓刻不容缓。

2018 年 4 月，在美国国会的听证会上，脸书（现称元宇宙）公司创始人扎克伯格一口咬定，脸书不是一家媒体，而只是一家科技公司，因此不需要承担媒体社会责任以及相应的严格法律监管。他的狡辩遭到了业内众多有识之士的驳斥。正所谓"杀龙勇士最终长出龙鳞"，今日的互联网巨头早已不是重新分配"等级权力"所控制的资源，而是凭借马太效应聚敛资源。《广场与塔》的启示在于，人类对一切权力都应当保持警惕，无论是"等级权力"，还是"网络权力"。

战略之"道"

——《论大战略》

《隆中对》是中国历史上的千古名篇，初出茅庐的诸葛亮向刘备提出了占领荆、益二州，联孙抗曹的大战略，为当时寄人篱下、缺少根据地的刘备集团描绘了一幅切实可行的战略蓝图，奠定了三国鼎立的基础。

但是，如果从《隆中对》所针对的"霸业可成、汉室可兴"的目标来衡量，它又是一个有着严重缺陷的战略。在诸葛亮的筹划中，"汉室可兴"的一个必要条件是"天下有变，则命一上将将荆州之军以向宛洛"，但是他却忽视了荆州对于孙权集团的重要性，长期占据荆州和"外结好孙权"本来就是矛盾的。后来的历史发展表明，正是这一矛盾的爆发最终导致刘备"创业未半而中道崩殂"。而后来诸葛亮屡次北伐均徒劳无功，一个重要原因是他总是与对手正面对峙而不出奇兵。《三国志》评价诸葛亮"应变将略，非其所长"，历史上真实的诸葛亮恐怕并不具有第一流战略大师的素质。

时至今日，人类对于战略的研究已经浩如烟海，全世界的政府、军队、公司和各种机构雇用了不计其数的战略专家为其出谋划策。战略研究越来越"科学化"，每每使用高深的社会科学理论和复杂的数据分析。然而，高明的战略依然是稀缺品。美国在本世纪初发动的伊拉克战争，业已被证明是一个失败的战略；它在"阿拉伯之春"运动中对利比亚的干涉，也最终导致美国驻利比亚大使在 2012 年丧身殒命的恶果。作为世界头号强国的美国自然不会缺少战略专家，但是其国家战略却屡屡左支右绌。

战略离不开科学的辅助，但是科学只能涵盖"势"和"术"的层面；就原则或者说"道"的层面而言，战略必然是哲学的。耶鲁大学军事史教授加迪斯（John Gaddis）的《论大战略》（*On Grand Strategy*）一书，正是一部从哲学角度探讨战略之"道"的著作。加迪斯是美国研究冷战史的顶尖学者，近16年一直在耶鲁大学讲授一门名为"大战略研究"的课程，该书即是基于他打磨多年的讲稿撰写而成。

从主流学术界的标准来看，这是一部相当另类的著作。加迪斯不仅探讨了马基雅维利、克劳塞维茨、孙子等经典战略大师的思想，而且分析了在传统观点看来与战略研究无甚关系的神学家圣奥古斯丁、文学家莎士比亚和托尔斯泰、哲学家伯林等人的著作，甚至美国"爵士时代"的代言人、小说家菲茨杰拉德也在书中占有一席之地。

加迪斯探究战略之"道"的一个出发点是哲学家伯林关于"狐狸型人格"与"刺猬型人格"的区分。这两个概念来自古希腊寓言中的一则典故："狐狸知道许多事情，刺猬知道一件大事。"具备"狐狸型人格"者见识广博，可以从多重观念立场出发，形成对未来的预测，即使这些观念彼此之间相互矛盾；而具备"刺猬型人格"者可以把握重大的概念，所有的新材料、新数据都会被他们用来探究和理解其念念不忘的"一件大事"。在加迪斯看来，"狐狸型人格"可以对未来做出更好的预测，但却常常是糟糕的领袖，因为他们往往难以提供一个宏大的理念框架来吸引和召唤追随者；相反，"刺猬型人格"能够凭借直截了当的理念和全神贯注的激情令追随者云集影从，但却常常对充满变数的现实世界缺少足够的预见力。

可以说，历史上真实的诸葛亮就是典型的"刺猬型人格"，"光复汉室"是他毕生全力以赴的"一件大事"，为此他在六年时间里发动了五次不成功的北伐，对蜀汉国力消耗巨大，最后以54岁之龄"出师未捷身先死"。此外，历史上也有过很多"狐狸型人格"的人物，虽然在时代的风云变幻中善于审时度势，随机应变，但却由于缺少对"一件大事"持之以恒的追求，最终湮灭无闻。

加迪斯指出，一个出色的战略家应该既是"狐狸"又是"刺猬"，应该像狐狸一样为自己保留多种选择，同时又像刺猬一样专注于一件大事。他援引小说家菲茨杰拉德的话，第一流智力的标志是"有能力同时持有两种相互对立的观念，并且仍然保持行动力"。

事实上，自从所谓"现代性"诞生以来，多种相互对立的观念同时并存，就成了人类社会的常态，对于一个善于思索的现代人来说，"同时持有两种相互对立的观念"似乎并不是一件难事，难的是在此条件下"仍然保持行动力"。在加迪斯看来，这需要一种名为"pivoting"的能力。"pivot"是指机械的转轴，"pivoting"的意思是可以不断地在正极和负极之间旋转。

领导美国走出大萧条和赢得第二次世界大战的美国总统罗斯福就是具备"pivoting"能力的代表。他说过："只要能够有助于赢得战争，我可以完全前后矛盾。"罗斯福必须调和国内国外的各种派系、各种立场，这些派系和立场之间往往存在着严重的冲突与对立，甚至充满了相互仇恨和轻蔑。罗斯福宣称自己的左手并不总是知道自己的右手正在做什么，而这正体现了他的战略天才。

加迪斯探究战略之"道"的第二个出发点，来自历史上那些曾经一度取得巨大成功但又最终覆亡的统帅的经验教训。一个典型案例就是被誉为"恺撒之后最伟大军事天才"的拿破仑。拿破仑的铁蹄在十几年间横扫欧洲，所向无敌，然而他在1812年入侵俄国却是一个极其愚蠢的战略，法军一无所获，损失惨重，出征的时候有60万人，归来只剩9万。

在西方历史上，类似的著名案例还有很多，比如西班牙的"无敌舰队"入侵伊丽莎白女王治下的英国，结果全军覆没。这场战争在2007年被好莱坞拍成电影《伊丽莎白之辉煌年代》，一度全球热映。许多中国人也因此对这场改变了世界历史走向的战争有了颇为直观的了解。加迪斯在书中分析了这场战争，高度评价了伊丽莎白女王的战略能力。不过，他本人最为在意的，却是西方历史上此类战争有详细记载可征的最早案例——古希腊的伯罗奔尼撒战争。

原因在于加迪斯的个人经历。1975年，越共攻入西贡，越南战争宣告结束。当时加迪斯正在美国海军学院担任访问教授，这所学院的每一位学者都收到了学院发来的一个包裹，里面是修昔底德的《伯罗奔尼撒战争史》，要求大家精读并讨论。在好几周时间里，学者们各抒己见，激烈交锋，谈的是修昔底德，针对的却是美国在越南战争中的失败。加迪斯说："修昔底德治愈了我们的越南战争战后创伤后遗症。"

伯罗奔尼撒战争是发生在雅典和斯巴达之间的一场持续近30年的战争，战火席卷希腊各个城邦，最终以本来实力强于斯巴达的雅典失败而告终。加迪斯感兴趣的是，在战争期间，雅典在与斯巴达紧张对峙的情况下，居然派遣了一支庞大的舰队远征500公里之外、毫无战略价值的西西里岛，结果像拿破仑远征俄国一样是一场大灾难，不仅全军覆没，而且令雅典元气大伤。

加迪斯指出，这类愚行的原因都在于未能正确评估目标与资源之间的差距，未能量力而行。背后的深层原因是狂妄取代了审慎，野心蒙住了理性。因此，一个出色的战略家必须不受自我意识和欲望的干扰，保持清明的心性。如果说对于"狐狸型人格"和"刺猬型人格"的辨析属于战略之"道"的思维层面，那么，"量力而行"最终则指向了战略之"道"的精神层面。

　　加迪斯的论述诚然颇具启发性，但是也有不足之处。

　　例如，在加迪斯笔下，林肯是一位了不起的战略大师。正是由于他出色的战略视野和领导能力，美国联邦政府才取得了南北战争的胜利，阻止了国家分裂，废除了奴隶制。然而，1861 年，在南北战争爆发之初，当时为《纽约论坛报》担任伦敦通讯记者的马克思就预言："北方将会赢得战争，虽然会相当不容易，因为北方的物质资产（更加雄厚），也因为战争将在南方引发奴隶起义。"马克思的预言无关乎林肯个人的战略能力，他的切入点是社会历史的发展趋势。能否洞察社会历史的发展趋势，是对战略能力的终极考验。

帝国主义、反帝国主义与冷战

——《反抗帝国主义：反殖民主义与冷战》

从 1945 年第二次世界大战结束到 1991 年苏联解体的 40 多年里，冷战是世界历史的一条主轴。冷战结束之后，福山（Francis Fukuyama）的"历史终结论"认为，冷战结束表明意识形态的对抗已经终结，西方的自由民主制将会成为所有国家政府的唯一形式，也是最后的形式。

福山的"历史终结论"一度影响甚巨，但很快被亨廷顿（Samuel Huntington）的"文明冲突论"所取代。亨廷顿认为，随着冷战结束，意识形态和政治体制对于国际体系来说已经不再重要，世界冲突主要源自不同文明之间的对抗。

这两套理论都回避了第二次世界大战之后世界历史的另一条主轴：第三世界的非殖民化和反抗帝国主义。福山把西方政治制度概括为自由民主制，掩盖了西方国家的帝国主义特征；而亨廷顿将世界冲突归结为不同文明之间的对抗，无视大多数国际冲突其实都是西方国家在非西方世界推行殖民主义和帝国主义所导致的症候群。如今"历史终结论"早已无人问津，"文明冲突论"也不能解释如下事实：同样属于伊斯兰逊尼派中的瓦哈比教派，为何沙特王国是美国的坚定盟友，而极端组织"伊斯兰国"（IS）却是美国在中东的头号敌人？

美国历史学家嘉治（Edward Judge）和兰登（John Langdon）的著作《反抗帝国主义：反殖民主义与冷战》（*The Struggle against Imperialism: Anticolonialism and the Cold War*），正是对前述两条历

史主轴予以整合，展现了冷战是如何与非殖民化和反抗帝国主义的进程相交织，为理解全球体系的演化提供了不可或缺的坐标图。

两位作者首先回顾了西方殖民主义的发展史，将其分为工业革命前、后两个阶段。在工业革命之前，西班牙、葡萄牙和英国等欧洲列强主要是通过奴隶贸易在美洲建立殖民帝国，进入 19 世纪，欧洲殖民主义在西半球走向衰落。但是，新兴的美国随后对北美的印第安人展开了殖民进程，大多数新独立的拉美国家也是由欧洲殖民者的后代占据统治地位。

西方殖民主义在工业革命之后进入了一个新阶段。工业革命使得英、法等欧洲列强彻底进入了资本主义社会，同时也逐步确立了自由民主的政治制度。这一时期的殖民扩张主要是面向亚洲和非洲，受到工业资本主义的强力驱动，旨在控制资源、市场和航线。欧洲国家的民众把殖民扩张视为国家荣耀，随着越来越多的民众获得选举权，他们也用选票支持和推动政府通过战争手段来开拓殖民地。殖民扩张被选民们美化成传播基督教和先进文明的善举，殖民主义其实是这一时期西方国家自由民主制的背面。

1902 年，英国经济学家霍布森（John Hobson）出版了《帝国主义》一书，将工业革命之后的西方列强在非西方世界建立经济、文化、政治霸权和殖民统治的行为称为"帝国主义"，并将帝国主义视为工业资本主义的必然后果。在霍布森的启发下，列宁 1916 年出版了《帝国主义是资本主义的最高阶段》一书，将非西方世界民众反抗西方殖民霸权的斗争和西方国家工人阶级反抗资本主义的斗争相结合，对 20 世纪全球政治产生了深远影响。

列宁提出上述帝国主义理论的时候，第一次世界大战的战火方酣。前所未有的血腥杀戮不仅给欧洲列强造成了重创，而且彻底打碎了欧洲白人文化先进性和种族优越性的神话。1917 年，列宁发动十月革命，推翻沙皇俄国，随即宣称第一次世界大战是"帝国主义之间的战争"，新成立的苏维埃政权退出这场战争，并呼吁全世界被压迫人民反抗作为资本主义最高阶段的帝国主义。同一年，美国总统威尔逊提出了"民族自决"的原则，虽然其目标是通过召唤作为敌方的德意志帝国、奥匈帝国和奥斯曼帝国境内的弱小民族的民族主义来摧毁这三个帝国，但是结果导致非西方世界的民众以这项原则为武器，反抗作为美国盟国的英、法等国的殖民统治和帝国主义。苏联和美国就这样举起了反帝国主义的旗帜。

第一次世界大战结束后，根据"民族自决"原则在欧洲建立了不少新国家，但是并没有把这项原则推广到非西方世界，只是把战败国的殖民地以"托管"的形式转让给战胜国。20 世纪 30 年代，日本、意大利和德国分别建立了军国主义、法西斯主义和纳粹主义的极右翼帝国，最终导致了第二次世界大战的爆发。第二次世界大战不仅摧毁了日本、意大利和德国的帝国，也令英、法、荷兰、比利时等欧洲列强的殖民帝国摇摇欲坠。苏联和美国成为战后超级大国，它们都号称自己反帝国主义，支持民族自决。然而，两者实际上都是追求霸权的新型帝国。

苏联和美国在意识形态与地缘政治上的尖锐矛盾引发了冷战。一方面，美国以"自由民主"为旗帜，对苏联采取"遏制"政策，尤其是通过支持东欧国家的民族主义来对抗苏联帝国；另一方面，苏联以"反对帝国主义"相号召，积极在非西方世界寻求盟友抗衡美国。冷战遂与非殖民化和反抗帝国主义的进程相交织。

在亚洲，各个新建立的国家在摆脱旧的殖民帝国的控制之后，又在寻求苏联或美国援助的过程中卷入冷战。中华人民共和国在成立初期实施向苏联"一边倒"的外交政策，反对"美帝国主义"，后来与苏联关系破裂，称其为"社会帝国主义"，最终在美苏之间奉行独立自主的外交政策。朝鲜半岛被冷战分裂成两个国家。巴基斯坦加入美国阵营；而印度虽然并非共产主义国家，也不和任何国家结盟，却接受苏联援助，疏远美国。印尼在苏加诺时代亲苏联，在苏哈托发动政变上台之后转为亲美国。越南、老挝和柬埔寨则成为越南战争的战场，冷战在这里成为白热化的丛林战争。

在中东，埃及总统纳赛尔 1956 年对苏伊士运河的国有化成为阿拉伯世界反抗欧洲殖民帝国的里程碑，然而当时埃及只是在美国和苏联的介入之下才避免了被英、法和以色列联军击败的命运。中东地区丰富的石油储藏使其成为冷战必争之地，美国必须通过控制若干石油生产国来确保其石油供应。美国的深度介入使得中东伊斯兰国家无法遏制宿敌以色列，也无法成功实现世俗主义的现代化进程。对美国的仇恨引发了以复兴伊斯兰神权传统为目标的政治反弹，在什叶派主导的伊朗爆发了霍梅尼领导的革命，在逊尼派主导的阿拉伯国家则兴起了各种极端派别和恐怖组织的网络。

在非洲，非殖民化进程相对缓慢，到 1980 年才基本实现了所有前殖民地的独立。但是，虽然欧洲的殖民统治有所退潮，美国和苏联却在新独立国家中竞相扶植代理人，实施经济、政治乃至军事控制，使得形形色色的"掠夺性政府"长期在位，社会发展停滞不前。

在拉丁美洲，虽然大多数国家在 19 世纪就已经独立，但是它们在经济、政治和文化上长期受美国主宰。在冷战期间，拉美国家的左翼政治运动几乎无不在美国的强力打压之下夭折，唯一的例外是古巴的卡斯特罗政府，美苏在古巴的角力一度险些引爆核战争。冷战结束之后，美国对拉丁美洲的控制逐渐减弱，因为它不再能够通过煽动对共产主义的恐惧来为干涉拉美国家提供正当的理由。拉美国家的民主化进程得到了长足发展，而在冷战期间得到美国扶植的各个独裁军政府的领导人，如智利的皮诺切特，则面临追查和审判。

持续了40余年的冷战以苏联解体而告终。与其说宣告了西方自由民主制的胜利，不如说昭示了帝国主义的失败。在第二次世界大战之后，苏联和东欧国家实际上形成了宗主国与殖民地的关系，同时在全球范围内追求霸权。1979年苏联入侵阿富汗，原计划三个月结束战争，结果却在拖延9年后被迫撤离。这场战争令苏联在军事和政治上都付出了惨重代价，其资源越来越无法维系帝国体系的运转，终于轰然倒塌。

两位作者提醒说，虽然20世纪是一个见证了诸多帝国主义崩溃的世纪，但是帝国主义在当今世界并未消隐。例如，俄罗斯仍然试图重现沙俄帝国的荣光，而美国小布什政府和英国布莱尔政府的高参也都提出过要推行"新帝国主义"来拯救"失败国家"，重建国际秩序。也许，霍布森所说的"工业资本主义导致帝国主义"的逻辑并未全然过时。另外，只要是帝国主义所到之处，就必然存在对帝国主义的反抗。历史远未终结。

民族主义的辩护与悖论

——《民族主义的优点》

民族主义是近百年来全世界最重要的政治理念之一。它曾经被普遍视为一种进步的理念，召唤被奴役的族群起而追求独立和自决。然而，近数十年来，在欧美学术界的主流语境中，民族主义渐渐变成了一个"政治不正确"的理念，它的勃兴意味着族群撕裂和冲突，在极端情况下甚至会引发种族清洗的灾难。

与强调以族群整体为单位争取独立和自决的民族主义相反，当今欧美主流学术界把美国和欧盟视为理想的"公民国家"形态，这意味着国家建立在公民个体认同的基础上，虽然公民来自彼此不同的族群和文化背景，但是他们都忠于共同的原则，以此为纽带建立国家认同。在美国，美国宪法被认为是所有公民效忠的基本原则；在欧盟，欧盟宪法赋予所有缔约国的国民以欧盟公民权，希望以此构建超越民族国家的主权实体，在未来逐渐淡化原先的民族国家认同。尽管美国从未真正解决种族冲突问题，尽管欧盟在英国全民公投决定"脱欧"之后前景黯淡，但是"公民国家"依然被欧美主流学术界认为是一种值得追求的理想，纵有再多现实困境，也只是前进道路上的曲折而已。

以色列哲学家和政治评论家哈扎尼（Yoram Hazony）的《民族主义的优点》（*The Virtue of Nationalism*）一书，恰是一部挑战上述当今欧美学术界主流观点的著作。哈扎尼断言，"公民国家"的理念只是一个神话，现实中的"国族"（nation）是一些"部落"（tribe）

通过共同的语言或宗教，以及共享的历史而形成的实体。

所谓"部落"是一些由家族组成的群体，不限于血缘关系，也包括婚配和收养等纽带。具有共同语言或宗教，以及共同仇敌的部落会逐渐形成联盟，进而有可能形成"国族"（nation）。国家的合法性基础在于它是由"部落"联盟构成的有机实体，而不是源自公民个体对共同原则的效忠。

在哈扎尼看来，民族主义不仅意味着效忠自己的部落和国家，同时也意味着拥护一种以民族国家为基础的世界秩序。在这样一种秩序中，每个国家可以不受干涉地继承自己的传统，追求自己的利益。然而，当今现实中的世界秩序却是由世界贸易组织、世界银行、国际货币基金组织、海牙国际法院等国际组织所主导，这些组织主要是以美国和欧盟为依托，实质上充当了"帝国主义"在全世界推行强权的工具。

以"帝国主义"为名的指控可谓老生常谈。然而，哈扎尼对"帝国主义"的批判却是别具一格。左派知识界的惯常做法是剖析帝国主义的经济根源，如奴隶贸易、资本主义等；哈扎尼关注的则是"帝国"的政治形态。他从中东和西方政治史中提炼出了一条叙事主线——"帝国"与"民族国家"两种国家形态的对立，以此作为评判古今的立论基础。

哈扎尼指出，综观历史，各个不同地域的人类社会在文明进程中几乎只能自发地演化出两种政治秩序，要么止步于部落或部落联盟；要么建立帝国，将兼并其他部落和征服世界视为使命。唯一的例外是《旧约》时代的以色列王国。在《摩西五经》里，耶和华与犹太人订约，将以色列赠予犹太部落，但没有更多疆域。犹太人作为耶和华的选民，其使命不是通过征服其他部落去推行犹太教信仰，而是在国土内部彰显耶和华之道。与此相反的是，无论古埃及、亚述、巴比伦还是波斯，都把对外征服视为天神授予君主的使命，都致力于四处征战建立帝国。众所周知，犹太人是一神教的创立者（虽然研究表明犹太人的耶和华信仰在很大程度上受到古埃及太阳神信仰的影响），哈扎尼则更进一步，把犹太人视为"民族国家"的创立者。

哈扎尼指出，罗马帝国虽然也是以信仰耶和华上帝的名义，奉天主教为国教，但是其一神教信仰与以色列王国的耶和华信仰迥然有别。罗马的上帝是作为征服者的上帝，旨在通过征服世界来传播福音，此后中世纪欧洲的罗马教廷继承了这一立场，教廷与其说是宗教机构，不如说是政治机构。中世纪的神圣罗马帝国（以今天的德国和奥地利为中心）在其早期正是为了在教廷领导下重现罗马帝国的霸业。

在标准教科书的历史叙述里，1648 年签署的《威斯特伐利亚和约》是欧洲近代民族国家兴起的开端，它废除了此前教皇在名义上拥有的教会管辖权、绝对领土权、国际执法权和无限战争权，经历了新教改革的英国、荷兰、法国、瑞士、瑞典和丹麦成为新兴的民族国家，《威斯特伐利亚和约》承认缔约国的国家主权和平等，国家之上没有更高的政治权威。

然而，欧洲民族国家虽然不再为了神圣的宗教信仰而战，但是出于争夺利益而发动的战火并未止熄，这促使知识分子去思考一种更合理的政治秩序。哲学家康德在 1795 年发表的《永久和平论》是这一方向上的经典著作。简言之，康德要求建立国际法，承认世界公民权，国际法的存在就意味着战争属于非法状态，而世界公民权意味着每一个人不会仅仅因为进入别的国家而遭受敌意对待，虽然一个国家本来可以基于自己的主权而制定法律歧视外来者。康德还提出了"共和制国家之间不会发生战争"的观点，希望在"共和制国家"联合的基础上实现持久的国际和平。

第一次世界大战结束以后，时任美国总统的威尔逊扮演了一个既号召民族主义又主张建立国际法的角色。威尔逊一方面促成了原先隶属德意志帝国、奥匈帝国和沙皇俄国的诸多东欧国家的独立，另一方面又着手创建国际联盟，作为实施国际法、保障世界和平的基石。但是，美国国会没有批准美国加入国际联盟，而由英、法主导的国际联盟也并未阻止日本军国主义和纳粹德国的兴起。纳粹德国对犹太人的大屠杀，是人类历史上的一场大浩劫。

按照当今欧美主流学术界的观点，大屠杀的根源在于纳粹德国的极端民族主义。希特勒及其追随者希望实现德国的种族纯粹，排除一切杂质，犹太人作为在历史上长期被污名化的少数族群首当其冲，成为受害者。因此，要避免类似的种族清洗再次发生，就需要消解民族主义，建立超越于民族国家之上的欧盟政府，落实欧盟公民权。

而在哈扎尼看来，欧洲犹太人遭受大屠杀的根本原因，是他们当时没有建立自己的国家。如果当时犹太人有自己的国家，就可以安置和保护德国乃至欧洲的犹太人。事实上，历史研究表明，纳粹德国一开始只是希望驱逐犹太人，但是并没有多少国家愿意接收犹太难民。纳粹德国对于犹太人的迫害是逐渐加剧的，随着第二次世界大战东线战事的愈演愈烈，最后才发展成大规模的肉体消灭。第二次世界大战结束以后，作为以色列第一任总理的本·古里安，正是把避免大屠杀重演作为建立以色列国家的根本理由，在美国、苏联两大强权的支持下，从英国托管走向独立。

如果是在 10 年前，哈扎尼的上述论点势必招来一阵嗤笑，彼时欧盟正值蒸蒸日上，在哲学上为欧盟奠定法理基础的思想家哈贝马斯也享有盛誉。但是现在欧盟正面临严重的信任危机，英国脱欧吹响了重返民族国家的号角。对于哈扎尼的论述，不再可以等闲视之。

哈扎尼进而指出，那种试图根据普遍原则建立"公民国家"或"世界政府"的论述，貌似具有最大限度的包容性——因为任何人不拘族群和文化背景，都可以在忠于基本原则的基础上被接纳，享有公民权利；但其实又是最不宽容的——因为这些基本原则既然号称是普遍的，那么任何与之矛盾的理念就都必然是错误的，是不可能并存的。例如，基于政教分离的原则，欧盟对于公共场合的某些宗教着装有着严格的禁令。就此而言，与其让不同族群背景的个体都接受同一套原则，不如让每个族群各行其是，在自己的民族国家里发扬自身的传统，不受别的族群干涉。

到此为止，哈扎尼似乎为民族主义提供了一套精彩的辩护。然而，根据他的论述，以色列占领下的巴勒斯坦建国似乎也是顺理成章，但他对此却持完全否定的态度，理由是"并不存在民族自决的普世原则"。这真是一个有趣的悖论，让人不禁怀疑他的逻辑是否真能自洽。也许，基于普遍原则的"公民国家"或"世界政府"并不能带来真正的宽容与和平，但是民族主义就能解决问题吗？

当今欧美"威权民粹主义"的文化根源

——《文化反动：特朗普、英国脱欧与威权民粹主义》

近年来，欧美极右翼民粹主义迅速崛起，甚嚣尘上。在美国，特朗普在 2016 年当选总统；在英国，2016 年全民公投表决脱离欧洲联盟；在欧洲大陆，极右翼政党在许多国家议会中的席位都迅速增加，法国的勒庞、奥地利的霍弗尔、荷兰的维尔德斯等极右翼政客都成为人气爆棚的政治人物，对欧洲各国的自由民主制度造成了巨大冲击。

对于这种现象，一个广为接受的解释是，经济不平等是造成极右翼民粹主义兴起的主要原因。随着知识经济和人工智能的兴起，制造业的衰落，全球化所造成的资本流动和产业转移，工会的式微，社会福利的收缩，大批底层民众入不敷出，缺乏安全感，对主流政治精英充满怨恨，极易接受鼓吹民族主义和种族主义、反对欧洲联合与外来移民的极右翼民粹主义政客和政党的动员，认为外来的"他们"剥夺了"我们"的财富、工作机会和公共服务。

另一种观点则认为，仅仅通过经济原因来解释极右翼民粹主义的兴起是不够的，这股潮流在很大程度上源自对于当今西方社会的进步主义文化变革的反动。近数十年来，西方社会经历了向后工业社会的转型，普世主义、多元主义、环保主义、女权主义等左派进步主义思潮方兴未艾，许多国家都出现了类似于绿党这样的左派政党。然而，对于西方社会的老人、白人和低学历者等群体而言，进步主义思潮颠覆了他们赖以安身立命的传统价值观念，破坏了他们习以为常的社会等级和身份特权，由此导致的愤怒情绪驱使他们成为极右翼民粹主义政客和政党的追随者。

上述两种解释并不矛盾，而是相互补充。经济不平等所导致的不安全感，可以激发和强化对于传统价值观念的认同，和对进步主义文化变革的敌视。不过，到底哪个因素更为主要呢，是经济还是文化？美国政治学者诺里斯（Pippa Norris）和英格哈特（Ronald Inglehart）的《文化反动：特朗普、英国脱欧与威权民粹主义》（*Cultural Backlash: Trump, Brexit, and Authoritarian Populism*）一书，通过对当今欧美人口结构和政党政治的深入调研，得出如下结论：文化因素是极右翼民粹主义的主要驱动力，传统政党基于经济理念的"左""右"分野在今天业已被民粹主义和普世自由主义的文化分野所取代。

什么是民粹主义？民粹主义具有三个主要特征：一是反主流精英，相信普通人比主流精英更具备美德和智慧，对大公司、富豪阶层、职业政客、学院知识分子等当权群体充满了怀疑和怨恨；二是威权主义，追随具有超凡魅力的领导人，支持简单多数决定的直接民主（例如公投），反对注重权力制衡并且保护少数群体的代议民主；三是排外民族主义，主张"人民"是一个单一的群体，国家应当排斥来自其他国家和文化的移民，提倡单一文化而非多元文化，国家利益至上而非国际合作。

特朗普在 2016 年总统大选中的竞选策略就是挑动民粹主义，成功地利用并煽动了种族仇恨、对多元文化的不宽容、孤立主义、对外来者的不信任、对女性的歧视、对穆斯林的憎恶、对政治强人的向往和对逝去荣光的怀旧情绪。当今欧洲各国的极右翼民粹主义政客与之类似。

    曾经长期边缘化的民粹主义为何能够在当今欧美各国政坛强势崛起？舆论普遍认为，特朗普上台的一个重要原因是身为黑人总统的奥巴马激起了很多白人的种族主义仇恨，而英国公投脱欧则是由于很多支持脱欧的选民并不清楚这项决定将会如何损害自己的切身利益，对其他欧洲国家的情况也都有相应的因果解释。两位作者指出，这类解释虽然每一个都很有说服力，但都只是基于某个特定国家的内政，无法说明民粹主义近年来为何能够在多个西方国家齐头并进，攻城略地，对此需要从国际比较的角度提供宏观解释。

    通过国际比较的数据研究，两位作者肯定了经济不平等是导致欧美各国民粹主义政治崛起的一项原因，但并非主要原因。在西欧国家，极右翼政党的支持者在失业人群、蓝领工人和低教育群体中占有较高比率，但是一个国家的极右翼政党得票率和该国的失业率并不存在正相关关系。换言之，高失业率并不意味着极右翼政党的高得票率。在一些经济最平等、社会福利最完善、民众受教育程度最高的欧洲国家，如瑞典和丹麦，民粹主义政党也是锋头甚健，这显然不是由于经济原因。而且，欧洲各国极右翼政党的经济理念也彼此差距颇大，德国共和党、英国独立党和瑞士人民党主张市场经济，而保加利亚的阿塔卡联盟和匈牙利的"更好的匈牙利运动"则支持国家干预经济。

    与经济解释不同，文化解释将民粹主义的兴起主要解释为一种社会心理现象，其原因在于欧美国家一部分充满怀旧情绪的选民对于20世纪后期兴起的西方文化价值转型的抵制和反动。

    从20世纪60年代开始，西方社会经历了巨大的"后物质主义"

文化价值转型，影响到了社会生活的方方面面。例如，对性的态度日益多元，性少数人群（LGBT）的权利、同性婚姻等都得到社会认可；又如对于移民、外国人和外来文化以及生活方式的态度趋向多元主义；再如注重环保、提倡素食；等等。在政治领域，绿党等新型左派党派应运而起，在很多欧洲国家，主张生态平衡与和平主义的绿党都曾经与社会民主党联合组阁执政。

然而，这场文化价值转型也激起了那些固守传统价值观念的保守群体的恐惧和反对。有几个重要的因素和价值观念密切相关。一是年龄，人的价值观念主要形成于童年和青少年时代，那些在经济衰退和世界大战背景下成长起来的老一代人从小在缺乏安全感的环境下长大，因此对社会变革持有抗拒态度；而在经济高速发展的富裕社会里成长起来的年青一代面对社会变革并不缺少安全感，因此心态开放，追求多样性。二是性别，知识经济的兴起极大地提升了女性的作用和地位。传统父权主义的大男人价值观，逐渐被追求两性平等和婚姻多样性的女性主义思潮所取代；与此同时，性少数人群也拥有了越来越大的话语权。三是受教育程度，受过高等教育者容易在文化价值转型中如鱼得水，而受教育水平较低者则较难适应和接受。四是宗教，宗教越是局限在个体信仰的精神领域，对社会生活的干涉程度越少，文化价值的转型就越容易发生和落实。

最后一个因素是对移民和少数族群的宽容程度。这是导致当今欧美民粹主义兴起的关键原因。近数十年来，前往欧洲和美国的移民一直不断增长，尤其是近年来，大量来自中东北非的穆斯林难民涌入欧洲，同时大批中美洲难民前往美国寻求庇护。这在欧洲和美国都激发了排外浪潮与种族歧视，要求通过强力政策限制和阻碍移民与难民。这不仅导致民粹主义政客和政党在多个欧洲国家的崛起，也造成了这些国家对欧洲联盟的离心倾向。这是因为欧洲联盟成员国之间的边界管控相当宽松，欧洲联盟赋予并保障了欧盟联盟公民和永久居民享有统一的内部自由迁移权利，包括出入境权、居留权、就业权以及社会保障权利。英国脱欧的重要原因之一就是追求独立的移民政策，防范移民从其他欧盟国家无阻拦地进入英国。

在该书的主体部分，两位作者通过大量数据调查和分析，证实了上述五项文化因素确实是导致当今欧美民粹主义兴起的主要原因。老年人、男人、低学历者、体制化宗教的参与者、多元化程度较低环境下的多数族群成员这五项指标，能够融贯一致地描述当今欧美民粹主义支持者群体的特征，而经济不平等所导致的贫富分化并不是一个融贯一致的指标。例如，小企业主和零售商这种典型的小资产阶级群体比缺乏技术、从事体力劳动的低收入工人群体更支持民粹主义；又如，以白人为主的农村居民生活相对宽裕，但是他们比多元族群混居的大城市穷人更支持民粹主义。

这并不是排斥经济因素对于民粹主义兴起的重要性，只是表明经济因素本身并非决定性的主因，而是通过文化因素起作用。生计艰难所造成的不安全感和挫败感，会强化固守传统价值观念的保守心态，成为支持民粹主义的催化剂。

在对民粹主义做价值判断时，两位作者采取了一分为二的态度。他们认为，民粹主义的正面意义在于它有可能纠正西方国家自由民主制度的某些弊端，传达草根民众的一些合理诉求，凸显被主流政客漠视的一些真问题，从而避免民主制度沦为由精英阶层主导的等级制度。

然而，民粹主义的危害性也是不容低估的。民粹主义总是和威权主义相结合，从而为政治强人、社会不宽容、非法治的治理打开了大门，损害自由民主制度赖以维系的权力分立、程序正义和保护少数群体权利等原则。

在美国，特朗普对民主制度的破坏极其严重。他对白人至上主义的支持，使得美国三K党、新纳粹等历史沉渣再度泛起，招摇过市；他对行政权力的滥用，包括指示白宫官员和内阁成员拒绝国会的传讯，通过宣布"国家紧急状态"绕过国会向美墨边界派遣军队修墙等，都严重侵犯了国会权力；他与基督教保守派的结盟，使得反堕胎团体变本加厉，多个共和党控制的保守州相继出台严禁堕胎的法律，试图挑战最高法院在1973年"罗伊诉韦德案"中所做出的将女性堕胎权利视为宪法权利的判决。由于美国在历史上没有出现过极右翼政党 —— 如德国纳粹党和意大利法西斯党 —— 执政的先例，故而对特朗普的威权民粹主义政治缺乏免疫力。

在欧洲，民粹主义运动虽然来势汹汹，但是对政治体制的冲击还没有达到伤筋动骨的程度。2015年，德国总理默克尔宣布开放边境，让数以十万计的难民进入德国，由此引发的社会冲突，尤其是2015年和2016年跨年夜性侵事件的爆发，激发了排外民粹主义的兴起，极右翼政党另类选择党在2017年的大选中一跃成为德国第三大党，改变了第二次世界大战以后极右翼政党在国会中从未占有席位的边缘化地位。但是，德国民粹主义的兴起主要是由于移民的单一因素，因此对政治体制并未构成全面挑战。作为欧洲最重要的国家，德国的稳定是欧洲稳定的有力保障。

在2019年5月的欧洲议会选举中，极右翼政党的抬头成为显著特征。例如，法国极右翼政党国民联盟以 23% 左右的国内支持率领先于总统马克龙领导的执政党共和国前进党，后者的国内支持率约为 21%。但是，致力于加强欧盟的政党在欧洲议会占据了将近三分之二的席位。换言之，欧洲的主流政治并未被民粹主义俘获。

长期而言，欧美威权民粹主义的命运，取决于西方社会的"后物质主义"文化价值转型能否继续向前推进。曾几何时，舆论普遍认为信息技术和人工智能的突飞猛进，会令"后物质主义"的文化价值转型所向披靡。然而，信息技术的发展加剧了信息碎片化，由此产生的"后真相时代"成为民粹主义崛起的温床；而人工智能和大数据技术则大大强化了威权领袖的控制力。更重要的是，如果人工智能意味着很多民众不再拥有稳定的工作，缺少一份体面职业所提供的安全感和尊严感，那么他们就无法拒绝威权民粹主义的诱惑。科技进步是否会逆转"后物质主义"的文化价值转型，是 21 世纪欧美乃至全球社会发展最关键的问题之一。

现代世界如何诞生于"政治碎片化"

——《逃离罗马：帝国的失败与通往繁荣之路》

　　在漫长的人类历史中，直到最近几百年，才出现了可持续的经济增长，而这也标志着"现代世界"或者说"现代性"的开启。可持续经济增长的出现，和"西方的兴起"是同步的，因为可持续经济增长兴起于西方，而非世界其他地区。西方与世界其他地区之间的这种差异，被学术界称为"大分流"。

　　可持续经济增长的起源在哪里？如何解释"大分流"的发生？学术界的传统观点是将其归结为欧洲在制度和文化上有别于其他地区的特殊性——拥有一个多国体系和国家权力受限制的传统，经历了文艺复兴和宗教改革，拥有由资产阶级支配的独立城市，经历了科学革命和技术创新，等等。

　　在20世纪90年代逐渐兴起的加州学派对此提出了不同的解释。这一学派将传统观点视为"欧洲中心论"，认为"大分流"并非肇因于欧洲在制度和文化上的特殊性，而只是出于历史和地理的偶然。其理由在于：在17世纪中叶以前的近千年时间里，中国和中东地区在经济和技术上领先于欧洲；欧洲抢占先机只是因为在地理上更靠近新大陆，从而得以建立美洲殖民帝国，获得大量真金白银，主导世界货币体系；工业革命发生在19世纪的英格兰，是因为其煤矿在地理上非常接近工业发达地区，并且能够获得来自海外殖民地的大量资源，而此前与英格兰同样富庶的中国江南地区不具备同样的地理条件。

　　斯坦福大学古典学与历史学教授谢德尔（Walter Scheidel）对

上述问题给出了全新的解释。在《逃离罗马：帝国的失败与通往繁荣之路》（*Escape from Rome: The Failure of Empire and the Road to Prosperity*）一书中，他将学术界津津乐道的"大分流"——可持续经济增长兴起于欧洲，而非世界其他地区——称为"第二次大分流"，认为它是更早期的"第一次大分流"的必然后果。

在谢德尔看来，"第一次大分流"并非取决于某个发生过的历史事件，而是缘自一件没有发生的事情：在公元476年西罗马帝国灭亡之后，试图重建一个全欧洲范围帝国的企图都失败了，发生在公元500年至1000年之间的一连串失败，成为欧洲与世界其他地区在历史路径上的分水岭。长期统治的大规模帝国在欧亚大陆的其他地方是不断出现的国家形式，但在欧洲是一次性事件，罗马帝国之后的欧洲政治碎片化，是可持续经济增长和现代世界在欧洲兴起的根本原因。

谢德尔把中国作为欧洲的比较对象。他指出，在过去1500年，多中心而分裂的欧洲和中央集权的中国是相反的国家体系，但是在此之前，两者的国家建构模式是很相似的。罗马帝国和汉帝国一样，通过专业官僚机构和强大的军队来实施统治，通过税收来维持财政。虽然罗马帝国脱胎于罗马共和国，但是随着时间发展，其官僚体系日益强大严密，其统治日益定于一尊，与汉帝国越来越相似。

在罗马帝国的全盛时期，欧洲的大部分地区，连同北非和中东，都在其疆域之内，接受中央集权的统治，地中海成为罗马帝国的内海。罗马帝国的成功源自其自身的强大和对手的弱势。

一方面，罗马从共和国时期开始，就一直能够比它的对手动员更大规模的军队，这使得罗马纵然经历无数战役的失败，也总是在战争中取得最后的胜利。罗马之所以能够具有源源不断的兵员供给，关键在于对赋予公民权非常慷慨，大量移民、被释放的奴隶和被征服地区的人民都成为罗马公民，而罗马男性公民在军队中服役的比例非常高，因为服兵役可以替代缴税。

另一方面，早期罗马位于意大利半岛上，处在以埃及、波斯和希腊为中心的古代世界的边缘，可以在没有外国干涉的情况下进行国家建设。亚历山大大帝的早逝和他建立的希腊化帝国的分裂，使得罗马避免了外来的毁灭性打击，如果亚历山大大帝从印度回到希腊之后挥师西向进入意大利，历史将会改写。但是在亚历山大大帝之后，罗马的主要地缘政治对手，诸如迦太基、希腊伊庇鲁斯王国、塞琉古帝国和托勒密帝国，都无法匹敌罗马的军事动员能力。在对付西欧和北欧的缺乏组织的蛮族部落时，罗马的优势就更加明显。

罗马对地中海的主宰是独一无二的，历史上再也没有一个政权可以控制地中海的全部海岸线。因为当时罗马在地中海西半部分只有迦太基一个对手，但是已经令罗马倾其国力建立了庞大的海军。如果有更多对手，罗马的海军建设将不堪重负，从而阻止其扩张。

在西罗马帝国灭亡之后，最有可能重建一个类似规模的帝国的机会是在6世纪中叶，东罗马帝国皇帝查士丁尼试图收复西罗马帝国的疆土，但是在鼠疫的冲击下，这一尝试失败了。在查士丁尼之后，其他建立欧洲大一统帝国的尝试更加难以成真。法兰克帝国、神圣罗马帝国、拿破仑帝国或是昙花一现，或是虚有其表。相比之下，公元220年汉帝国覆灭之后的中国也经历了长期的分裂，但是在公元589年重新统一于隋朝，此后大一统成为主流。欧洲重建帝国的失败使得欧洲的国家建设走上了与中国不同的轨迹，此即"第一次大分流"。

这一分流的第一个层面是财政系统。中国的财政系统以对农田征税为基础，能够在每一次王朝更迭中很快重建。而在欧洲，罗马帝国的财政系统在后罗马时代的欧洲逐渐消失，在缺乏有组织征税的情况下，导致持续的国家财政收入不足，从而削弱了政治权力和军事动员的能力。

第二个层面是政治制度。吊诡的是，正是由于后罗马时期的欧洲各国征税能力不足，所以统治者必须在财政问题上和其手下的封地贵族讨价还价，随着时间发展，逐渐打造了欧洲政治制度的优势。因为讨价还价的协商过程使得欧洲各国的统治者和其手下的封地贵族可以将权力制度化，成为未来建设国家能力的基础。此外，一夫一妻制使得中世纪欧洲各国王室周期性地面临缺少男性继承人的危机，国家的政治稳定不能全盘依赖于王室继统的稳定，而是倚仗以贵族为主的代议机构的支撑，代议机构对王权的削弱和限制始终存在。而中国的一夫多妻制意味着皇帝一般都不乏子嗣，皇位的血脉传承就可以保持政治稳定，但是这种政治稳定并不会带来国家能力的提升。

第三个层面是文化和观念。在罗马帝国之后的中世纪欧洲，天主教会扮演了决定性的角色，通过高于王权的神权政治纵横捭阖，让各国的世俗统治者相互为敌，保持了欧洲政治的多中心和碎片化。天主教会也用教会信众的身份认同取代了原本盛行于欧洲诸蛮族部落中的亲属关系网络，对亲属关系网络的破坏是欧洲代议体制兴起的关键。而在东罗马帝国（亦称拜占庭帝国），由于帝国的政治稳定和皇权的强大，东正教会对世俗政权处于依附地位。在欧亚大陆的其他地区，无论是宗教神权还是士大夫的道统，都不可能在实际上凌驾于世俗政权之上。

上述三个方面的分流，意味着后罗马时代的欧洲不可能有一个国家具备当初罗马崛起的条件。财政收入不足导致军事动员能力不足，众多对手的存在导致霸权强国也无法实现"赢家通吃"。

谢德尔对于"第一次大分流"的论述，亦考虑到了地理与制度发展的相互作用。他指出，有两个地理因素特别重要，一是欧洲破碎的地貌，二是欧洲与大草原的距离。

欧洲只有6%的地域是山区，中国的山区面积比例则为33%，但是关键不在于山地面积的多少，而是在于山区与耕地之间相互交错的程度。在早期中国，黄河流域的中原和关中地区提供了富饶的耕地，位于这个核心地域的国家有实力征服和统治周边地区。随着时间发展，黄河流域和长江流域都纳入了帝国的版图，汇合成为幅员更加辽阔、交通便利的大范围耕地来提供赋税。中国拥有一个在经济上处于主导地位、范围广袤、物产丰饶的中央地区，这对于中国的政治大一统是关键的。而欧洲缺乏这样一个中央地区，比利牛斯山脉、阿尔卑斯山脉、喀尔巴阡山脉等更是形成了天然屏障，这对于欧洲的政治碎片化也是关键的。

欧亚大陆的大草原对于前现代世界地缘政治的影响至为深远。横无际涯的大草原造就了迥异于定居民族的游牧民族。游牧民族周期性的物资匮乏，注定了他们对定居社会的劫掠成为常态。而他们的娴熟骑术、高度机动性和在受到威胁时撤退到草原深处的能力，对定居社会造成了巨大威胁。来自大草原的威胁对于许多亚洲国家的政治发展都起到了关键作用，对中国的影响尤其巨大。在漫长的历史上，中国受到的严重外部威胁几乎鲜有例外地是来自北方草原。应对这种来自单一方向的军事威胁，导致中国建立了中央集权的帝国，以举国之力来处理边患。

大草原对于欧洲的影响却是边缘性的。西欧东部最边陲的城市和大草原也有相当遥远的距离。1241 年，蒙古帝国具有征服欧洲的能力，却由于历史的偶然因素而止步（大汗窝阔台去世，西征统帅拔都需要回蒙古选举新大汗）。然而，即使蒙古帝国统治欧洲，他们对于远离草原之外的定居民众的统治能力是很可疑的，结果只会强化欧洲的政治碎片化趋势，从而脱离蒙古的直接统治。

在政治碎片化的中世纪欧洲，国家内部和国家间的多重权力结构造成了残酷而持久的竞争。国王和贵族，教皇和修道院，骑士和城市商人，都在竞争地位和影响力。竞争不仅造成了很多痛苦，也锻造了各方议价和妥协的规则，打开了创新的空间。随着时间演变，这种根深蒂固的多元主义保障了制衡与问责，创造了商业繁荣，出现了诸多独一无二的制度创新，如公社、行会、公债、国会等。相反，在中央集权的帝国制度下，权力的垄断可以带来和平与稳定，但是也鼓励了保守主义、王权对社会的掠夺性规则和经济停滞。这也使帝国总是无法摆脱治乱循环的噩梦，而且王朝崩溃时期的战乱所造成的破坏远远超过了中世纪欧洲的诸侯争战。如果罗马帝国幸存，或者像中国那样重新建立统一的王朝，欧洲将不会具有制度和文化上的特殊性，"第二次大分流"也将无从谈起。

加州学派认为可持续经济增长之所以兴起于欧洲，只是出于历史和地理的偶然。谢德尔在书中批评了这种观点。他指出，无论怎样评估殖民帝国和海洋贸易对于"第二次大分流"所起的作用，都必须首先明白，欧洲在 15 世纪后期的航海大发现是政治碎片化的产物。关键不在于欧洲和美洲在地理上比较接近，而在于国家间竞争使得欧洲各国具有强烈的动机派遣人员和物资从事海外探险。国家间竞争也促使像热那亚这样的商业城市国家为了从事海洋贸易而发展出了高超的造船技术和航海能力。虽然罗马帝国拥有一支职业化的海军，但其目的在于海上巡逻和剿灭海盗，而不是探索和发现新的贸易路线。如果罗马帝国幸存，即便有可能发现美洲，也不可能将类似规模的资源投入海外帝国的构建中。

15 世纪早期的郑和下西洋，在时间上早于欧洲的航海大发现，常常被一些学者视为明朝中国海军超强实力的证据，用来证明欧洲的海上扩张只是出于偶然和幸运才获得成功。谢德尔的看法与此相反，他认为，郑和下西洋是一个教科书式的例子，说明了定于一尊的帝国决策方式，花费大量资金去做一件没有明确物质利益的事情，一旦朝廷的政治偏好发生变化，就迅速熄火。这样的决策方式无法避免经济停滞与治乱循环。

自从 19 世纪以来，西方社会在经济上的优势，引起了全球非西方社会的效仿。当前，许多非西方国家都实现了工业化和经济腾飞，甚至弯道超车，领先于欧洲。然而，一个社会如果缺乏对于"大分流"历史路径的追问，缺乏制度层面的反思，或将仍旧徘徊在长期可持续经济增长的门槛之外。

第二章

反思资本主义

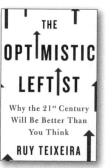

《乐观的左派：为何 21 世纪比你想的要好》
作者：[美] 胡伊·特谢拉（Ruy Teixeira）
美国进步中心（Center for American Progress）
出版社：St. Martin's Press
出版时间：2017 年 3 月
定价：26.99 美元

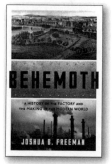

《巨兽：工厂史和现代世界形成史》
作者：[美] 约书亚·弗里曼（Joshua B.
Freeman）
出版社：W. W. Norton & Company
出版时间：2018 年 2 月
定价：27.95 美元

《崩溃：十年金融危机如何改变世界》
作者：[英] 亚当·图斯 (Adam Tooze)
出版社：Viking
出版时间：2018 年 8 月
定价：35 美元

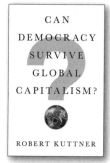

《民主能否幸存于全球资本主义》
作者：[美] 罗伯特·库特纳（Robert Kuttner）
出版社：W. W. Norton & Company
出版时间：2018 年 4 月
定价：27.95 美元

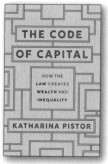

《资本的编码：法律如何创造财富和不平等》
作者：[德] 卡塔琳娜·皮斯特（Katharina Pistor）
出版社：Princeton University Press
出版时间：2019 年 5 月
定价：29.30 美元

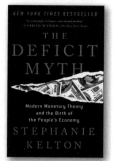

《为何你应当成为社会主义者》
作者：[美] 内森·罗宾逊（Nathan J. Robinson）
出版社：All Points Books
出版时间：2019 年 12 月
定价：27.99 美元

《打破它们：从大农业、大科技和大资本恢
复我们的自由》
作者：[美] 泽福·蒂侨特（Zephyr Teachout）
出版社：All Points Books
出版时间：2020 年 7 月
定价：28.99 美元

《赤字神话：现代货币理论与人民经济的诞生》
作者：[美] 斯蒂芬妮·凯尔顿（Stephanie Kelton）
出版社：PublicAffairs
出版时间：2020 年 6 月
定价：30 美元

"机会国家"会是人类社会的未来吗

——《乐观的左派：为何 21 世纪比你想的要好》

2016 年 11 月，特朗普成功逆袭当选美国总统，其所代表的右翼民粹主义政治运动一度似乎引领历史潮流，势不可当。然而，特朗普上台以后的施政却一直备受多方诟病。本来，特朗普在大选中的选民票比对手希拉里少近 300 万张，虽然得以凭借美国独有的选举人票制度而胜出，但毕竟在总人口中不占优势。

那么，应当如何评判美国政治的大趋势呢？在《乐观的左派：为何 21 世纪比你想的要好》（*The Optimistic Leftist: Why the 21st Century Will Be Better Than You Think*）一书中，美国政治学家特谢拉（Ruy Teixeira）断言，美国政治的大趋势是向左转，左派将会赢得 21 世纪的主动权。

什么是左派？特谢拉对此给出了宽泛的定义。左派的基本特征是认为传统规范和既定社会结构对人的潜能构成了负面限制，希望扩大民主的范围。相比之下，右派则捍卫传统规范和既定社会结构，不愿意扩大民主的范围。按照这一定义，欧洲的社会民主党、工党、绿党，美国的民主党等都基本上属于左派政党。

第二次世界大战之后的美国有过一个左派主导的繁荣时期。当时美国和其他西方国家一样，奉行凯恩斯主义的经济战略，以积极财政政策拉动经济增长，以政府之手管制市场和企业，保持充分就业，不仅造就了社会财富的迅速提升，而且在很大程度上实现了公平分配。这段繁荣时期在 20 世纪 60 年代约翰逊总统任内达到了顶峰。约翰逊政府提出了"伟大社会"的改革计划，一方面设立广泛的社会福利项目，帮助弱势群体脱贫；另一方面推动国会在 1964 年和 1965 年先后通过了《民权法案》和《投票权法案》，禁止了美国雇佣关系、公共场所和选举权中长期存在的种族歧视，扩大了民主的范围。

然而，进入 20 世纪 70 年代以后，美国和其他西方国家几乎都陷入了痛苦的高通胀和高失业率并存的经济"滞胀"。左派的凯恩斯主义失去了光环，与之对立的右派保守主义经济战略开始大行其道。在右派经济学家领袖米尔顿·弗里德曼看来，政府的经济角色应当局限于控制货币发行量，避免通货膨胀。除此之外的几乎所有经济事务都应该交给自由市场"看不见的手"来解决。政府既不应该推行积极财政政策，也不应该管制市场和企业。

尽管保守主义经济战略一度显得颇为有效，让美国走出了"滞胀"阴影，但是从长远来看，它并没有创造足以和凯恩斯主义匹敌的经济繁荣。从 1946 年到 1973 年，美国的中位数收入家庭的年均收入增长率是 2.8%，在 27 年的时间跨度内收入增长超过了一倍；而从 1973 年到 2014 年，美国的中位数收入家庭的年均收入增长率仅为 0.4%，在 41 年的时间跨度内收入增长仅为 16%。

左派主导权的衰落不仅发生在经济层面，更重要的是在政治层面。在 20 世纪 60 年代以前，美国左派政治的基础是白人蓝领阶层，凯恩斯主义的政府干预和收入分配有助于他们迈向体面舒适的中产生活水平。然而，60 年代，由于《民权法案》和《投票权法案》的落实，以及后现代社会的来临，美国左派政治迅速容纳了新兴的选民群体和社会运动，诸如环境保护、消费者权益、民权运动、女性主义等。作为左派政党的民主党被迫回应来自新兴群体和社会运动的诉求，结果虽然在很多维度上推动了多元文化和社会正义，但却在白人蓝领阶层引起了强烈反弹。他们觉得以前政府的福利项目是向少数人征税来提升大多数人的福利，现在则是向大多数人征税来满足少数人（黑人、穷人、单亲妈妈等）的福利。更何况，随着制造业的衰退，白人蓝领阶层的工作机会和收入都大幅缩水，通过《民权法案》获得平等就业机会的黑人和他们形成了激烈的竞争关系。在1960年和1964年的两次总统选举中，白人蓝领阶层对民主党候选人的平均支持率是55%，而在1968年和1972年的两次总统选举中，这一数值陡然降到了35%。

从1973年到2007年，美国虽然也出现过两位民主党总统卡特和克林顿，但他们都向右派政治靠拢，尤其是克林顿明确宣称"大政府的时代已经结束了"。直到2008年，奥巴马在经济危机的阴霾中当选总统，左派的话语权才有所恢复。这不仅由于奥巴马作为第一位黑人总统体现了《民权法案》的辉煌成就，也由于他再度启动了凯恩斯主义的经济战略，例如强化金融监管、推动"奥巴马医改"，等等。

2016年特朗普当选总统，关键优势是来自几个"摇摆州"的白人蓝领选民的支持。特谢拉指出，白人蓝领阶层人口正在不断缩减，在未来总统大选中的影响力将会无可避免地式微，而美国左派正在建立一个新的、人口不断增长的选民基础，包括受过高等教育的专业人士、移民和少数族群、女性和号称"千禧一代"的年轻人，这些群体的政治观点倾向左派，对民主党的支持率优于共和党。早在2002年，特谢拉就和另一位学者朱迪斯（John Judis）出版了《正在兴起的民主党多数》（*The Emerging Democratic Majority*）一书，断言美国的人口结构变化将会造就选举中的"民主党多数"。在这本书里，他更强调这个"民主党多数"是"后工业进步主义联盟"。

更重要的是，只有左派才能解决当前美国乃至西方社会的根本困境——"皮凯蒂问题"。这个术语来自经济学家皮凯蒂 2013 年出版的著作《21 世纪资本论》，此书以翔实的数据说明了资本主义社会必然会造成财富集中和贫富两极分化，并导致阶级固化。美国的财富集中于顶层 1% 的社会成员，而且其财富增长速度远高于其余 99% 的社会成员。要解决皮凯蒂问题，不可能仅仅依赖市场，而是必须借助政府之手，一方面要以积极财政政策减少失业率，另一方面要通过税收来调节财富分配，保障社会福利。

事实上，特朗普经济战略的重要一环就是扩大财政投资，兴建基础设施，这已经背叛了传统的右派保守主义，回到了左派的凯恩斯主义。而在税收和社会福利方面，特朗普则与左派针锋相对，他的"亿万富豪内阁"首先考虑顶层 1% 的社会成员的利益。

特谢拉指出，美国左派需要超越传统"福利国家"的理念，确立"机会国家"的目标。如果说"福利国家"的重点是财富分配和社会福利，"机会国家"则需要在此基础上进一步保证社会群体拥有向上流动的机会。可以说，"机会国家"是把经济利益、多元文化和社会正义的诉求统合起来，从而将"民主党多数"团结成一个有机整体。正是基于这一展望，特谢拉乐观地相信，美国政治在 21 世纪的大趋势是向左转——不仅美国，整个人类社会都会沿着各自的路径向"机会国家"迈进，这是一道普世的愿景。

作为"巨兽"的制造业

——《巨兽：工厂史和现代世界形成史》

近年来，振兴制造业成为全球经济的热点话题。美国特朗普政府之所以发动贸易战，一个重要原因就是希望借此扭转美国整体制造业空心化的局面。中国则正在经历从"制造大国"到"制造强国"的转型，高端制造业开始崛起。在当前的国际政经语境中，制造业与国家战略、民族主义等密不可分，似乎再次证明了那种主张"通过国家力量发展制造业获取贸易顺差"的重商主义的正确性。

然而，从社会和人性的角度而言，制造业究竟扮演了怎样的角色，又造成了怎样的后果？美国历史学家弗里曼（Joshua B. Freeman）的《巨兽：工厂史和现代世界形成史》（*Behemoth: A History of the Factory and the Making of the Modern World*）一书，从社会语境出发，建构了关于制造业数百年发展史的宏大叙事。此书的书名就富于深意，所谓"巨兽"的英文音译是"比希莫斯"，这是《圣经·旧约》提到的上帝创造的两大威力无比的怪兽之一，另一个怪兽是"利维坦"，"比希莫斯"统治陆地，"利维坦"统治海洋。自从 17 世纪英国政治哲学家霍布斯的名著《利维坦》问世以来，"利维坦"就成为政治学界的一个基本术语，意指拥有强制权力的国家。弗里曼将制造业比作"比希莫斯"，意在和"利维坦"对举，暗示制造业是一种足以和国家相抗衡的洪荒之力，而不是可以简单地被国家、民族等实体所驾驭。

弗里曼首先回溯了现代工厂的起点。1721 年，英国德比市兴建了一家丝绸厂，它有着 5 层楼的厂房，一座 23 英尺（约 7 米）高的大水车来回转动为其提供机械动力，大批工人在同一封闭空间内从事缫丝等工作。这在当时是一项破天荒的创举。它具备了制造业的两大基本特征：其一，产品来自机器生产，可以重复且连续不断地制造出来；其二，多名生产者在一起协作劳动，日复一日地同时上班，同时下班。这与之前以农庄和作坊为主体的农业和手工业生产迥然不同。随着效仿者陆续涌现，制造业在英国开始起飞。近半个世纪以后，1776 年，第一批由瓦特改良后的新型蒸汽机投入使用，揭开了工业革命的序幕。

然而，机器的轰鸣声又是何等残酷的梦魇。最早一批现代工厂主要集中在纺织业，在机器前操作的工人几乎全部都是妇女和儿童，每天通常工作 12 小时，却只能挣得微薄的薪水，报酬较高的成年男性员工则从事管理和维护工作。工厂聚集的新兴城市如曼彻斯特等，脏乱恶臭，疾疫流行。纺织工厂的悲惨场景构成了狄更斯多部小说的基调。马克思的《资本论》在很大程度上是一部对英国纺织业的调研报告。从社会发展的角度看，起始阶段的制造业充满了严重的人道主义危机。

大西洋彼岸的情况有所不同。19 世纪早期，美国新英格兰地区的纺织业开始兴盛，同样也招收了大量女工。但是，不同于英国那种农村凋敝，无数妇女唯有在工厂苦熬求存的状况，新英格兰地区的农庄仍然运作良好，女工在必要的时候可以退守故园。对于这些女性来说，进入工厂打工往往是一种追求经济独立的主动选择。

直到 19 世纪中期，产业工人的主体都是纺织工厂里的女工。19世纪 50 年代，从生铁大规模生产钢的转炉炼钢法得到发明并投入使用，开启了钢铁业的兴盛。肌肉壮硕的男性炼钢工人取代了柔弱的纺织女工，成为产业工人的标准形象。

钢铁业的资本门槛、机器生产强度和产业集中度都远远超过了纺织业。不同于纺织业的工厂林立，钢铁业是被少数寡头公司所控制。美国的钢铁行业迅速超过欧洲，独领风骚。而炼钢工人的技术水平和团结程度也都远远超过了纺织工人，他们相对于资方的话语权也因此大幅增加了，工人组成工会向资方争取权利的斗争频发，阶级冲突激烈。1892 年，匹兹堡的一家炼钢厂爆发了严重的罢工流血惨案。宾夕法尼亚州长站在资方一边，派出国民警卫队对工厂实施军管，导致罢工最终以失败而告终。

汽车的诞生是制造业发展史上的划时代事件。汽车工业不仅生产了汽车这样一种现代社会不可或缺的工业产品，更重要的是创造了一套被称为"福特制"的生产体系。"福特制"的名称来自美国汽车业巨头亨利·福特，其基本原则是标准化、流水线和大众消费，亦即使用机器和模具来生产大量标准化而廉价的产品，使用流水线让非熟练工人精准合作生产成品，付给工人高于基本生活支出的工资，使其成为工业产品的消费者。

"福特制"开启的大众消费模式，使得美国等西方资本主义国家的工人收入出现了稳步增长，阶级矛盾随之缓解。从 1940 年到 1970 年，美国经历了制造业与社会同步发展的黄金时代。制造业工人普遍拥有房产、汽车、现代化的家居设备、休假，可以在身体硬朗的时候退休，孩子可以上大学。工会像教堂一样成为主流的社会机构。制造业不再是狄更斯笔下的悲惨深渊，而是广大工人安居乐业的依靠。

作为一种行之有效的生产体系，"福特制"超越了意识形态的隔阁。当斯大林开始苏联第一个五年计划之际，曾经给福特汽车公司设计厂房的建筑师卡恩被苏联政府聘请，培训了超过 4000 名苏联建筑师和工程师，设计了 521 家工厂。苏联人一开始并不适应流水线的生产方式，但是最终按照"福特制"的原则建立了庞大的工业体系，对工人的严格管理也让同时代的资本主义国家相形见绌。

"福特制"的普适性意味着它易于被学习和复制，即使是发展中国家教育水平不高的劳动者也能很快被训练成流水线上的合格工人。这注定了制造业势必超出国家界线，在全球移动。更关键的是，一旦工人工资提高而运输成本降低，制造业工厂就会转移到低工资的地区。美国公司逐渐将其制造部门转移到海外，只将研发和市场部门留在美国本土。

改革开放后的中国，恰好对接了美国制造业的海外转移。弗里曼指出，富士康可能是全球最大的工厂，但是生产的都是贴牌的科技产品，普通消费者几乎无法意识到其存在；它的生产极为高效，但在 2010 年连续出现了 14 起工人跳楼事件，足见工作压力之大。弗里曼试图以此表明这类工厂的某种特殊性——传统上每一家制造业巨头都将不可避免地受到公众的检视，但是这类工厂即使已经发展成巨无霸，却隐匿在公众视线之外，其社会角色模糊不清。

事实上，弗里曼对富士康的描述并不准确。2018 年，富士康将其工业互联网部门分拆上市，意味着它的精华部分成为一家公众公司，不再符合"劳动密集型低端代工厂"的刻板印象。不过，弗里曼对"中国制造"的整体批评还是值得听取和警醒的。毕竟，当前中国制造业的迫切任务就是转型升级。

"中国制造"崛起的另一面是美国制造业的空心化。1960 年，美国有 24% 的劳动人口从事制造业，今天这一数字只有 8%。制造业空心化的社会后果是很多美国工人不再能够赚取一份稳定体面的收入，这引发了严重的社会问题，特朗普政府正是试图通过发动贸易战来挽救美国制造业。

弗里曼指出，与那种认为制造业总是与个人自由和自由市场携手成长的经济学主流观点相反，从历史上看，制造业常常是在政治权利和法治受到压抑的情况下才能实现最大限度的突飞猛进，第二次世界大战以后西方发达国家那种制造业与社会同步发展的情况更像是一种例外。换言之，仅凭制造业发展并不能带来社会进步。另外，从长期看，制造业所创造的繁荣又是无可置疑的。每当一个国家开始告别农业经济，拥抱制造业，都会无一例外地经历一个高度剥削压榨甚至为了利润不惜人命的时期；但是，人均预期寿命终将攀升，贫穷和疾病终将大幅减少。人类应当清醒地将制造业视为一头光明与黑暗并存的巨兽，通过公共社会的力量驯服这头巨兽。

金融危机，十年阴影

——《崩溃：十年金融危机如何改变世界》

十年弹指一挥间。2008 年全球金融危机爆发 10 年之后，经济史学家图斯（Adam Tooze）在《崩溃：十年金融危机如何改变世界》（*Crashed: How a Decade of Financial Crises Changed the World*）一书中审视了这场危机的来龙去脉和后续发展，指出导致危机的根本原因并未解决，下一场金融危机正在酝酿之中。

今天回顾 2008 年以前的世界，真是恍如隔世。那时西方国家一派繁荣景象，高就业率，低通胀，经济稳定增长。如果说有什么风险的话，金融界人士主要是担心小布什政府的减税政策和庞大的战争开支造成了美国的巨额国债和赤字，一旦美国的债权国 —— 主要是中国 —— 抛售美国国债，有可能导致类似于墨西哥在 1994 年、东南亚国家和韩国在 1997 年、俄罗斯在 1998 年所遭遇的那种国家接近破产状态的金融危机。然而，事实上 2008 年金融危机的导火索并不是中国抛售美国国债，而是美国的次级按揭贷款以及高杠杆导致华尔街的崩盘 —— 用图斯的话说，这"完全是西方资本主义自身的问题"。

在华尔街崩盘的背后，是美国政经体制的结构性症候群。20 世纪 90 年代克林顿政府拥抱华尔街所青睐的新自由主义全球化的理念，放松金融监管，是造成次级按揭贷款和高杠杆大行其道的直接原因。深层原因则是美国社会不平等的恶化，大量购房者属于低收入阶层，没有良好信用，只能办理次级按揭贷款。小布什政府的减税政策和巨额赤字是加剧美国社会不平等的重要推手。

但是 2008 年金融危机又绝不仅仅限于美国。在华尔街崩盘之初，德国财政部长施泰因布吕克宣称，美国之所以发生金融危机，原因在于自由放任的美式资本主义，而欧洲的金融体系则是稳定的。但事实上，在新自由主义全球化的大潮下，欧洲和美国的金融体系早已牵连甚深，2006 年，在美国最高风险等级的基于抵押贷款的证券化资产中，有三分之一是来自欧洲的银行。从 2001 年到 2006 年，就在美国房地产市场过热的同时，希腊、芬兰、瑞典、比利时、丹麦、英国、法国、爱尔兰和西班牙都经历了房地产泡沫的膨胀，比美国有过之而无不及。

图斯指出，美国政府对 2008 年金融危机的处理可谓当机立断。无论是小布什政府还是奥巴马政府，都把拯救华尔街重要的金融机构视为当务之急，因为这些机构"太大而不能倒"。美联储和美国财政部基于国会所授予的特殊自由裁量权，实施了号称"量化宽松"（QE）的注资手段——通过新发行的大量货币收购金融机构的"有毒"债券，从而阻止了危机的过度蔓延。换言之，美联储成功地履行了央行作为"最终贷款人"的责任，化解了流动性危机。

相比之下，欧洲对于金融危机的反应实属糟糕透顶。欧洲央行的权限远远小于美联储，被禁止向欧盟成员国政府购买新发行的债券，也缺少美联储为救市所设置的注资手段。更重要的是，欧元区作为货币联盟，却缺少集中的财政政策，结果自然是以邻为壑。德国作为欧元区的头号大国，首先关注的是削减预算，降低赤字，这对于稳定本国经济是有利的，但对整个欧元区却造成了相当严重的负面影响。

在欧元区成立之前，国际投资者对于希腊、爱尔兰和葡萄牙等国家的债券都予以高风险评级，要求高回报。然而，欧元区成立之后，国际投资者把这些国家的债券视同于法国、德国的低风险债券，即使低回报也大举购入。截至2009年底，希腊政府发行了3000亿欧元国债，三分之二为国际投资者所拥有。这意味着巨大的金融泡沫。一旦金融危机爆发，希腊等国家将立刻陷入严峻的主权债务危机。在一般情况下，一个国家可以通过货币贬值来化解债务危机的压力，但是这些使用欧元的欧洲弱国却无法采用这种手段。由德国主导话语权的欧洲委员会和欧洲央行坚持希腊等国家必须清偿其债务，迫使其实施严格的财政紧缩政策，导致这些国家一夜返贫，引发了剧烈的政治动荡。

与美国大举印钞救市相反，欧洲央行为了维护欧元的币值稳定，削减了欧元的供应量，结果造成了欧洲大陆就业市场的崩溃。而未曾加入欧元区的英国则效法美国，大举增加了英镑的供应量，从而创造了很多低薪的就业机会，吸引大量劳动力从欧洲大陆涌入英国。这刺激了英国民众的排外情绪，成为英国脱欧的导火索。

与欧洲相比，美国比较顺利地实现了经济复苏。奥巴马政府鉴于金融危机的教训，制定了强化金融监管的《多德–弗兰克法案》，旨在改善金融系统透明度，增强金融机构责任，保护纳税人和消费者的利益。此举迈出了防范金融危机的重要一步。

然而，美国虽然在经济指标的表现上似乎度过了危机，但是却难逃政治和社会层面的劫数。美国的救市政策实质上是一场"阶级之战"。"太大而不能倒"的华尔街金融机构不仅全身而退，而且获益颇丰；而普通民众在危机中的损失却得不到政府的救助。这引发了美国社会对于政治精英阶层的强烈不信任，点燃了民粹主义的燎原之火，为特朗普在 2016 年总统大选中的胜出铺平了道路。

美联储大举印钞的"量化宽松"救市政策，一度令大量低利率美元流入新兴市场国家，营造出一派繁荣景象。然而，随着美国经济复苏，美联储终结"量化宽松"政策，加息导致美元升值，这些新兴市场国家又成为首当其冲的受害者。土耳其的表现尤为明显，随着美元加息，它偿还巨额美元债务的难度陡增，令国际投资者纷纷撤离。而在图斯看来，经济体量是土耳其 15 倍的中国也在面临同样的风险。他甚至预言中国很有可能成为下一场全球金融危机的发源地。

另外，图斯认为，特朗普政府正在把美国引向下一场金融危机。特朗普政府逆转了奥巴马政府制定的金融监管法案，理由是为中小银行减压，令其易于发放贷款，促进经济增长。美联储前任主席耶伦认为，这是特朗普政府最错误的决策，将会令金融泡沫再度膨胀。美国的共和党一向憎恶金融监管，虽然特朗普在很多方面有别于传统的共和党人，但在这一点和他们是一致的。同时，特朗普政府的减税和财政刺激政策，令美国赤字剧增，美国国债史无前例地超越 21 万亿美元，势将危及金融稳定。

在图斯看来，2008 年金融危机的根源在于三个方面：一是金融机构的高风险投机；二是金融监管的缺位；三是国家欠下的巨额债务。在 2008 年金融危机爆发 10 年之后，这三个方面的问题并未得到实质改善，下一场金融危机不仅在所难免，而且已在酝酿之中。

著名财经评论家马丁·沃尔夫（Martin Wolf）在《金融时报》（*Financial Times*）发表的书评中指出，图斯把 2008 年金融危机的肇因主要归结于金融系统自身，从而忽略了更大的图景。马丁·沃尔夫认为，2008 年金融危机更为深层的原因在于全球储蓄过剩，以及由此产生的全球宏观经济失衡。某些国家（比如中国）的过量储蓄，使得另外一些国家（比如美国）能够以很低的实际利率借到钱，从而造成后者的巨额赤字。这种失衡积累到了一定程度就会导致金融危机。事实上，马丁·沃尔夫所说的并非什么创见，只是重弹美联储前任主席伯南克在 2005 年说过的老调。

如果再深挖的话，所谓"全球宏观经济失衡"在很大程度上是拜美元的霸权地位所赐。像中国这样对美国保持贸易顺差的国家会把从贸易中积累的大量美元用于购买美元资产，从而弥补美国大部分贸易逆差，美元作为头号国际储备货币的地位是美国能够以很低的实际利率借到钱的根本原因。然而，随着美国债务不断高企，美元的信用将无可避免地走向衰落。另一方面，人民币国际化虽然道阻且长，却也是同样无可避免。在此大背景下，下一场金融危机一旦爆发，势将成为国际货币体系乃至全球秩序的大洗牌。

美国"左派经济民族主义"的呼声

——《民主能否幸存于全球资本主义》

自从 2016 年特朗普当选美国总统以来,西方社会出现了一个以反思"特朗普现象"为主题的出版热潮。陆续问世的大批相关著作尽管角度不同,立场各异,但其共识是认为特朗普崛起的原因在于资本主义全球化出现了严重危机。在这些书籍中,美国资深政治评论家库特纳(Robert Kuttner)的《民主能否幸存于全球资本主义》(*Can Democracy Survive Global Capitalism*)是一部视野宏阔、鞭辟入里的著作。此书深刻剖析了全球资本主义危机的根源,指出了一条基于美国左派经济民族主义立场的改良之路。

在当今世界,尤其是 2008 年全球金融危机爆发以来,全球资本主义的危机早已有目共睹。2013 年,法国经济学家皮凯蒂的《21 世纪资本论》一书甫一问世即风靡全球,书中指出,1975 年以后,随着新自由主义的兴起,曾经在 1930 年到 1975 年间有所缓解的财富集中和贫富两极分化再度加剧,世界逐渐回归到 19 世纪那种主要由继承财产主导的"世袭资本主义"。在西方国家,民众对资本主义全球化的支持急剧衰落。许多曾经一度提倡全球化的经济学家也不得不承认,以自由贸易和资本自由流动为特征的新自由主义全球化已经失败。

正是在反全球化的大背景下,西方国家长期处于边缘化状态的极端右派卷土重来,高举民族主义大旗,成为凶猛狞厉的民粹主义大潮,不仅在美国把特朗普送进了白宫,而且在欧洲各国造就了形形色色的极右翼政党的崛起，使得作为超国家政治实体的欧盟岌岌可危。

历史是现实的镜子。库特纳指出，当今西方社会由于新自由主义全球化所导致的政治失序，类似于19世纪的自由市场资本主义最终导致20世纪30年代法西斯主义和纳粹主义在欧洲的兴起。这种历史比较的视角，来自对于20世纪杰出的经济社会学家卡尔·波兰尼（Karl Polanyi）的著作《大转型：我们时代的政治与经济起源》（*The Great Transformation: The Political and Economic Origins of Our Time*）一书的解读。这部首版于1944年的名著，多年前已有中译本问世。书名中的"我们时代"，原意是指作者写作此书时所处的风雨飘摇的第二次世界大战时代，但却恰好与当下的"我们时代"遥相呼应。

波兰尼指出，在1914年第一次世界大战爆发之前，人类社会也经历过一个国际贸易和投资蒸蒸日上的全球化进程，当时的人们普遍相信这个进程可以确保欧洲列强之间的永久和平。然而，这个建立在自由放任市场经济基础上的全球化进程最终导致国家间竞争的加剧，在引发了残酷的第一次世界大战之后，又开启了20世纪30年代的全球大萧条。在波兰尼看来，建立在自由放任市场经济基础上的全球化扩张就像不断拉扯的橡皮筋，结果注定弹回或断裂。

究其原因，在自由放任的市场经济裹挟之下，作为生产要素的劳动力、土地和货币也被组织进入市场，成为可供销售的商品。但这三个要素并不是真正的商品，劳动力是人的生命，土地是自然资源，货币是通过银行机制而形成的购买力的表征，它们都不是为了销售而生产出来的。当市场经济将劳动力、土地和货币商品化，其价格完全由市场决定之后，社会就会受到资本和市场的支配，波兰尼称之为市场对社会的"脱嵌"。而在自由市场的全球化扩张秩序中，一个国家一旦遭遇经济衰退，为了吸引外来投资就必须将本币贬值，削减财政支出或是提升利率，令大批民众失业，沦为赤贫。这必然会引起社会力量的反弹。

波兰尼指出，社会力量对于市场经济的反弹存在两种方式，其一是民主社会主义，旨在通过民主政治使市场从属于社会；其二是法西斯主义，通过政治强人来遏制市场的"脱嵌"，但是其代价是根除政治领域中的民主成分，并将弱势的少数群体当成替罪羊。

库特纳的思想导师不仅有卡尔·波兰尼，还有著名经济学家凯恩斯。

20世纪30年代，在全球大萧条的阴影下，凯恩斯指出政府应当干预经济，通过赤字财政来弥补私人投资和消费不足造成的总需求缺口，增加生产和就业。在美国，罗斯福总统的"新政"开启了政府对经济的全面干预，在维持民主制度的前提下带领美国社会走出了衰退。虽然学术界对于凯恩斯的理论在多大程度上影响了罗斯福"新政"这个问题见仁见智，但两者在大方向上显然是一致的，都不相信自由放任的市场经济能够实现自我调节，都强调政府有责任干预经济，促进就业，扩大需求。

在"新政"的推动下，美国的工会获得了相当大的话语权，资本则受到严格监管，1933年通过的《格拉斯-斯蒂格尔法案》隔离了投资银行业务和商业银行业务，确保商业银行避免证券风险。美国的经济体制成为事实上的混合体制，市场和企业在经济活动中依然扮演关键角色，但是它们必须和工会等社会组织分享权力，受到民选政府的调控。

在第二次世界大战结束以后的近 30 年间，几乎所有西方国家都实施了类似于"新政"的国家干预政策，实现了充分就业、经济高速增长和中产阶级的稳步壮大。在经历了法西斯主义和战争的惨痛教训的西欧国家，其民主社会主义的成分比罗斯福"新政"有过之而无不及。这正是波兰尼所说的社会力量反弹市场经济的第一种方式。

库特纳指出，凯恩斯的贡献不仅在于提出了以政府干预克服市场经济内在危机的经济理论，而且在于设计了一个稳定的全球政经体系。在 19 世纪自由市场的全球化扩张秩序中，并不存在行之有效的国际多边经济合作，资本跨境流动非常容易导致竞争性的货币贬值，造成经济衰退民不聊生的恶果。第二次世界大战行将结束之际，美英等反法西斯同盟国家在美国新罕布什尔州的布雷顿森林庄园召开会议，商讨如何构建有效的国际合作框架。作为英国代表的凯恩斯提出方案，主张建立一个相当于全球央行的"国际清算同盟"。会员国无须缴纳黄金或外汇，只需在同盟中开设往来账户，通过存款账户和转账来计算各国的债权和债务。同盟发行一种名为"班柯"（Bancor）的国际货币，作为各国清算之用。班柯以黄金定值，同盟可以调整其价值。各国货币与班柯建立固定汇率，不能单方面进行竞争性的货币贬值，改变汇率必须经过同盟同意。

在这次会议上，美国提出的方案最终压倒了凯恩斯的方案，成为第二次世界大战以后全球货币体系的基石。美国方案的核心是：美元与黄金挂钩，其他货币与美元挂钩，汇率固定。这一全球货币体系号称"布雷顿森林体系"。它所创造的较为稳定的国际经济环境，使得战后满目疮痍的欧洲国家在美国资金的帮助下得以迅速恢复和发展。

然而始料未及的是，布雷顿森林体系存在所谓"特里芬难题"：若美国保持顺差，则国际美元稀缺，形成全球通缩压力；若美国持续逆差，则市场将对美元失去信心导致抛售，从而使美国无法维持1盎司黄金兑换35美元的承诺。随着历史的发展，美国很快从顺差国转变成逆差国，无法维持钉住黄金的承诺，导致布雷顿森林体系在1973年由于美元贬值而宣告崩溃。这导致了两个重要的后果：一是美元成为国际储备货币，美国可以通过美元贬值获得货币霸权的红利；二是固定汇率制度被打破了，竞争性货币贬值再度成为常态。两者成为1990年以来新一轮资本主义全球化的关键因素。

在第二次世界大战结束后的30年间，西方国家的社会力量一度取得了对于市场经济的主导权；而20世纪70年代以来，随着新自由主义的兴起，西方国家的市场又再度从社会"脱嵌"，在资本主义全球化的扩张进程中，更是实现了市场和资本对社会的全面支配。

长期以来，新自由主义的支持者将凯恩斯主义和"新政"在20世纪70年代的衰落说成不可避免的必然事件，理由是它们无法解决西方社会出现的"滞胀"——高通胀和低增长并存——的危机。库特纳则认为，导致凯恩斯主义和"新政"衰落的决定因素并非经济，而是政治。无论是取消金融监管，还是削减社会福利；无论是通过自由贸易损害本土产业竞争力，还是系统性地给富人减税，都并非源自经济环境的需要，而是统治精英有意为之的政策组合所导致的后果。

新自由主义把通胀界定为最主要的经济风险，通过财政紧缩和减少货币供应来治理通胀，即使这意味着注定会增加失业率。新自由主义的信条是，市场的自发调节功能会使得失业率在经济恢复之后自然减少，政府无须干预市场，促进就业。强大的工会原本可以保证西方国家劳工阶层的话语权，但是资本主义全球化使得公司可以将其业务轻易转移到海外，极大地削弱了工会的力量。这为新自由主义以失业率上升为代价来减轻通胀的做法扫除了政治障碍。

凯恩斯曾经将通胀称为"食利者的安乐死"，因为货币贬值对于依靠资本收入的债权人更为不利，而通货紧缩所造成的大规模失业对于依靠劳动所得的工薪阶层的伤害远大于通胀。在这个意义上，那种把通胀界定为头号经济风险的做法，本身就是食利阶层针对工薪阶层的一场"阶级之战"。

在新自由主义的推动之下，全球经济秩序也发生了根本转型，资本主义全球化压倒了民族国家。库特纳指出，第二次世界大战以后成立国际货币基金组织和世界银行，本意是为了保障各成员国在不必担心出现货币危机的情况下致力于发展本国经济，但是从20世纪70年代起，它们的功能逐渐转变成迫使成员国接受自由放任的市场经济原则。例如，1998年亚洲金融危机之后，国际货币基金组织对泰国、马来西亚、韩国等国的救助条件是根据新自由主义的纲领，要求其开放市场、开放资本账户、实施财政紧缩政策。结果反而是拒绝上述救助条件的马来西亚通过实施资本管制和扩张性财政货币政策率先恢复经济，走出危机。

2008年全球金融危机之后，新自由主义声誉扫地，资本主义全球化遭到了来自全球各地的社会力量的反弹。然而在西方国家，这种反弹在很大程度上是采取了波兰尼所说的第二种方式，亦即通过政治强人来遏制市场的"脱嵌"，根除政治领域中的民主成分，并将弱势的少数群体当成替罪羊。特朗普入主白宫就是典型例证。

库特纳指出，特朗普的口号是"让美国再度伟大"，也就是以经济民族主义来反抗全球化。但是，民族主义并不是只有一种模式，全球化也不是只有一种方式。特朗普所倡导的是以法西斯主义为底色的右派经济民族主义，他给富人阶层大规模减税，大幅削减社会福利，足以说明他在"阶级之战"中的立场。与之针锋相对的是库特纳大力支持的"左派经济民族主义"，其宗旨是回归罗斯福"新政"传统，通过民主政治使市场从属于社会。

"左派经济民族主义"反对新自由主义的全球化，但并非像特朗普那样崇尚"美国至上"的单边主义。库特纳的理想是回归凯恩斯当年在布雷顿森林会议上提出的方案，以建立稳定的全球货币秩序为基石，重构国际合作的全球秩序。

随着民主党内部左派新生力量方兴未艾，"左派经济民族主义"正在美国社会中凝聚越来越多的人气，或将成为未来美国举足轻重的政治力量。

资本与不平等的法律之源

——《资本的编码：法律如何创造财富和不平等》

　　贫富分化日益加剧是当今世界最严重的问题之一。2013 年，法国经济学家皮凯蒂《21 世纪资本论》一书问世，其中心论点是，贫富差异的不断扩大是资本主义的基本特征，除了从 1930 年到 1975 年一段短暂的例外时期之外，资本主义社会的资本收益率始终超过收入增长率，财富主要是通过资本收益而不是劳动所得来积累，并且向金字塔顶端的富有阶层集中，从而导致贫富两极分化愈演愈烈。这个振聋发聩的观点引起了全球知识界的广泛关注。

　　然而，《21 世纪资本论》只是基于经济史的海量数据，描述了一幅宏观的历史图景，并未揭示资本收益率为何总是超过收入增长率的微观机制。在思想史上对资本最强烈的批判来自马克思，他在《资本论》中将资本定义为资本家占有并用作剥削手段的生产资料和货币，资本家通过剥削工人赚取剩余价值，从而导致资本增殖。但是，马克思所主张的"劳动价值论"和"剩余价值"更像是抽象的哲学概念，而非严谨的经济分析，把"剩余价值"作为存在"剥削"的依据，更是无从量化。在这个意义上，马克思同样只是从 19 世纪西欧（主要是英国）的社会现实出发，描述了一幅宏观图景，并未揭示资本如何在财富分配中始终占优的微观机制。

　　美国哥伦比亚大学法学院教授皮斯特（Katharina Pistor）的《资本的编码：法律如何创造财富和不平等》（*The Code of Capital: How the Law Creates Wealth and Inequality*）一书，正是一部揭示上述微观机制的开创之作，是继皮凯蒂《21 世纪资本论》之后的又一部剖析资本主义与不平等的力作。

皮斯特首先对"资本"给出了新的定义。她指出，资本包括两个方面的要素，一是资产，二是法律代码。所谓资产可以是任何实物、技术、观念或是索取主张，比如一块土地、一种新药物的发明思路、一串程序代码、一份要求在未来收到报酬的约定等；在法律代码的作用之下，任何资产都可以转变成资本，为其持有者带来财富回报。

把资产转化成资本的法律工具，主要包含合同法、财产法、担保法、信托法、公司法和破产法等。这些法律虽然分属不同方面，但其作用都在于把某些重要属性赋予某些资产，并因此赋予资产所有者以特权。皮斯特将上述"重要属性"归结为以下四条。

一是优先性（priority）。例如，当一个债务人即将崩盘，所有债权人都急于收债时，法律规定哪一类债权人拥有索取债务的优先权就非常重要了。根据法律规定，"有担保债权人"在债务人不履行债务时，有权从担保财产中优先获得清偿；即使债务人或第三人发生破产，也会享有优先受偿权。而与之相对的"无担保债权人"就只能排在"有担保债权人"的后面。

二是持久性（durability）。它意味着将某项资产或资产池的优先性予以延长，使其长期隔绝于其他人的要求。比如公司法规定，公司的直接债权人有权在该公司对贷款违约的情况下索取公司的资产，但是公司股东并不能索取该公司的资产，公司股东的债权人也不能。这项法律为公司资产设置了一个盾牌，股东掏空公司资产的行为将会受到法律追究。这种对于直接债权人权益的排他性保护，使得公司成为资本主义制度中最为持久的机构。又如，为富裕阶层设置的家族信托，一旦设立之后，投入信托计划中的财产即具备独立性，无论委托人离婚析产或是破产、死亡，家族信托计划内的财产都将独立存在，从而成为财富保障和传承的有效法律工具。

三是普遍性（universality）。它意味着合同一旦生效，就会对当事人以外的第三方产生相应的法律拘束力，任何第三方都不得侵犯当事人的合同权利或阻挠其履行合同义务。普遍性来自国家权力的介入。在没有国家权力保障的情况下，签署合同的双方就只是在彼此之间做出约定，对第三方并没有约束力。

四是可变性（convertibility）。它意味着可以方便地把对一项资产的权利转化为对另一项资产的权利，这是资产能够成为资本的一项关键属性，尤其是对于金融业来说，比资产的持久性更为重要。一个典型例子就是资产证券化，亦即将缺乏流动性、但具有可预期收入的资产，通过在资本市场上发行证券的方式予以出售，获取融资，以最大化提高资产的流动性。以住房抵押贷款证券化为例，其偿付给投资者的现金流，来自住房抵押贷款组成的资产池所产生的本金和利息。

简言之，上述四条属性的前三条，意味着资产所有人确实可以排他地控制某项资产，而第四条则意味着资产所有人确实有能力将其资产变现。当某些资产在法律代码的作用下具备了上述四条属性，就成为资本。导致一项资产成为资本的关键因素，在于它被编写了怎样的法律代码。

以曾经轰动全国的"陕西千亿矿权案"为例。这是一场持续了13年的合同违约诉讼，事涉价值千亿的矿权归属。2003年，凯奇莱公司与西安地质矿产勘查开发院（以下简称"西勘院"）签订了《合作勘查合同书》。双方约定，凯奇莱公司支付西勘院前期勘探费用1200万元，后者同意前者拥有该普查项目勘查成果80%的权益。此后旷日持久的法律纠纷，焦点在于如何认定合同所规定的"权益"的性质。凯奇莱公司主张此乃探矿权，如果其主张得到法院认定，意味着该公司可以得到近万倍的回报，事实上这也是2006年陕西省高院的判决结果。然而2017年12月最高法院的终审判决认为该合同应为合作勘查合同，而非探矿权转让合同，原因是合同内容主要围绕双方如何联合勘查煤炭资源，约定合作方式、权益比例、勘查费用、成果处置等，未就探矿权转让作出明确表述。凯奇莱公司试图通过社会舆论和检举揭发来推翻这一判决，引起轩然大波。2019年，中央政法委牵头的联合调查组确认了最高法院的终审判决。显然，有关"探矿权"的法律编码是矿产资源转化为资本的关键。

众所周知，亚当·斯密将市场比作"看不见的手"，皮斯特则强调，市场经济的前提是需要对谁以及如何从资产中获益有所约定，因此离不开"法律之手"。

亚当·斯密在《国富论》中认为，商人和企业家都倾向于在本乡本土经营生意，因为熟悉当地的各种规则和风俗。换言之，他所设想的市场是"嵌入"在社会的公序良俗之中的。皮斯特指出，亚当·斯密所说的只是资本主义起步阶段的市场。事实上，随着关于资本的各种法律编码日趋复杂，不同地区之间就会展开法律竞争，而资本必然会选择对自己最有利的法律管辖区，从而造成市场与社会的"脱嵌"。

那么，为什么资本主义社会的资本收益率总是超过收入增长率呢？皮斯特的回答是：归根结底，这是来自法律的安排，庞大而复杂的法律系统保证了资本所有者始终能够索取更多的收益。

在很多学者笔下，发轫于西欧的资本主义体系被描述为对欧洲传统封建社会的革命性颠覆与断裂，皮斯特则着重揭示了两者的一脉相承之处。她指出，在中世纪的西欧封建社会，资产主要就是指地产，当时的财产法旨在保护封建贵族可以从地产中获得各种特权（privilege），农奴阶层被排斥在相关权益之外。而随着封建社会的解体，在政治和公法领域，人人享有平等权利（right）的观念越来越普及，但是在和资产相关的私法领域，法律代码却是从封建社会的财产法衍生而来。几个世纪以前将地产编写成资本的法律代码，现在仍被用来将债券、股票、观念等编写成资本。这样一个系统性地对某类资产赋予排他性特权的法律秩序，必然会导致不平等的日益加剧，同时也剥夺了公民的民主权利。

那么，为什么几个世纪以前将地产编写成资本的法律代码，能够一直衍生，一直被用来对各种新形式的资产赋予排他性特权呢？

对此，马克思主义的解释是阶级斗争理论，亦即资本主义国家本质上是资产阶级统治其他阶级的工具，必然保护资本特权。而当今西方学术界占据主流地位的理性选择学派则拒绝阶级概念，以个人作为出发点，认为政治和经济的演进过程本质上都是人与人之间的理性讨价还价，所谓资本特权只是讨价还价的后果，因为作为资本的资产相对于其他要素（比如劳动）更为稀缺，所以可以得到更高的要价。

皮斯特认为，无论是马克思主义对于阶级身份的设定，还是理性选择学派对理性讨价还价的假定，都未能切中肯綮。法律代码之所以能够一直朝着有利于资本特权的方向发展，根本原因在于，一切成文法的条文都是不完全的，在具体的司法进程中有赖于律师的创造性阐释。于是，每当一种新的资产形式出现的时候，都会有律师以既有的法律代码对其施加作用。皮斯特写道：

> 当新的资产被法律编码成为资本，或是已有的法律编码实践超出既定的边界之时，每一个细小的步骤都被资产所有者和他们的律师——法律编码专家——仔细讨论过。他们刻意对其行动的社会意义视而不见，只求其所主张的权利能够援引某一法律程序。这一程序的内容和形式是分开的，他们所援引的不是它的实质和目的，而只是其形式。……通过持续地挑战一般法律规则的既定边界，以及扩张法律编码的权限使其适用于全新的资产类型，律师们将其委托人的各种资产都转化成了资本。他们时或亵渎法律的精神，但是在一个把自由等同于尊重主观权利和私人自治的法律体系中，只要在形式上合规，常常就足够了。

例如，既然信托可以保障地产免受债权人的索偿，何不将其推广用于政府债券、公司股票、房屋抵押贷款资金池和房屋抵押贷款证券等形式的资产上呢？这个推广过程在形式上似乎是无可挑剔的，在实质上则是保护了资产所有者的收益，排斥了其他有关各方的权利和公共利益。一个金融庞氏骗局的策划者也可以通过家族信托将骗来的钱"合法"地传承给家人，而受骗上当的投资人却血本无归。

皮斯特还有一段一针见血的话：

> 富豪阶层常常心安理得地宣称其财富来源于自己或是先辈

的特殊技能、辛劳工作和克己献身，他们的财富或许真的由此而来。但是如果没有法律编码，大多数这类财富只能短暂存在。长时段的财富积累需要额外的防御设施，唯有以国家强制力为后盾的法律方能提供。

资本需要国家法律的编码与保护，但是资本并没有祖国。在全球化时代，资本可以在全球漫游，寻找最称心的法律管辖区，资本家也可以把威胁撤出资本作为谈判筹码。而绝大多数通过劳动所得维持生计的普通民众并没有随意移民的自由，只能随着本国的经济周期载浮载沉，繁荣时期攒下的一点积蓄，也往往很难转化成资本并因此拥有法律提供的防御设施，一旦经济下行则日渐窘迫。全球化时代因此扩大了资本收益率和收入增长率的差距，加剧贫富分化。

那么，解决不平等问题的出路何在呢？皮斯特给出了改良主义的方案。既然导致资本优势的微观机制在于法律编码，那就"解铃还须系铃人"，要从法律的改良入手，对症下药。要通过民主政治对资本所有者之外的其他利益相关者赋权；要削弱资本相对于其他权利主张的特权；最关键的是，要让对法律内容的决定权掌握在作为民主宪政主权者的"人民"手中，而不是掌握在资产所有者及其雇佣的律师手中；要让实质正义和公共福祉凌驾于形式正义和法律编码技术之上。

美国"社会主义"的说服力

——《为何你应当成为社会主义者》

在美国 2020 年总统大选中,拜登最终成为民主党提名的总统候选人,但是自称"社会主义者"的桑德斯(Bernard Sanders)在年轻人中的支持率远远超过了拜登。很多人认为,拜登只是代表了民主党的过去,桑德斯才体现了民主党的未来。

在美国,"社会主义"是一个长期被污名化的词汇。然而,2019年,美国 YouGov 民调表明,在美国的"千禧世代"(80 后和 90 后)中,愿意在选举中投票给社会主义者的人数高达 70%;在"Z 世代"(00 后)中,这一数值也达到了 64%;而在"X 世代"(1965 年至 1980 年出生的一代)和"婴儿潮世代"(1945 年至 1965 年出生的一代)中,这一数值仅分别为 44% 和 36%。此外,50% 的"千禧世代"和 51% 的"Z 世代"认为美国的资本主义体系损害了他们的生活,而仅有 42% 的"X 世代"和 37% 的"婴儿潮世代"反对资本主义。由此可见,美国社会出现了政治观念的代际断裂。虽然年轻人的政治观念常常会随着年龄增长而改变,但是当前美国年轻人对于社会主义的支持足以说明美国的政治生态正在急剧转变。

美国年轻人广泛认同社会主义的现实原因在于美国经济不平等的急剧增长。低工资和高额医疗费用早已令大多数美国工薪阶层的生活捉襟见肘,仅能维持基本的体面,而年轻人又普遍面临学生贷款还贷的沉重压力,难以置业。虽然特朗普一再夸耀美国失业率降至历史最低水平,但实情是很多人同时做几份兼职工作却仅能糊口。与此同时，富人阶层却由于特朗普政府的减税政策而大获其利，并在充满泡沫的长期牛市中持续获得资产收益。

2008 年全球金融危机之后，美国社会对资本主义的反对声浪迅速发酵。2011 年全球瞩目的"占领华尔街"运动就是一个标志性事件。然而，"占领华尔街"主要是一种怨愤情绪的宣泄。在 2016 年总统大选中，"社会主义者"桑德斯异军突起的竞选活动，才提供了克服资本主义的希望。虽然那一次桑德斯在民主党初选中输给了希拉里，但是他点燃了燎原之火。

在议题层面，桑德斯所主张的由国家作为"单一付款人"的全民医保制度，在 2015 年还是一个非常激进而边缘的观念，现已成为美国社会的主流政治议题。在组织层面，美国的老牌社会主义政党"美国民主社会主义者"近年来爆炸性发展，有数十名成员被选入各州立法机关，2018 年，该党两名成员奥卡西奥-科尔特斯和特莱布以民主党人的身份当选国会众议员。

一种政治观念的兴起，前提是它在思想上具有说服力。"社会主义"这个在美国社会长期污名化的词汇，其说服力何在？政治评论家罗宾逊（Nathan J. Robinson）的《为何你应当成为社会主义者》（*Why You Should Be a Socialist*）一书，正是一部关于这一话题的力作。

罗宾逊指出，社会主义首先是一种本能的平等主义情感，一种对剥削和虐待的强烈义愤，以及一种对财富和权力不平等的坚决反对。社会主义首先是一种伦理。如果一个人看到童工备受欺凌而不感到义愤，那么他就不会成为一个社会主义者。

但这只是起点。社会主义者从伦理出发，开始思考经济是如何运行的。从追求平等的立场出发，社会主义者形成了如下信念：有许多基本物品不应该在市场上出售，价高者得，而是应该平等地供应给所有人，实现基本公平。

出于平等主义的本能情感，社会主义者憎恶所有权集中在一小撮人手里，憎恶社会阶级的存在。这就是社会主义者主张"工人控制生产资料"的原因。社会主义者反对某些人可以仅仅因为拥有生产资料而轻松获利，"躺着赚钱"；而其他人必须通过出卖他们的劳动力来辛苦谋生。社会阶级的存在恰恰意味着一小撮人掌控生产资料，发号施令，而大多数人不拥有生产资料，只能接受号令，任劳任怨。

有必要区分社会主义伦理和社会主义制度。社会主义伦理是一种追求团结和平等的情感，社会主义制度则要求民主的管理和控制。制度总不免有等级差异，社会主义制度要求将等级差异最小化。有些人觉得社会主义就意味着"政府所有权"，罗宾逊对此表示反对。他指出，社会主义意味着"共同所有权"，因此如果一个政府是不民主的，"政府所有权"也就不可能是共同的。

社会主义者的共同愿望是对资本主义的所有权制度发起激进变革，将其转变为"共同所有权"。那么，什么是资本主义呢？罗宾逊指出，资本主义的辩护者常常把资本主义和市场混为一谈，通过论证市场的有效性来为资本主义辩护。事实上，理解资本主义的正确方式是关注所有权、阶级、权力、控制和民主。社会主义者反对资本主义的根本原因不是出于反对市场，而是出于反对财富和权力的分配。之所以使用"资本主义"这个术语，是因为存在一个掌握了金钱和生产资料所有权的资本家阶级，大多数民众只有很少的所有权。与此相反，社会主义意味着工人和公众自身具备所有权。

资本主义的辩护者常常执着于讨论所谓"社会主义的经济计算问题"。这个问题始于奥地利学派的经济学家米塞斯和哈耶克对于中央计划经济的批评，由于中央计划经济无法建立价格体系，因此必然无法有效分配有用的资源。罗宾逊认为这种批评回避了更为根本的问题。为市场经济做辩护，要远比为财富和权力的不平等分配做辩护来得容易。

事实上，在罗宾逊看来，中央计划经济只是一种权宜之计，并非社会主义的根本特征。固然有不少事情需要通过由上至下的机构来统一运作，但这些机构本身应当是民主和负责任的，权力集中和精英统治是和"共同所有权"相矛盾的。无论是企业还是政府，在不牺牲效率的前提下，都应当尽可能广泛地分配权力。

罗宾逊进而宣称：社会主义是个人主义，资本主义是集体主义。这个令人耳目一新的说法，前半句来自19世纪英国作家王尔德的文章《社会主义下的人之灵魂》。王尔德的观点是，个人主义并非意味着最大化经济权力，而是意味着培养创造力，陶冶情操，让每个个体可以实现自己独特的潜能，这只有在一个平等的社会里才能实现。后半句则是罗宾逊的观点，没有什么比在亚马逊的货仓里或是在机器流水线旁边从事被动而重复的工作更能摧毁个人主义，资本主义制度下的工人是集体主义的囚徒。

罗宾逊将自己定义为"自由意志社会主义者"（libertarian socialist），在反对资本主义的同时，也对国家权力怀有敌意，主张权力去中心化。他将"自由意志社会主义"的传统上溯到19世纪的无政府主义社会主义，其代表人物是蒲鲁东和巴枯宁。蒲鲁东在1840年出版了《什么是所有权》一书，声称"财产就是盗窃"，主张以联邦契约制取代国家以及其他集中制的共同体，在联邦契约制中，负责执行契约的权力机关永远不能高踞于构成联邦的各个公社或各省权力机关之上，而公社和各省的职权也不能超过个人与公民的权益，由此建立起无政府而有秩序的社会。巴枯宁在 1873 年出版了《国家主义与无政府》一书，主张自由应当是建立一切社会组织的唯一原则，社会秩序应当是一切地方的、集体的和个人的自由发展的综合结果。一切政治和经济组织，应当自下而上、从地方到中央按照自由联合的原则来组织建构。

在社会主义运动史上，马克思的理想是在作为先锋队的革命政党领导下，最终实现按需分配、取消货币的共产主义社会。但是蒲鲁东认为，社会越发展就会越复杂，不可能进入取消商品货币关系的简单社会。蒲鲁东主张通过改革货币制度来弱化资本家的话语权，劳动者集资成立人民银行，对工人发放无息贷款，帮助他们成为小业主。

巴枯宁与马克思在世时名气相若，堪称一时瑜亮。马克思偏好权力集中制，巴枯宁则强调民众的自我解放；马克思主张通过建立新的国家制度来取代资产阶级国家，巴枯宁则要求在社会变革的过程中弱化乃至取消国家权力。

罗宾逊的"自由意志社会主义"立场，和当今美国"社会主义"旗手桑德斯的理念基本一致。政治评论家蔡特（Jonathan Chait）2020 年 3 月在《纽约》（New York）杂志发表文章指出，桑德斯在年轻时就反对"俄国道路"。桑德斯曾经谴责一个袭击共和党国会议员的枪手："真正的变革只能通过非暴力行动，任何暴力行动都有悖于我们所崇尚的美国价值。"他也曾经批评一些左派学生取消敌对势力的校园演讲："我无法理解为什么有些人会认为拒绝其他人表达自己观点的权利是一件好事。"桑德斯希望通过动员民众赢得选举，重建美国的政治秩序，实现"社会革命"，但是他并不认为这场革命是历史的终点，如果当选总统，也不会阻止政治对手在未来通过动员选票来挑战自己。

保守主义和自由主义是当今美国社会两大主流政治理念，罗宾逊仔细梳理了社会主义和它们的区别。

经济学家赫希曼（Albert Hirschman）撰写的《反动的修辞》（*The Rhetoric of Reaction*）是一部批判保守主义的力作。该书指出，保守主义者认为，任何谋求社会进步的尝试都注定或是由于某种原因造成与原初目标背道而驰的反面效果，或是由于某种原因导致徒劳无功，或是让一些旧有的美好制度和正面价值趋于没落，最终得不偿失。在美国，保守主义和市场原教旨主义合流，成为一套为资本主义辩护的精巧话术。每个人都必须对自己负责，富人拥有财富，是先前对自己负责的结果；工人辛苦谋生，是当下对自己负责的表现。主张社会变革，就是把责任推给社会，结果必然是洪水猛兽。

赫希曼认为保守主义的"反动修辞"体现了思维方式的谬误。罗宾逊则认为保守主义骨子里缺乏同情，鄙视弱者，其潜台词是"你的人生很烂，这是你自己的错，不要怪别人。人性是固定的，改变是徒劳的"。社会主义与保守主义的根本区别，就在于社会主义者具有本能的平等主义情感。

自由主义在美国政治光谱中属于中间偏左，在很多具体政策上与社会主义存在交叉地带。罗宾逊指出，两者的区别在于自由主义者普遍认同既有的阶级秩序和权力结构。很多自由主义者认为，只要心地良善的首席执行官足够多数，就可以解决资本主义制度的弊端。他们拒绝直面如下事实：正是资本主义的权力结构塑造了首席执行官们的行为模式。自由主义者不会谋求财富和权力的再分配，也就不可能启动真正的社会变革。

罗宾逊对于"自由意志社会主义"的论述，也许在思辨层面并不深刻，但是在当今美国社会的语境中，却颇具直指人心的说服力。如果说桑德斯终结了"社会主义"在美国遭受污名化的历史，罗宾逊对于蒲鲁东和巴枯宁精神传统的表彰与发扬，则是为符合美国国情的社会主义运动提供了有益的启示。

以公民权利反垄断
——《打破它们：从大农业、大科技和大资本恢复我们的自由》

2020 年是美国的大选年，也是各种政治势力和观念的激烈交锋之年。对于志在夺回白宫、结束特朗普四年乱政的民主党来说，关键之举在于赢得劳工阶层的选票。"反垄断"这个在美国社会长期边缘化的议题，因此成为民主党在此次选战中挥舞的一面耀眼的旗帜。

2017 年 7 月，鉴于 2016 年大选失败的惨痛教训，民主党领导层制定了号称"Better Deal"的政治纲领，包括扩大基建项目创造就业、提升最低工资等，旨在宣示民主党是站在劳工阶层一边的政党。反垄断也是这一纲领的重要内容。舒默在《纽约时报》撰文，承诺民主党将会致力于拆分那些伤害消费者的大公司，并阻止那些有碍竞争的公司合并项目。2017 年 9 月，民主党参议员克洛布彻提交了两条法案，强化了反垄断机构保卫消费者福利的能力。在 2020 年总统大选的民主党初选中，克洛布彻成为颇受瞩目的政治新星。

舒默和克洛布彻属于民主党建制派，保卫消费者福利是他们反垄断的出发点。而在左翼的民主党进步派看来，这远远不够。2020年总统大选的进步派参选人沃伦强调，经济垄断不只是经济问题，更是结构性的政治问题。美国的垄断巨头掌握了巨大的权力，可以操纵政治体系，通过对自己有利的法律，从而牺牲其他所有人的利益。

法学家、政治活动家蒂侨特（Zephyr Teachout）提出了同样的指控，她在《打破它们：从大农业、大科技和大资本恢复我们的自由》（*Break'Em Up: Recovering Our Freedom from Big Ag, Big Tech, and*

Big Money）一书中指出，美国的垄断巨头导致和加剧了美国社会的主要弊端——收入不平等、限制工人自由、低工资、金钱政治、华尔街投机乃至种族主义，必须通过反垄断来改变它们，实现社会应有的道德经济。

美国养鸡业是蒂侨特详细分析的一个案例。虽然这是一个年产值 900 亿美元的行业，但是 70% 的养鸡户的工资低于贫困水平；虽然美国人吃的鸡肉越来越多，但是养鸡户越来越穷。1985 年，美国人在鸡肉上每消费一美元，有 40 美分会分配到养鸡户手中，而在 40 多年的市场集中之后，今天的养鸡户只能分配到 15 美分，大部分利润都被作为垄断寡头的食品加工商拿走了。

Tyson、Perdue 和 Koch 三家大型食品加工商占有美国 90% 的肉鸡市场。在养鸡户与加工商签订的合同中，养鸡户的养殖成本是固定的，而加工商却可以在收购的时候支付一个浮动的价格。养鸡户不仅不能保证价格，而且不能讨价还价。加工商在合同里规定了一切，无论是购买何种饲料和鸡苗，使用何种垫料，如何设计和搭建鸡舍，还是在什么时间照明、喂养和饮水，是把窗帘拉上或拉下，养鸡户都必须严格遵守规定。合同禁止养鸡户与同行讨论收购价格，进一步压制了他们的议价能力，养鸡户也被禁止谈论有关养鸡的任何其他方面，而且被迫签署仲裁协议，规定与加工商的任何纠纷都要交付仲裁机构处理，对外必须保密，而不是向法庭申诉。

合同意味着加工商可以在养鸡户身上做实验。例如，加工商可以要求养鸡户使用一种新的饲料或新的鸡苗，通过大量反馈数据来判断饲料和鸡苗的价值。加工商不会与养鸡户分享这些数据，养鸡户却必须为失败的实验承担成本。尽管生计窘迫，但是养鸡户的困境很难被外界感知到，因为仲裁协议确保了养鸡户与加工商之间的任何问题都能够保密。

蒂侨特指出，养鸡业是美国经济垄断的缩影，这套经济模式已经被复制到整个商业世界。电商巨头亚马逊就相当于一家巨型鸡肉加工商，所有的卖家都是养鸡户。亚马逊不仅让卖家签署仲裁协议，还让客户也签署仲裁协议，客户被禁止提起集体诉讼。作为电商平台，亚马逊通过收集卖家与客户交易的海量数据而获利。

打车公司优步是另一个类似于鸡肉加工商的例子。它通过违反法律，提供正规出租车公司无法竞争的低价，并向司机支付巨额奖金来抢占市场。而在淘汰了竞争对手之后，优步提高了价格，削减了司机的工资。蒂侨特指出，这是典型的垄断行为，在20世纪80年代之前的美国属于违法。现在的优步司机是打零工，就像养鸡户一样，需要自己承担所有的风险，优步没有为其提供医疗保险，并且能以任何理由解雇他们。

为什么优步以低价抢占市场的行为在20世纪80年代以前属于违法，现在却能畅行无阻呢？原因在于美国反垄断法律中的"保卫消费者福利"范式的兴起。这个范式是法学家博克（Robert Bork）在1978年出版的著作《反垄断悖论》中提出的。在此之前，美国法院在审理反垄断案件时同时追求两个目标，既要使得消费者免受高价之害，又要使得小企业免受挤压。博克认为这两个目标相互矛盾，因为保护小企业免受垄断者挤压就等于允许它们提高价格。博克主张反垄断法的唯一目标就是促进消费者福利，而这就意味着提高效率，让商品和服务的价格下降，任何其他目标都会影响效率，因此必须被放弃。

博克的观点是当时正在占据经济学主流的芝加哥学派之"法与经济学"思想的一部分。主张自由放任的芝加哥学派是新自由主义在思想领域的关键推手。《反垄断悖论》一书出版的第二年,日趋保守的美国最高法院就接受了此书的立场,将美国反垄断的法律基石《谢尔曼反托拉斯法》解释为"消费者福利的处方"。到了 20 世纪 80 年代里根执政以后,博克的观点更是被司法机关和主流舆论全盘接受 —— 只要不会导致消费者支付高价格,垄断就不是问题。

在"保卫消费者福利"的反垄断范式下,低价就是正当的。这意味着像沃尔玛和亚马逊这样的巨无霸垄断者完全被纵容,代价就是公平竞争的丧失。沃尔玛运用庞大体量带来的强大议价能力,保证其 80% 的商品能够以比同行竞争者低 15% 的价格从上游供应商进货,这种低价策略击垮了很多中小型超市,也构成了对供应商的压榨。而在电商兴起之后,亚马逊利用平台地位,采用低价策略令大量实体商店纷纷倒闭,诸多电商平台也被亚马逊通过"以本伤人"的烧钱战略逐一击垮并收购。

蒂侨特指出,反垄断的着眼点应当是公民权利,而不是消费者福利,垄断本质上是一种暴政,反垄断本质上是为民主而斗争。这种观念在美国其实源远流长。1916 年至 1939 年担任最高法院大法官的布兰代斯(Louis Brandeis)就将保卫民主视为反垄断的核心,将财富集中在少数人手中视为民主的对立面。布兰代斯宣称,公民社会应当具有控制和检查私有经济权力集中的能力,否则少数垄断者将会拥有超越法律的至高权力。那些巧取豪夺的工商业寡头必须受到惩罚,这不仅因为他们的行为是不正当的,更是因为他们削夺了普通民众的自由和繁荣,限制了普通人通过自己的一介之才工作、竞争和成功的能力。民主不仅关乎政治自由和宗教自由，还包括产业自由。远比压抑竞争更为严重的问题是压抑产业自由，这等于压抑人性本身。

布兰代斯的思想曾经是20世纪上半叶美国构建反垄断法律体系的指南，直到自1979年起被博克的"保卫消费者福利"范式所取代。而在蒂侨特看来，对美国反垄断司法最大的冲击来自强制仲裁的广泛使用。

公开的法庭、公开的审判和独立的法官是西方法治传统的基础。仲裁则恰恰相反，是一种私下的审判，其条款由私下协商的合同确定，结果是秘密的，仲裁员的报酬来自仲裁费用的抽成，而不是像法官那样来自国家提供的薪水，如果再加上保密协议（通常都有），诉讼程序就会永久保密。这导致了很多问题。

20世纪80年代之前，美国除了执行工会合同外，较少使用仲裁。1974年，最高法院在"亚历山大诉加德纳-丹佛公司"一案中裁定，在涉及民权的案件中，不能因为存在仲裁而禁止当事人向法院申诉。这一案件的缘起是黑人亚历山大想要起诉前雇主加德纳-丹佛公司，声称自己是因为遭到种族歧视而被解雇，问题是这次冲突已经经过工会仲裁，下级法院因此认为他不能在联邦法院主张自己的公民权利受到了侵犯。但是最高法院认为，对于涉及民权的案件，不能由仲裁来决定。

然而，在1991年的"吉尔默诉州际法院/约翰逊公司"一案中，最高法院推翻了亚历山大一案的判例，裁定涉及年龄歧视的案件可以由仲裁决定。这起案件的当事人吉尔默在为一家投资公司工作时签署了一份仲裁协议，在被公司解雇之后，他声称解雇构成了年龄歧视，作为民权案件应该在法院解决。但是立场转向保守的最高法院认为，作为非工会雇员的吉尔默是在知情的情况下与公司签署了私人合同，是一种自由选择的行为，因此适用仲裁协议。

在这起案件判决之时，美国只有 2% 的雇佣合同有强制仲裁条款，而今天超过一半的私营部门的非工会雇佣合同都有此类条款，在大公司中的比例更是高达三分之二。公司律师可以随意编写严厉的条款内容，比如"败者自付"，即使案件涉及严重侵犯公民权利，或者，败诉者是穷人，败诉的一方也要被迫为胜诉者支付仲裁费用和律师费，这会迫使员工和消费者打消投诉的念头。仲裁协议的另一个特点是包含禁止集体仲裁的条款，这相当于给公司提供了一张"免费出狱卡"，因为单个的个人没有可能对抗拥有强大资源的公司。

仲裁的结果几乎没有上诉，即使严重不公平也无法推翻；与法院不同，仲裁员不受与利益冲突有关的司法规则的约束，公司可以安排把案件交给有关系的仲裁员去处理，仲裁员也可以通过与公司拉关系来获取业务。在不存在公开审理、独立法官和陪审团的情况下，强制仲裁导致司法体系的全方位私有化，垄断巨头成为私有化司法体系的控制者。

蒂侨特强调，仲裁的不透明性使得垄断企业的受害者难以在公共空间发出自己的声音，难以通过集体行动形成社会力量和政治话语权。这使得反垄断议题长期边缘化，无法成为总统大选的辩论焦点。即使左倾的进步派人士也是过于关注"事后的财富再分配"，诸如提高最低工资和累进税等政策，而对"事前的权力再分配"，诸如拆分大企业和阻止企业并购不够重视。

情况在 2020 年有所改变。7 月 29 日，苹果、亚马逊、脸书和谷歌的首席执行官在美国众议院的反垄断听证会上面临议员的质询，这是美国在科技领域奠定反垄断法规的第一步。众议院反垄断小组委员会主席、民主党众议员西西里尼在开场白中说："美国的开国元勋们不愿在国王面前低头，我们也不应该向科技帝国的帝王们低头。"

有一种观点认为，科技巨头做大做强有利于推出更好的创新产品。蒂侨特指出，和自上而下的系统相比，去中心化的系统更具有创新性。亚马逊、脸书这类科技巨头会确保扼杀任何挑战其垄断权力的创新者，拆分这些巨头将会促进而不是扼杀创新。

反垄断的方式可以是多样化的。以美国的医疗系统为例，医疗保险可以国有化，也就是将所有美国人都纳入政府提供的医保系统中，政府作为"单一付款人"取代私营保险公司，支付大部分医疗费用，这样就不必由少数几家大型医保公司来决定医保覆盖面；而对于大型制药公司则应当拆分，让多家小公司展开竞争，以此避免制药巨头恣意抬高药价。

蒂侨特宣称："我们需要一个'滚蛋'的经济，在这个经济中，每个人总是知道他们可以对老板说'滚蛋'，而且还能生存下去。"这意味着养鸡户和小商家不必在沉重的债务与破产之间做出选择；企业雇员可以否决合同中的强制仲裁条款；消费者能够对那些想要挖掘他们每一条隐私数据的科技公司说不。一个合理的经济体系的最终目标不是利润最大化，而是人的尊严和自由最大化。实现这一目标的首要条件是以公民权利反垄断。

"现代货币理论"的视界

—— 《赤字神话：现代货币理论与人民经济的诞生》

近年来，作为主流宏观经济学对立面的"现代货币理论"迅速崛起，备受关注。2008 年全球金融危机之后，许多国家纷纷出台量化宽松政策，亦即中央银行通过购买大量债券向市场注入大量流动性资金，以此推动经济复苏，这受到了主流宏观经济学家的强烈批评，理由是持续扩大的赤字和海量的流动性投放会引发通胀，但是他们判断错误，结果并未出现通胀；而"现代货币理论"对量化宽松政策的后果做出了正确的预测，不少华尔街投资人也在该理论的指引下斩获颇丰。非主流的"现代货币理论"因此对主流宏观经济学形成了有力挑战。

新冠疫情在全球暴发以来，赤字经济再度引起巨大争议。由于疫情导致经济停摆，各国相继大量增加政府开支，为家庭和企业纾困。国际货币基金组织预计，发达经济体的平均债务与 GDP 的比率将上升到 120% 以上。主流宏观经济学家警告说，如此高企的债务比率将会迫使政府在未来缩减公共开支，增加税收，从而降低家庭消费和企业投资，结果导致经济衰退。GDP 增长放缓，工人的工资和薪金停滞不前，为了避免这种厄运，现在就需要削减政府的纾困开支。

"现代货币理论"与上述观点针锋相对，认为主流宏观经济学的赤字恐惧乃是基于陈旧而错误的传统观念。在数以千万计的民众因为疫情所导致的经济停摆而衣食无着之际，这种由于恐惧赤字而削减政府开支的政策后果是灾难性的。

美国经济学家凯尔顿（Stephanie Kelton）是"现代货币理论"的领军人物之一，她在《赤字神话：现代货币理论与人民经济的诞生》（*The Deficit Myth: Modern Monetary Theory and the Birth of the People's Economy*）一书中对"现代货币理论"给出了通俗易懂的阐释，深入浅出地论证了主流宏观经济学对赤字的恐惧是一种有害的神话。

在凯尔顿看来，主流宏观经济学的核心错误在于如下传统观念：政府应该用类似于家庭预算的方式来管理财政，保持收支平衡，尽可能避免增加债务。政府向民众征税，然后用税收来支付政府支出，如果政府支出大于税收，就必须向投资者发行债券来借钱。这种观念是错误的，因为家庭是货币的使用者，而政府是货币的发行者，两者的处境截然不同。

20世纪70年代以前，各国货币需要以贵金属储备作为发行基础，这使得政府无法完全控制自己的货币。1944年确立的布雷顿森林体系将美元与黄金挂钩，由于美元可以兑换成黄金，美国政府不得不限制支出以保护其黄金储备的存量。然而，1971年8月尼克松总统宣布美国停止履行其他国家央行可以用美元向美国兑换黄金的义务，标志着布雷顿森林体系的崩溃。1976年国际社会达成了宣告浮动汇率合法化、黄金非货币化的《牙买加协定》，货币不再需要任何金属储备作为发行的基础，成为主权信用货币。随着通信和数字技术的发展，货币的形态也发生变化，广义货币的主体不再是现钞，而是银行账户上的一串数字，交易可以通过银行电子系统实现，记账职能成为货币的本质属性。

凯尔顿指出，和居民、家庭、企业不同，美国政府不需要先有钱再花钱。以军费为例，2019 年，美国参众两院通过了增加军费预算的立法，批准了 7160 亿美元。国会没有讨论从哪里找钱来支付这笔开支，在它授权这笔支出之后，美国国防部就被允许与波音、洛克希德–马丁等公司签订合同。为了给自己购买军火，美国财政部指示美联储代表美国政府进行支付，美联储的做法是把相应数量的数字美元记入卖家的账户中，从而清算付款。国会不需要"找钱"来花钱，它只需要找到足够的议员投票来通过预算法案，一旦法案通过，它就可以授权支出，剩下的就只是会计工作了。"现代货币理论"因此将美联储描述为美元的记分员，记分员的分数是用不完的。

传统观念认为，政府要征税才能有钱；"现代货币理论"则认为，在政府提供货币之前，没有人可以交税。经济学教科书通常宣称，货币的起源是作为一种方便的工具来克服以物易物的低效率。"现代货币理论"则通过历史研究表明，早期的国家是为了征税而引入货币作为计税工具，这些货币后来才作为交易媒介在私人之间流通。真正的逻辑是政府先发行货币，通过强制要求民众交税，迫使民众从事工作来赚取政府发行的货币。一个发行货币的政府想要的是真实的产出，而不是货币。为了让民众投入时间和劳动从事生产，政府发明了税收。

为了解释得更清楚，凯尔顿在书中讲述了"现代货币理论"创始人、投资银行家莫斯勒（Warren Mosler）的故事。莫斯勒为了鼓励他的两个孩子做家务，提出用自己的名片来为他们的劳动支付报酬，两个孩子的回应是："我们为什么要为你的名片工作？它们一文不值。"于是莫斯勒改变策略，要求每个孩子每月向他支付 30 张名片，如果不支付，就会失去特权：不能再看电视，不能再使用游泳池，不能再去商场购物。挣名片的途径就是做家务。结果两个孩子很快就做起了各种家务活，以此努力维持他们希冀的生活方式。莫斯勒实质上是向孩子征收了一种税，只能用他自己的名片来支付，这些名片因此值钱了。

仅仅拥有货币发行权是不够的。"现代货币理论"认为，当一个国家拥有货币主权的时候，就不需要像家庭一样管理预算，可以利用其货币发行能力来推行旨在维持充分就业的政策。货币主权有赖于两个条件：一是国家拒绝承诺其货币可以无止境兑换成有可能耗尽之物，例如黄金或其他国家的货币；二是国家只用自己的货币借贷。金本位时代的美元不满足第一个条件，因为发行美元必须小心翼翼避免黄金耗尽；经历恶性通胀的委内瑞拉不满足第二个条件，因为其外债大部分是以美元计价。当今美国是一个拥有充分货币主权的国家，以美元借债，所以不需要用家庭预算的方式来管理财政。

"现代货币理论"将实体经济分成四个部门：政府、非金融企业、家庭和国外。非金融企业和家庭统称国内私人部门。在任一时间期限内，四个部门的盈余或赤字相加必然等于零，一个部门的盈余必然对应着另一个或多个部门的赤字。只有当政府部门处于赤字状态时，私人部门才能保持盈余；相反，当政府追求财政盈余并开始偿还债务时，私人部门持有的净资产一定在减少。因此，政府负债其实是一件好事，对应的是私人部门的盈余；而政府赢利则意味着私人部门负债，会引发经济衰退的趋势。

"财政赤字货币化"，意指央行通过发行基础货币直接弥补财政赤字。这种"无中生有"的印钞方式，一直受到主流宏观经济学的诟病。但是"现代货币理论"认为，只要国家拥有货币主权，就不必恐惧赤字，也不必担心"财政赤字货币化"。这不是说对"无中生有"的印钞不存在限制，而是说，对政府印钞和支出的唯一限制来自实际经济资源的约束和通货膨胀的威胁，而不是机械的预算平衡。

例如，对于以政府巨额支出资助环保项目的"绿色新政"，应该考虑的问题并不是"赤字是否太高？是否会让下一代背负巨额账单？"，而是"经济是否有足够的闲置资源来实施绿色新政而不减少其他类型的产出？如果批准这笔支出，新的需求会不会在很大程度上吸收失业大军中的工人？还是会通过抬高工资来吸走现有岗位上的工人，从而导致通胀？"。

在任何时候，每个经济体都存在运转的极限。如果任何政府试图向已经全速运转的经济投入过多的资金，通胀就会加速，从而导致恶果。一旦经济体耗尽了其实际产能，政府要想得到它所需要的工人、工程师、钢材、机器等，就必须通过竞标将其从目前的用途中转移出去，这个竞标过程会推高价格，引发通胀压力。但是，如果经济中还存在闲置资源，诸如失业工人和低于产能运行的工厂，那么旨在让这些闲置资源发挥作用的资金投入就不会导致通胀压力。因此，对于拥有货币主权的国家来说，限制政府支出的是经济的产能状况和资源约束，而不是政府的财政盈亏。通胀加速，而不是债务上升，才是政府支出过多的标志。

主流宏观经济学认为，稳定通胀主要是央行的责任。但是凯尔顿指出，美联储在历史上多次为了事实证明毫无根据的通胀担忧而提高利率，从而牺牲了充分就业。她建议美国国会预算办公室不必按照现行规则计算政府支出对赤字的影响，而是计算它们对通货膨胀的影响，以便国会对经济状况做出足够快的反应。这意味着把权力从央行转到国会，是对央行货币政策独立性的挑战。

主流宏观经济学对通胀的看法，深受经济学家弗里德曼的"自然失业率"理论的影响。"自然失业率"意指某一经济体在确定了稳定的通胀率之后的失业率水平。该理论认为，如果央行试图用货币政策将失业率压低到"自然失业率"以下，通胀将无限加速并摧毁就业，因此央行的货币政策必须只关注如何达到通胀目标，而不是背负降低失业率的过度责任。换言之，央行需要利用一定比例的失业人口作为防御通胀的工具。

"现代货币理论"的思路恰恰相反，认为失业大军是资本主义经济的常态（和马克思的看法一致），因此经济中总是存在不必要的资源闲置，政府总是可以通过创造工作岗位来启动这些资源，而不必担心通胀压力。如果政府的就业项目能让工人创造出比他们工作时间的机会成本更多的价值，那么这个项目就是值得的。政府的就业项目也能帮助工人找到更好的私人部门工作岗位，很多求职被拒的案例，只是由于雇主不想冒险雇用一个没有近期就业记录的人。

循着这一思路，"现代货币理论"提出了"就业保障计划"。政府同意提供工资，雇用任何愿意接受该工资水平参加工作的人，这意味着私营雇主给出的工资必须更高才能留住雇员。政府可以将"就业保障计划"的工资设定为法定最低工资。与传统的凯恩斯主义不同，"就业保障计划"的目标并不是刺激总需求以推动经济实现充分就业，也不是用政府支出弥补私人部门支出的不足，它的目标是作为一种定向支出，精准地涵盖那些愿意工作的失业者，这不会对工资和物价造成直接压力，不会比任由这些人失业更容易引发通胀。

有批评者质疑，如果数以百万计的失业者通过"就业保障计划"

找到了工作，他们的消费也随之增加，将会推动物价上涨，导致通胀。"现代货币理论"的回应是，一旦发生了这种情况，政府可以提高税收，减少"就业保障计划"以外的项目支出，以此抑制通胀。区别在于，在这种情况下，对抗通胀的成本可以由就业人群，特别是高收入人群来承担；而按照弗里德曼的"自然失业率"理论，对抗通胀的成本是制造失业。

弗里德曼是新自由主义经济学的代表，而"现代货币理论"的支持者绝大多数都是左派，两者有着完全不同的再分配意涵。凯尔顿在 2016 年和 2020 年两度担任美国总统大选的民主党参选人桑德斯的顾问，为他的"社会主义"政纲出谋划策。

在美联储内部，"自然失业率"理论也已经被冷落。2014 年被奥巴马总统任命为美联储主席的耶伦认为就业率是美联储决策的核心，愿意为了降低失业率而容忍通胀上升风险。2018 年耶伦任满离职之后，被特朗普总统任命为美联储主席的鲍威尔一度被认为和耶伦大相径庭。但是形势比人强，美联储在 2020 年 8 月 27 日宣布引入"平均通胀目标"政策，允许通胀率目标适度高于 2%，声称强劲的就业市场不一定会导致不可接受的通胀水平。种种现象表明，"现代货币理论"正在间接地重塑当今世界的宏观经济政策，将会成为改造资本主义社会的重要力量。

第三章

美　国

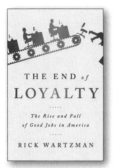

《忠诚的终结：美国好工作的兴衰》
作者：[美] 瑞克·沃兹曼（Rick Wartzman）
出版社：Public Affairs
出版时间：2017 年 5 月
定价：30 美元

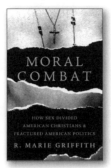

《道德之战：性如何分裂美国基督徒并且撕裂美国政治》
作者：[美] 玛丽·格里菲斯（R. Marie Griffith）
出版社：Basic Books
出版时间：2017 年 12 月
定价：32 美元

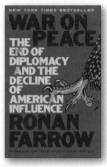

《战争凌驾和平：外交的终结与美国影响力的衰落》
作者：[美] 罗南·法罗（Ronan Farrow）
出版社：W. W. Norton & Company
出版时间：2018 年 4 月
定价：27.95 美元

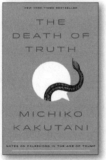

《真相之死：关于特朗普时代谎言的笔记》
作者：[美] 角谷美智子（Michiko Kakutani）
出版社：Tim Duggan Books
出版时间：2018 年 7 月
定价：22 美元

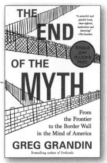

《神话的终结：美国精神从边疆到边界墙》
作者：[美] 格雷格·格兰丁（Greg Grandin）
出版社：Metropolitan Books
出版时间：2019 年 3 月
定价：30.00 美元

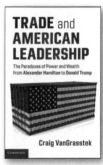

《贸易与美国领导地位：从汉密尔顿到特朗普的权力／财富悖论》
作者：[美] 克雷格·范格拉斯塔克（Craig VanGrasstek）
出版社：Cambridge University Press
出版时间：2019 年 2 月
定价：39.99 美元

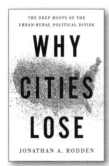

《为何城市失败：城乡政治分隔的深层根源》
作者：[美] 乔纳森·罗登（Jonathan A. Rodden）
出版社：Basic Books
出版时间：2019 年 6 月
定价：30.00 美元

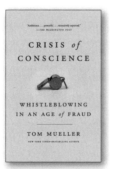

《良知危机：欺诈时代吹哨何为》
作者：[美] 汤姆·穆勒（Tom Mueller）
出版社：Riverhead Books
出版时间：2019 年 10 月
定价：30.00 美元

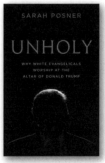

《不圣洁：白人福音派为何拜倒在特朗普的圣坛前》
作者：[美] 萨拉·波斯纳（Sarah Posner）
出版社：Random House
出版时间：2020 年 5 月
定价：28.00 美元

美国"好工作"为何难寻

——《忠诚的终结：美国好工作的兴衰》

许多年以后，很多美国人情不自禁地将那个逝去的年代浪漫化，将其称为"黄金时代"，他们高呼"让美国再度伟大"的口号，用选票将特朗普送进白宫，只因他承诺要让"黄金时代"再现。

那时候，一个白人男性美国人，只要能在工厂里有份工作，即使所受教育不多，技能不高，也能拥有一条通往中产生活水平的上升路径。而今天的美国社会则完全是另一番景象，约三分之一处在工作年龄的美国人或是失业，或是其收入难以维持四口之家的生计。普通美国人越来越难以找到一份好工作 —— 所谓"好工作"是指具有维持体面生活的收入，提供平价医保等福利，可以在养老金账户上积攒足够的钱。很多特朗普的支持者将此种厄运归咎于全球化，而在一些学者看来，人工智能的普遍应用是导致"好工作"衰落的决定性因素。

有别于上述两种视角，美国学者沃兹曼（Rick Wartzman）在《忠诚的终结：美国好工作的兴衰》（*The End of Loyalty: The Rise and Fall of Good Jobs*）一书中探究了被许多论者忽视的另一个层面。他指出，导致"好工作"衰落的关键原因，是美国的公司文化从 20 世纪 80 年代以来崇尚"股东价值至上"，从而放弃了原本对员工所承担的责任。

沃兹曼首先回顾了那个令人眷恋的"黄金时代"是如何诞生的。1943 年 3 月，随着美军在第二次世界大战的战场上节节推进，19 位美国的顶级工商界领袖在纽约的哈佛俱乐部聚会，商讨如何应对战后的经济状况。战争让美国经济开足马力，红红火火，那么战后的美国经济会不会重演20世纪30年代由于总需求不足而导致的失业、贫困和社会解体？这些工商界领袖达成的共识是在雇主和员工之间建立社会契约，以此避免失业和总需求不足所导致的生产过剩。正是这一共识使得美国在第二次世界大战后创立了由私营企业主导的福利制度，包括由雇主提供的医疗保险以及私营养老金账户等，与西欧国家在第二次世界大战后形成的由政府主导的福利国家异曲同工。

沃兹曼剖析了四家美国顶尖公司——通用电气、通用汽车、可口可乐和柯达——在二战之后雇用政策的发展历程。这些公司在20世纪50年代蓬勃发展，同时向员工提供了可观的福利。以柯达为例，它在1955年用于人身保险、退休金、抚恤金、失业补助和带薪休假上的福利资金，平均每位员工可获1000美元，其购买力相当于现在的8000美元。它为员工提供终身医疗保险，对于工龄超过15年的员工，其受养人（包括配偶、孩子等）也可以享受医保。通用汽车则通过与美国汽车工人联合会的集体谈判所达成的协议，向员工提供工资涨幅、医疗保险、养老金计划，以及在分厂关闭期间的失业补助，等等。

这种雇主与员工之间的社会契约造就了美国"好工作"兴盛的"黄金时代"。当然，它绝不仅仅是前述19位工商界领袖的"哈佛俱乐部共识"的结果，而是同时有赖于工会的强大话语权。当时美国25%到35%的私营部门员工都参加工会，这具有很强的溢出效应，不仅参加工会的员工可以通过集体谈判来改善自己的福利，即使是在那些没有工会的公司，员工也可以因此而受益。比如柯达公司就没有工会，但一直通过向员工提供高福利来证明自己不需要工会。

这段"黄金时代"持续了 20 多年。1970 年，美国汽车工人联合会组织的全国性罢工再次取得重大胜利，如果员工在车厂工作 30 年以上，退休后可以得到全额工资作为退休金。然而时人未曾想到的是，这时已经接近"黄金时代"的尾声。1973 年，石油输出国组织对支持以色列的西方国家实施石油禁运，引发石油危机。1974 年，美国扣除通胀后的实际工资水平出现了第二次世界大战之后的首次负增长。美国经济开始进入高通胀和高失业率并存的滞胀状态。

更大的冲击来自全球化。全球化对美国的第一轮冲击来自德国和日本。价廉物美的日本车迅速挤占美国市场，当时日本汽车工人的收入和福利远低于美国汽车工人，这是保证其低价的关键因素。

为了应对这种局面，美国的公司文化发生了剧变，涌现了一批新型企业家。其代表人物之一是中国人熟知的韦尔奇。他在担任通用电气 CEO 期间实施了大刀阔斧的改革，改变了僵化的官僚体制，大幅提升了企业的执行力。但是在他任职期间，通用电气裁撤了 17 万个工作岗位，也就是把 17 万失业人口推向了社会。

对韦尔奇这种新型企业家来说，公司的目标是"股东价值至上"，衡量公司是否成功的依据在于它为股东创造了多少价值。当时适逢美国经济的金融化浪潮，金融业在美国经济中的比重迅速攀升。韦尔奇让金融成为通用电气的一项主业，逐渐偏离了作为公司根基的制造业核心。这随即为众多企业所效仿。

美国社会学家戴维斯（Jerry Davis）在 2009 年出版的《市场管理：金融如何重塑美国》(*Managed by the Markets: How Finance Reshaped America*) 一书中指出，美国的公司曾经是社会结构的核心，是社群价值和政治、经济权力的汇合点，但是在"股东价值至上"的浪潮冲击之下，它变成了一组合同的集合，是多种经济交易的法律外壳，其实体可以在证券市场上分割买卖，公司对于除了股东之外其他人的责任都随之式微。

沃兹曼给出了相似的描述。在"股东价值至上"的驱动下，CEO们主要考虑短期利益，而非企业的长期利益和可持续发展。通过维护雇主和员工的社会契约来赢得员工的忠诚与敬业精神，变得不再有意义。

工会的整体衰落也是导致社会契约解体的重要原因。制造业公司易于建立工会，因为数千名产业工人在同一厂区内从事彼此密切相关的工作，可以一呼百应。而随着美国经济的重心从制造业转为服务业，不仅服务业公司的员工数量远远少于制造业公司，而且其空间结构较为疏散，难以建立具有强大话语权的工会组织。当前，美国私营部门仅有7%的员工参加工会。工会集体谈判权的缺失，使得普通美国人无力抗衡"股东价值至上"的浪潮。员工的实际工资和福利水平每况愈下。

在"股东价值至上"已经成为金科玉律的今天，美国社会还能重现那种由"哈佛俱乐部共识"所倡导的"有善心的资本主义"吗？——也许，对于"黄金时代"的执着乡愁将会引发美国政治、经济和社会的重大变革，只是这一变革的进程必然充满曲折与冲突、喧哗与骚动。

"性"为何成为美国政治冲突焦点
——《道德之战：性如何分裂美国基督徒并且撕裂美国政治》

　　自从 2017 年 10 月以来，以"谴责性侵和性骚扰"为宗旨的"Me Too"运动在美国迅速兴起，如火如荼。这场运动的起因是好莱坞著名电影制作人温斯坦的性侵及性骚扰劣迹曝光，数十名女性向媒体披露了自己的受害经历。随后，温斯坦被他所在的公司和美国电影艺术与科学学院除名，身败名裂。这一事件在美国引发了对性侵和性骚扰行为的大清算，数百万人在社交媒体上使用"Me Too"这一标签来公开她们的受害经历，在多个行业引发一连串指控，许多社会名流和权贵人士，诸如《纸牌屋》主演斯佩西、著名电视新闻主播和主持人罗斯等，都因为劣迹曝光而下台。

　　在美国政界，"Me Too"运动也产生了巨大影响。很多重要的女性政治人物，包括民主党联邦参议员沃伦、麦卡斯基，共和党人赵小兰等，都公开披露自己曾遭受的性骚扰经历。民主党联邦参议员弗兰肯，国会资格最老的众议员、在任 53 年的民主党人科尼尔斯，共和党全国委员会财务主席永利，都因为被控性骚扰而辞职。在英国、韩国等国家，受"Me Too"运动影响，也相继有位高权重的政界精英因为性丑闻曝光而辞职并接受调查。

　　然而，方兴未艾的"Me Too"运动只是事态的一个方面，美国社会中无论男性女性，对这一运动不以为然者大有人在。在 2017 年 12 月举行的阿拉巴马州联邦参议员特别选举中，共和党候选人摩尔在竞选中被爆出曾经性侵多名未成年少女的劣迹，尽管有不少华盛顿的共和党大佬表示相信这些劣迹属实并与之切割，然而阿拉巴马州的多名共和党要人却为其辩护，甚至引用圣经故事，声称"玛利亚是少女，约瑟是成年木匠，他们成为耶稣的父母"，意指即使当年30多岁的摩尔真的曾经性侵未成年少女，也是符合基督教传统的。虽然摩尔最终在选举中败给了民主党候选人琼斯，但是他依然得到了48.3%的选票。

阿拉巴马是美国基督徒比例最高的州，超过三分之二的居民自认为是虔诚基督徒，主要属于保守派。"不可奸淫"是摩西十诫之一，然而这并不妨碍很多保守派基督徒支持摩尔——即使是在对他的性侵未成年少女指控属实的情况下。摩尔属于美国政坛极右翼，一直秉持强烈的反同性恋、反穆斯林立场，在担任阿拉巴马州最高法院首席法官期间，曾经违抗联邦法院指令，拒绝将"摩西十诫"纪念碑从州法院大楼挪走，以此挑战美国"政教分离"的传统。支持摩尔的保守派基督徒由此看到了摩尔的虔诚，却不觉得这是何等巨大的讽刺。

其实，保守派基督徒所理解的"不可奸淫"，与"Me Too"运动的"谴责性侵和性骚扰"，根本就是两回事。"Me Too"运动是从女权立场出发，主张女性对性的自主权，反对在非自愿的情况下发生性接触和性行为；而保守派基督徒则是从父权制和家庭伦理的角度出发，把"淫人妻女"视为背德薄行。"Me Too"运动和性自由并不矛盾，都是性自主的体现；而反对"淫人妻女"的保守派基督徒则在观念上对性自由严厉拒斥（当然在行为上不乏伪君子），但在面对具体的性侵和性骚扰案例时，首先检视受害者是否足够"清白"，对施害者反而有意无意地颇多恕词。在2016年总统大选期间，有十几名女性对特朗普性提出了侵或性骚扰的指控，他企图性侵有夫之妇的下流谈话音频也被媒体曝光，广为流传，但是保守派基督徒对此普遍采取了选择性无视的态度。保守派基督徒成为特朗普的铁杆票仓，因为他们相信特朗普的反堕胎、反性少数群体立场足以证明他是传统基督教价值的守护者。

然而，在美国这样一个深受基督教影响的国家，基督徒并非只有保守派，而是一直存在自由派基督徒与之分庭抗礼。美国圣路易斯华盛顿大学教授格里菲斯（R. Marie Griffith）在《道德之战：性如何分裂美国基督徒并且撕裂美国政治》（*Moral Combat: How Sex Divided American Christians and Fractured American Politics*）一书中，梳理和剖析了美国基督徒中的自由派和保守派长期以来在"性"议题上的诸多冲突，以及这些冲突对美国政治造成的强烈震撼和深远影响。

格里菲斯所涉及的"性"议题，内容相当宽泛，包括性教育、生育控制、色情书刊审查、性角色、性侵、堕胎的"生命权"与"选择权"之争、同性婚姻合法化等。总体而言，自由派基督徒一直推动"性"的自主和自由，而保守派则不断予以抵抗和还击。

在格里菲斯看来，自由派基督徒对"性"的基本立场是承认现实，与时俱进。1948年和1953年，生物学家金赛先后出版了《男性性行为》《女性性行为》两部专著，指出有违传统基督教伦理的婚外性行为和同性恋在美国并不鲜见。一些自由派基督教牧师邀请金赛访问他们的教堂，商讨如何在"性"科学研究的基础上重新定义罪孽和拯救。此后，《圣经》中一些原先被视为禁止同性恋的经文，被自由派基督徒重新解释为意在禁止具有强迫性、侵犯性的同性性行为，而非禁止两情相悦的同性恋。保守派基督徒则对金赛的性科学研究大加挞伐，将其视为"性革命"洪水猛兽的滥觞。

格里菲斯指出，保守派基督徒的基本信念是将美国视为"山巅之城"。所谓"山巅之城"来自清教徒定居北美伊始的一次布道演说，意味着美利坚殖民地与上帝之间存在独一无二的契约，殖民地的使命就是要彰显上帝的旨意，成为全世界的典范。虽然美国独立以后宪法规定政教分离，但是保守派基督徒一直坚持用"山巅之城"的理想来审判现实世界。他们坚持传统的家庭伦理和性别角色，认为这些绝不仅仅属于私人领域，而是关系到美国的神圣国运。

保守派基督徒之所以强烈反对堕胎，表面上是为了保护未出生胎儿的生命权，但其深层动机是认为堕胎合法化意味着人们不必为自己的性行为承担后果，会令世风每况愈下，因此他们反对让女性拥有堕胎的自主决定权，要求由政府立法干预堕胎。事实上，在2018年3月颁布"全美国最严格堕胎禁令"的密西西比州，也是全美国孕产妇和幼儿的社会福利最少的一个州，由此可见，所谓"保护未出生胎儿的生命权"是何等虚妄。

与保守派相反，自由派基督徒的出发点不是美国作为"山巅之城"的理想，而是人的权利和人的多样性。20世纪60年代勃兴的民权运动，在马丁·路德·金等基督教牧师的领导下，倡导多元族群的平等权利，在很大程度上重新定义了美国的"政治正确"。在民权运动的影响下，自由派基督徒也倡导不同性取向、性角色群体的平等权利。在最高法院2015年裁定同性婚姻在全美国境内合法之前，美国长老会、圣公会、贵格会、一神普救派协会、信义会都已经同意神职人员为同性伴侣证婚。宗教走到了司法前面。

总而言之，在美国，貌似属于私人领域的"性"议题，其实一直镶嵌在宏阔的公共语境之中，牵动着关乎立国之本的政治观念斗争。由此可以理解为何在最近数十年的历次总统大选中，"性"几乎总是和经济、外交议题并列，成为候选人的争锋焦点。

回到开篇提到的"Me Too"运动，曾经担任特朗普政府白宫首席策略师的班农惊呼："这场反父权运动将会推翻一万年的历史，时机已经到了，女性将要主宰社会，而且她们不可能找到比特朗普更适合的大恶人了，他就是父权的代表。未来将永远不一样了。"

美国外交部门的边缘化

——《战争凌驾和平：外交的终结与美国影响力的衰落》

在执政期间，美国特朗普政府做出了一连串"掀翻桌子"的外交举措，诸如退出跨太平洋伙伴关系协议（TPP）、退出巴黎气候协议、退出联合国教科文组织、退出伊朗核协议、退出联合国人权理事会等。与此相呼应的是，特朗普政府大幅削减外交经费，裁撤外交机构，大批职业外交官相继离职或者被解雇。

法罗（Ronan Farrow）的《战争凌驾和平：外交的终结与美国影响力的衰落》（*War on Peace: The End of Diplomacy and the Decline of American Influence*），是一部反映和剖析美国外交部门边缘化历程的著作。法罗曾在奥巴马政府的外交部门任职，此后活跃于传媒界，2018 年 4 月因为撰写有关好莱坞制片人温斯坦性侵事件的相关报道荣获普利策新闻奖。

该书前半部分主要是法罗对于自己与美国资深外交官霍尔布鲁克（Richard Holbrooke）共事经历的回忆。霍尔布鲁克是美国历史上唯一一位曾经担任两个不同区域（亚洲、欧洲）助理国务卿的人，以善于制定外交策略、擅长协调而闻名于世，曾经七次获提名角逐诺贝尔和平奖。霍尔布鲁克的最大功绩是他在 1995 年主持斡旋塞尔维亚、克罗地亚和波黑三国签署了《代顿和平协议》，从而结束了长达三年半、导致欧洲第二次世界大战后最大规模种族灭绝的波黑内战。2009 年 1 月，霍尔布鲁克被奥巴马总统任命为美国驻阿富汗暨巴基斯坦特使，但却徒劳无功，2010 年 12 月因病溘然长逝。

法罗在 2009 年和 2010 年担任霍尔布鲁克的助手，与阿富汗和巴基斯坦的非政府组织打交道。在他笔下，霍尔布鲁克是一个飞扬跋扈、不拘小节的人，但同时又是精通传统外交艺术的大师（或许是美国最后一位大师）。他擅长在盟友和敌人之间折冲斡旋，避免或化解冲突，而且事无巨细都考虑周详，精心安排。

然而，奥巴马政府对霍尔布鲁克既未充分授权，也从未真正信任。霍尔布鲁克的使命是与塔利班谈判以谋求和平。名义上和美国负责阿富汗战争的四星上将彼得雷乌斯平起平坐，但事实上后者才掌握实际权力。霍尔布鲁克在日记里抱怨说："军人不应该主宰政治战略，但现状却正是如此。"

法罗指出，奥巴马对于军方的倚重和对职业外交官的忽视，其实是延续了自从冷战结束以后的一贯传统。在冷战期间，为了避免东西方阵营之间的冲突升级导致核战争，美国政府相当倚重外交官穿针引线、合纵连横的职业能力。但是到了冷战结束之后，外交部门在美国政府中的重要性便日益减弱，甚至动辄得咎。

曾经在克林顿政府担任助理国务卿的拉斐尔的遭遇就是一个典型例证。拉斐尔是美国外交界最资深的巴基斯坦专家，2009 年以赋闲之身被奥巴马政府返聘，负责强化与巴基斯坦的外交关系。拉斐尔与巴基斯坦各界都极其友好，许多巴方高层活动不邀请美国驻巴基斯坦大使，但却邀请她。她也经常和巴基斯坦高层谈论各种信息。联邦调查局通过监听对话，怀疑她是巴方间谍，向巴基斯坦泄露美国情报。2014 年，美国司法部正式启动对她的公开调查。而在美国外交界看来，这场调查完全是荒谬的，拉斐尔只是在运用传统的外交策略，通过私下交流建立信任，获取情报。2016 年 3 月，司法部宣布撤销该项起诉。尽管拉斐尔本人逃过一劫，但是这起事件无疑会促使美国外交人员出于避嫌而远离以人脉运作为本的传统外交策略。

在奥巴马执政期间，美国频繁使用无人机空袭这种非传统的战争手段。无人机空袭使得对方作战人员投降的可能性被彻底终结，战争目的成为单纯的屠杀，而不是促使对手投降或求和。无人机空袭的误炸率也高于常规空袭。美国在巴基斯坦的无人机空袭导致数千名平民死亡，令本来就矛盾重重的美巴关系更添伤口。作为顶尖巴基斯坦专家的拉斐尔却被美国情报部门怀疑其忠诚。无人机和资深外交官的对比，令人感慨。

不过，奥巴马政府在某些外交议题上还是取得了若干重要进展，诸如恢复与古巴的邦交，签署《伊朗核协议》，签署《巴黎气候协议》，等等。法罗在书中几乎没有提及这些事件，而是将笔触转到了特朗普时代的美国外交。如果说从克林顿到奥巴马的美国政府对职业外交官日益忽视，特朗普政府则是主动出击，破坏美国的外交部门。

法罗讲述了康特里曼的遭遇。康特里曼自从 2011 年起担任美国负责国际安全与阻止核武器扩散的助理国务卿，2017 年 1 月 27 日，特朗普宣誓就职一周以后，他在前往约旦参加一个武器控制的国际会议途中被上级打电话通知免职，原定在几天之后由他在罗马参加的一个防止核武器扩散的高层国际会议也临时改派低级外交官赴会。同一天还有六名资深外交官被解雇。特朗普任命的首位国务卿、石油商人出身的蒂勒森，非但不保护其主管的外交部门，反而大幅削减经费，裁撤机构，结果在任职 14 个月之后同样在外访期间被特朗普突然解职。

特朗普几乎全面推翻了奥巴马政府的外交成果，后果最严重的就是《伊朗核协议》。《伊朗核协议》是 2015 年 7 月由联合国 5 个常任理事国、德国、欧盟和伊朗共同签署的协议，旨在解决伊朗核危机。协议规定限制伊朗的核原料，使其足以用于民用核能与研究，但不足以制造核武器；如果伊朗落实该协议，国际社会将逐步减少对它的制裁。2018 年 5 月 8 日，特朗普宣布美国将退出伊朗核协议，并将对伊朗实施最高级别的经济制裁。美国的盟友英国、法国和德国都公开反对特朗普政府的这项决定。当年代表美国签署《伊朗核协议》的前任国务卿克里力图挽救这项协议，却被特朗普斥为"伤害国家"。

与退出伊朗核协议相反，特朗普通过与金正恩的会晤，在朝鲜核问题上取得了进展。但是，特朗普政府这项最重要的外交成果，却甩开了美国外交部门。法罗在书中提到，当中央情报局局长蓬佩奥与金正恩在 2018 年 3 月底举行秘密会谈时，没有一名国务院官员陪同，而且当时美国的驻韩国大使仍处在长期空缺状态。蓬佩奥在当年 4 月底被参议院投票批准出任国务卿，作为出身情报部门的官员，他与外交官的职业传统无疑水土不服。

特朗普自诩精通谈判艺术，是天生的外交高手。前任国务卿克里则嘲讽说，一旦了解特朗普的谈判艺术，就不难明白此人为何会曾经七次破产了。法罗指出，职业外交官的天职在于承认任何协议都是妥协的结果，都不可能完美，但是却可以避免战争，挽救生命，因此值得全力以赴。相比之下，特朗普的谈判艺术是源自商战经验，旨在通过各种叫价和胁迫手段迫使对方屈服。

外交的使命是"和平高于战争"，冷战结束之后的历届美国政府却相信"战争高于和平"，在特朗普时代以贸易战的形式达到了顶峰。这不仅引发了美国外交部门的边缘化，也预示着美国国际影响力的衰落。

反思美国"后真相政治"

——《真相之死：关于特朗普时代谎言的笔记》

2018 年 9 月，特朗普政府的"内乱"被媒体深入曝光，在美国掀起了轩然大波。曾经以调查"水门事件"真相而闻名遐迩的《华盛顿邮报》资深记者伍德沃德，在当月出版的新书《恐惧：特朗普在白宫》中披露，特朗普的高级助手们为了避免使国家陷入不必要的危险，时常会"偷走"总统办公桌上的文件，避免他在文件上签字。9月 5 日，《纽约时报》发表了一篇题为《我是特朗普政府中的一名抵抗者》的匿名文章，作者自称是一名政府高级官员，声称特朗普政府中的许多官员正在努力用各种手段从内部抵抗、挫败特朗普的政策和决策。文章发表以后，特朗普暴跳如雷，白宫启动了"抓内鬼"的行动，副总统彭斯等人纷纷发表声明撇清关系。如此荒唐混乱的场景，在美国历史上实属罕见。

不少人也许会因此觉得，特朗普政府已经岌岌可危。这种想法其实并不正确。特朗普的"奇葩"之处就在于能够一以贯之地将不正常的事态正常化。无论媒体怎样曝光其人及其政府官员的丑闻，他总能用一句"假新闻"（fake news）见招拆招。与此同时，他肆无忌惮地连续说谎，欺骗公众。根据《华盛顿邮报》的核查，自 2017 年 1 月就任总统以来，到 2018 年 5 月，特朗普公开做出了超过 3200 次的不实声明，诸如出席其总统就职典礼的人数、非法移民的犯罪率等，都纯属信口开河的捏造。

更"奇葩"的是，2017 年 1 月 22 日，在特朗普就任总统的第三天，他的高级顾问康威便发明了"另类真相"（alternative truth）一词，用以指代特朗普的谎言。谎言不是谎言，而是另类的真相。尽管这种说法荒诞之极，但是一直有将近三分之一的美国人对特朗普杜撰的各种"另类真相"深信不疑，他们构成了特朗普的铁杆票仓，促使特朗普不断杜撰更多的"另类真相"来满足他们的期待，巩固自己的地位。美国社会进入了"后真相时代"，特朗普开启了美国的"后真相政治"。

角谷美智子（Michiko Kakutani）的《真相之死：关于特朗普时代谎言的笔记》（*The Death of Truth: Notes on Falsehood in the Age of Trump*）一书，正是一部反思美国"后真相政治"的力作。在2017年退休之前，角谷美智子是近30年来《纽约时报》的主要书评人，同时也是美国最有影响力的书评家之一，1998年荣获普利策奖。虽然毕生以书评为职业，但是角谷美智子直到退休以后才开始撰写她人生的第一本书，亦即这本《真相之死》。

角谷美智子指出，特朗普的政治风格有三个主要特点：激发大众的民粹诉求、寻找替罪羊、操纵语言。回顾历史，她把特朗普和希特勒相比较，认为他们具有共同的人格特征：病态的自恋、喜欢使用夸张的词汇、说谎成癖、嗜好霸凌和操纵。特朗普和希特勒的崛起也有共通之处，都是将自己的谎言化作毫无羞耻感的煽动机器，使用马基雅维利式的权术来操控听众的恐惧与怨恨，也都是得益于其他政客的怯懦——希特勒在1933年当选总理上台组阁时，内阁中的纳粹党成员只有三人，另外八人都是传统的德国保守派，但是这些原本宣誓要捍卫魏玛共和国的保守派很快屈服于希特勒的铁腕。当今美国国会中的共和党人主要是当权的保守派，与靠民粹起家的特朗普并不是一个路数，但是他们对于特朗普的各种有悖美国宪政传统的举动一再退让，任凭特朗普一再将不正常的事态正常化。

角谷美智子提到了奥地利作家茨威格的《昨日的世界》。茨威格其人其书，早已为中国读者所熟悉，《昨日的世界》是他在生命最后阶段流亡巴西期间撰写的回忆录，详尽地描绘了他生于斯、长于斯的欧洲文明社会是如何先在第一次世界大战的冲击之下变得千疮百孔，而后在希特勒的毁坏之下化为废墟，揭示了理性和科学在恐惧和仇恨的情绪诉求面前是何等不堪一击。普通人安于其所习惯的日常生活，不愿意相信他们的自由正在何等迅速地被盗取和剥夺，结果就与"温水煮青蛙"无异。角谷美智子担心，美国社会的公序良俗也会渐渐地消隐成为"昨日的世界"。

其实，对于真相的漠视，美国社会早已有之。角谷美智子援引历史学家布尔斯廷（Daniel Boorstin）1962 年的著作《印象：美国虚假事件指南》（*The Image: A Guide to Pseudo-Events in America*）指出，很多美国人把虚假事件当成真实的新闻，其实它们来自政客和公司的故意编造。另外，美国政客利用和操纵民众的恐惧和仇恨，也不是什么新鲜事。历史学家霍夫斯塔特 1964 年发表的《美国政治的偏执作风》一文指出，美国的政治生态中存在着一波又一波的"高度夸张、多疑和阴谋论幻想"，在 20 世纪 50 年代的麦卡锡主义中一度达到了高潮。

2002 年，远在"假新闻""后真相""另类真相"等词汇进入公众语境之前，小布什政府的一位匿名高官就表达过对于真相的蔑视。他嘲笑记者属于"依赖真相的群体"，宣称"我们现在是一个帝国，当我们行动的时候，我们创造属于自己的真相"。关于伊拉克制造

"大规模杀伤性武器"的证据，就是小布什政府制造的"另类真相"，以此作为发动伊拉克战争的理由。

20世纪两位重要的政治思想家奥威尔和阿伦特，为角谷美智子提供了犀利的洞见。这两位思想家对于极权主义政治的批判，都强调了煽动家和独裁者如何使用语言来歪曲真相，激发民众的偏见与仇恨。特朗普正是擅长颠倒语词意义的行家，他宣称媒体所曝光的真相是"假新闻"，宣称由国会授权、司法部监督的"通俄门"调查是"猎巫"，通过不断的催眠式重复，在支持者心目中建构了一个几乎颠扑不破的"另类真相"的世界。

作为书评人，角谷美智子的主业是评论文学作品。在《真相之死》一书中，来自文学大家的启迪比比皆是。菲茨杰拉德、菲利普·罗斯等人的小说，提供了观察美国社会的重要视角。而尤其令人感兴趣的，是她对于博尔赫斯的援引。在短篇小说《特隆、乌克巴尔、奥比斯·特蒂乌斯》中，博尔赫斯讲述了一个故事：一个秘密组织虚构了一个名叫"特隆"的世界，这个世界里的人说一种奇特的语言，到后来，关于特隆的各种记述越来越多，越来越多的人沉迷于特隆世界，英语、法语和西班牙语都将消失，人类使用特隆的语言。世界成为特隆。博尔赫斯揭示了"叙述"的威力，"叙述"的不断衍生，足以创造另类的"现实"，改变人类社会。

正是出于对"叙述"的警惕，角谷美智子尖锐地批判了知识界的后现代主义。她指出，后现代主义的基本立场，是词语和意义在本质上是可以分离的。作为后现代主义的一支，德里达的解构主义更是极端地强调"作者已死"，作者的意图无足轻重，也不存在基于共识的公共解读，读者对于文本的意义可以随意发挥。后现代主义是西方世界相对主义思潮的一部分，从 20 世纪 60 年代开始，随着西方社会逐渐趋于碎片化和自恋化，启蒙运动以降的"宏大叙事"逐渐让位于各种私己性的"小叙事"，罗生门式的多重叙事大行其道。

虽然后现代主义起初是一种具有左派面孔的思想运动，但是它最终成为特朗普所代表的右派民粹主义的护身符。以社交媒体人泽诺维奇（Mike Cernovich）为例，他是特朗普的铁杆支持者，也是一位阴谋论专家，曾在 2016 年总统大选期间炮制过希拉里领导地下虐童犯罪组织、以华盛顿一家比萨饼店为接头地点的谣言，对民主党的声誉造成了很大破坏。他在接受《纽约客》采访时自称在大学里读过后现代主义，"如果一切都是叙述，那么我们就需要另类的叙述来对抗主流叙述"。——后现代主义就是这样开启了通往"后真相政治"的大门。

角谷美智子对于美国"后真相政治"的反思，对于中国读者来说，无疑具有重要的参考价值。

"墙"之噩梦

——《神话的终结：美国精神从边疆到边界墙》

2019 年 2 月，美国总统特朗普宣布美国与墨西哥的边界情况进入"国家紧急状态"。在此之前，美国刚刚经历了历史上最长的一次联邦政府关门，起因是特朗普政府提出的关于建造边界墙的拨款计划在国会受阻。经过艰苦谈判之后，美国国会两党终于达成共识，通过了 2019 年联邦预算法案。该法案只提供 13.75 亿美元用于建造边界的"围栏"，远低于特朗普政府要求的 57 亿美元，导致特朗普祭出"国家紧急状态"的非常手段，旨在以此为由，将属于国防安全的款项挪用于建造美墨边界的高墙。

事实上，美墨边界的非法入境人数自从 2000 年以来一直下降，美国境内的"非法移民"主要来自合法入境但逾期滞留的人员，毒品走私也主要是通过正规口岸，而不是非法越境。特朗普宣布美墨边界进入"国家紧急状态"，完全没有现实依据。美国国会参众两院接下来都通过决议，叫停"国家紧急状态"；但是特朗普随后又动用美国宪法赋予总统的否决权，否决了国会的决议。2019 年 4 月初，美国众议院提起联邦民事诉讼，寻求通过法律手段阻止特朗普借助宣布"国家紧急状态"拨款造墙之举。

在美墨边界建造高墙，是特朗普在 2016 年总统大选中向选民提出的主要承诺之一。在特朗普之前，美国历届政府其实已经陆续在美墨边界建立了一段又一段的栅栏，但是为了避免向墨西哥以及全世界传递错误信息，在公开场合一直称为"围栏"（barrier）。特朗普则明确宣称"墙（wall）就是墙"，要求杜绝非法移民进入。根据现行美国法律，外来者无论经何种渠道进入美国，都有资格提出庇护申请。特朗普却在2018年11月宣布行政命令，禁止非法入境的移民申请庇护，这完全有悖于美国作为庇护国家的传统形象。

特朗普政府的目标不仅是限制非法移民，同时也是系统性地减少合法移民的数量。2019年1月，美国移民律师协会宣称，特朗普政府大量积压移民案件，大批绿卡和工作签证无端遭拒，已经达到危机水平，这相当于针对合法移民建造了一堵"无形的墙"。简言之，"墙"正在成为特朗普时代美国政治的一个重要象征。

从外部角度而言，"墙"意味着进入美国的障碍；而从美国本土的视角来说，"墙"则意味着把美国民众彻底包围起来。2019年2月，位于美国亚利桑那州的边境小城诺加莱斯市议会一致通过一项决议，要求美国军方撤除在该城边界架设的利刃型铁丝网，原因是这些致命的铁丝网只应属于战场、监狱或是军事要塞，它们制造的压抑氛围严重干扰了居民的日常生活。

纽约大学历史系教授格兰丁（Greg Grandin）在《神话的终结：美国精神从边疆到边界墙》（*The End of the Myth: From the Frontier to the Border Wall in the Mind of America*）一书中指出，特朗普政府对于建"墙"议题的大肆操作，标志着长期以来被视为美国精神基本要素的"边疆"（frontier）神话的终结。

所谓"边疆"神话，源自19世纪美国历史学家特纳（Frederick Turner）在1893年提出的"边疆"学说。他声称："直到现在为止，一部美国史在很大程度上可说是对大西部的拓殖史。一个自由土地区域的存在，及其不断的收缩，以及美国定居地的向西推进，可以说明美国的发展。"换言之，一个开放的大西部边疆的存在，以及由此引发的"西进"拓殖浪潮，是 19 世纪美国历史发展的主要动力。

在特纳提出"边疆"学说的时候，美国的西部开发已经进入尾声。但是特纳指出，在西部边疆消失之后，"美国的活力将继续为它的活动要求一个更加广阔的领域"。美国需要合乎逻辑地继续向邻近的国家和太平洋岛屿扩张，作为占领自由土地和开发西部资源的继续。正是在这一思想的指引下，美国在 1898 年通过对西班牙的战争夺取了后者在美洲和太平洋的殖民地，在 1899 年提出"门户开放"政策与欧洲列强瓜分在中国的利益，开始了其全球扩张之路。

在 19 世纪"西进"的拓殖浪潮中，开放的大西部边疆源源不断地向移民提供了丰饶的自由土地，很多人因此发家致富。由此孕育了一种美国特有的个人主义和乐观主义 —— 只要向着横无际涯的边疆进发，贫穷、不平等、种族主义等严重的社会问题就能够获得解决之道。这种乐观主义也为美国在 20 世纪的全球扩张打下了烙印。以往欧洲列强在进行扩张时，其目标是在一个零和博弈的世界里尽可能占有更多的资源；而美国则旨在建立一种不同类型的全球权力，其前提是世界经济可以无尽增长，正如横无际涯的边疆可以不断提供自由土地，全球财富的竞争并非零和博弈，而是可以被各方分享，因此美国的全球扩张也意味着建立和支持一个自由、普世、多边的世界秩序。

就此而言，特朗普的"墙"不啻是开放"边疆"的对立面，特朗普政府建"墙"的出发点就是认为全球财富的竞争是零和博弈，移民进入美国就是剥夺美国人的工作和福利 —— 事实上，非法移民群体在美国从事的基本上是美国人嫌脏嫌累的低端工作，其犯罪率也远低于美国社会的平均犯罪率，对于美国社会有着不容忽视的正面贡献。因此，里根以降的历届美国总统都希望通过移民体系的改革，对多数非法移民赋予合法居留身份，特朗普政府却推翻了这项具备两党共识的政策。至于其系统性地减少合法移民的数量，更是违背了美国作为"移民国家"的传统定位。

然而，格兰丁指出，"墙"与"边疆"其实是对立统一的关系。美国精神从"边疆"到"墙"的变迁，一方面固然是一种历史性的断裂，另一方面却也是美国社会、政治和文化黑暗面的合乎逻辑的延续。

首先，19世纪美国的"西进"拓殖者所开发的大西部边疆实际上并非无主的自由土地，而是来自对印第安人和墨西哥人的驱赶与掠夺（美国西部的得克萨斯、内华达和加利福尼亚等地都曾经是墨西哥领土）。"边疆"从一开始就是文化和种族冲突的战场，所谓"西部牛仔"文化充满了白人至上的优越感和对有色人种的歧视和污名化。在西部开发的进程中，除了印第安人和墨西哥人之外，另一个深受种族歧视和污名化之害的族群是华人。19世纪60年代，大量华人劳工被引入美国，修建贯穿美国东西部的铁路；19世纪70年代铁路竣工之后，华人被视为导致白人失业的威胁。1882年美国开始实施《排华法案》，这是美国历史上唯一一部限制特定族群移民并禁止其成员入籍的法律，直到1943年才废除。

特朗普公然宣称墨西哥移民不是强奸犯就是毒贩，非洲国家和海地都是粪坑国家。他的移民政策的核心在于保证美国作为"白人国家"的定位，这是他和他的支持者鼓吹建"墙"的根本原因。无论是"边疆"还是"墙"，其潜台词都是白人至上主义，两者一脉相承。

其二，"边疆"和"墙"都充满了血腥的暴力。19世纪美国的

"西进"拓殖者曾经大肆屠戮印第安人和墨西哥人，当代美国小说家麦卡锡的小说《血色子午线》就是讲述此等恐怖暴行的经典之作。而在 20 世纪，随着美国启动全球扩张进程，把整个外部世界都视为"边疆"，暴力也随之蔓延到了全世界。

另外，那些极力主张在美墨边界建造高墙的白人至上主义群体，诸如新纳粹、三 K 党等，早就成立了准军事组织在边界猎杀非法移民。对他们来说，针对非法移民的任何暴行都是可以宽恕甚至值得鼓励的。就暴力而言，"边疆"和"墙"如出一辙。

其三，尤为关键的是，"边疆"和"墙"在美国政治生态中具有相同的功能，都起到了"将内部问题外部化"的作用。

19 世纪大西部拓殖所创造的机会和财富，极大地缓解了当时美国由于南北战争、废除奴隶制和工业化进程所积累的社会矛盾。20 世纪美国的全球扩张，在获得巨大海外资源的同时也开辟了巨大的海外市场，由此产生的巨大财富保证了美国的中下阶层在国内贫富分化极其严重的情况下，依然能够维持体面的生活水平。无论是西部"边疆"还是全球"边疆"，都收到了"将内部问题外部化"的治愈效果。

然而，随着 20 世纪 90 年代全球化资本主义的兴起，一方面，跨国公司将美国的制造业转移到劳动力廉价的其他国家，导致美国本土制造业空心化，令广大蓝领阶层顿失凭依；另一方面，资本自由化使得大量资金涌入美国，推高资产泡沫；与此同时，阿富汗和伊拉克的战争泥潭又造成了美国财政的无底洞。当 2008 年全球金融危机爆发之后，美国民众蓦然惊觉，一个开放的全球"边疆"的存在，并不能缓解，反而加剧了美国的社会矛盾和经济危机。

对此，以桑德斯为代表的左派认为，美国需要一场深刻的社会变革，从而尽可能广泛而公平地分配资源和财富，从内部解决痼疾，这意味着要对美国的资本主义制度动大手术。而特朗普政府则通过操作建"墙"议题，以另一种方式再度"将内部问题外部化"——灾难来自外部，美国不需要深刻的社会变革，不需要改良其资本主义制度，只需要建造一堵密不透风的高墙，把灾难阻挡在边界之外。

在这个意义上，一堵永远无法建成的墙，对于特朗普政府来说其实是更有利的。因为，一旦封闭高墙真的建成了，就再也没有借口逃避美国社会的内部危机。一堵永远无法建成的墙，反而会使得"墙"这个政治议题一直有效，成为选战中的利器。

不过，"边疆"和"墙"的分殊毕竟还是非常显著的。虽然都是将"内部问题外部化"，但是，在美国的上升时期，一个开放的"边疆"确实能够对美国社会起到实实在在的输血作用；而特朗普时代的"墙"议题，只不过是白人至上主义者所臆想的解决方案，只会徒然增加美国社会的内耗与分裂。

早在30多年前，在尼克松和福特总统任内担任美国移民局局长的退役海军四星上将查普曼就警告说，必须放弃那种试图完全封闭边界的幻想，因为由此导致的"警察国家"并不是美国所乐见的结果。他指出，如果美国有朝一日出现一个独裁政府，其肇因将是来自对于严防死守美墨边界的强烈执着；防守这条边界并不是基于国家安全的理由，而只是为了在富裕和贫穷之间划出一条界线，这是全世界绝无仅有的。

查普曼可谓一语成谶。特朗普通过宣布"国家紧急状态"来绕过国会监督，挪用国防预算建造边界墙的行为，不啻是迈向独裁的第一步。在"边疆"神话终结之后，"墙"正在成为美国精神的一场噩梦。

贸易政策与美国霸权

——《贸易与美国领导地位：从汉密尔顿到特朗普的权力／财富悖论》

中美贸易战是当前全球经济最重要的事件之一。不同于普通的贸易争端，这场斗争不仅仅限于经济范畴，而是美国为了防范中国挑战其霸权而采取的施压手段。美方的实质目标并不是解决贸易不平衡，而是试图以关税和制裁为武器，遏制中国对美国及其主导的国际秩序的挑战。

因此，要研判这场贸易战的走向，就必须了解美国如何以贸易政策为外交手段维护其霸权。美国学者范格拉斯塔克（Craig VanGrasstek）的《贸易与美国领导地位：从汉密尔顿到特朗普的权力／财富悖论》（*Trade and American Leadership: The Paradoxes of Power and Wealth from Alexander Hamilton to Donald Trump*），正是一部关于贸易政策与美国霸权的力作。

范格拉斯塔克首先给出了霸权的定义。霸权是指一个国家的权力和财富远胜于所有其他的竞争者，并且准备运用这些资源去引导和塑造国际体系。20世纪70年代，一批美国学者提出了"霸权稳定论"，解释全球开放市场出现的原因。这一理论认为，只有霸权国家才既有动机又有手段去支持一个开放的全球市场，其动机来自霸权国家的经济效率，它要求进入外国市场来充分从自身的竞争力中获益；其手段在于霸权国家具有市场力量和政治影响力来诱导或是迫使一大批国家接受谈判条件。这个理论解释了为何当世界处于英国和美国霸权之下时会有全球开放市场，而在19世纪英国确立霸权之前，以及在 1918 年至 1945 年期间当英国霸权衰落而美国尚未取得霸权时，全球市场封闭。如果没有美国霸权，1947 年绝无可能建立作为世界贸易组织（WTO）前身的关贸总协定（GATT）。

但是，霸权国家总是面临挑战者。从 19 世纪到 20 世纪，英国的霸权先后遭到法国和德国的挑战，爆发了大规模战争。第二次世界大战结束之后，世界霸权从英国转移到美国，这次转移由于两国之间具有相同的语言、文化和敌人而相对和平，但这种情况只是例外。

一个近年来广为流传的描述霸权拥有者和潜在挑战者之间的关系的术语是"修昔底德陷阱"。古希腊历史学家修昔底德在关于伯罗奔尼撒战争的历史著作中指出，这场彻底改变古希腊城邦世界的大战的真正原因，并非各种表面的纠纷和争端，而是斯巴达对雅典日益强盛的恐惧，使得战争不可避免。不同的经济扩张速度会打破国家间关系的现状。在当今世界，中国的迅速增长会打破稳定，导致"修昔底德陷阱"。

悖论在于，虽然中国迅速崛起得益于美国所建立的国际贸易体系，但是美国的政策制定者对此没有多少选择空间。如果中国不吃蛋糕，美国也不会拥有这块蛋糕。范格拉斯塔克称之为霸权悖论，一个霸权国家必须建立一个开放的世界市场来收割竞争力的优势，但这样做的时候它就无意中促成了潜在挑战者的崛起。一代人以前，美国的政策制定者认为，让世界上人口最多的国家进入全球市场，可以令自己大获其利，这个决定造成了影响深远的长期后果。

霸权与贸易的第二个悖论是优惠悖论。霸权国家通过对部分贸易伙伴国家给予优惠来使自己获益。一个常见手段是建立自由贸易区（FTA），此举的优势是使得霸权国家的政府无须经过立法机关同意拨款援助就可以支持贫穷的伙伴国家，这种"贸易而非援助"的政策还可以救助霸权国家正在衰落的国内产业。例如，美国对贸易伙伴国家的服装免征关税，可以促使它们购买美国生产的布料来救助美国的纺织业，同时可以鼓励美国的服装公司在这些国家开设工厂。另外，通过把某些国家排斥在自由贸易区之外，可以达到孤立和削弱这些国家的目的。

但是，这个策略只有在总体关税水平足够高，从而使优惠有意义的时候才有效，而近30年来的趋势是，世界贸易组织成员之间的关税水平不断降低，自由贸易区的价值也因此而减少。与此同时，每当有一个新的国家加入自由贸易区，都稀释了之前的优惠的价值。此外，把某些国家排斥在自由贸易区之外的做法，也越来越难以奏效。例如，中国不属于美国建立的自由贸易区，但这并未阻止中国成为美国第一大进口来源地和第三大出口市场。

第三个悖论是制裁悖论。贸易制裁不仅会伤害受到制裁的国家，也会伤害实施制裁的国家。对美国来说，制裁是一个有效工具，因为美国是世界第一大市场，同时也是世界上最少依赖贸易的国家之一。它有众多贸易伙伴国，并且是其很多贸易伙伴国的第一或第二大市场。美国对于其贸易伙伴国的重要性，超过了后者对美国的重要性，因此美国可以通过较小代价对贸易伙伴国施加压力。

问题在于，美国的重要对手几乎都不是西方意义上的民主国家，比美国更能承担国际压力。而贸易制裁的目标就是要通过这些压力来迫使对手就范。另外，贸易制裁也涉及国际合作。制裁越是取决于盟友之间的合作，盟友中的某个国家背叛合作坐收渔人之利的诱惑就越大，尤其是当某个盟国成为霸权国家的潜在挑战者之时。在特朗普时代，美欧之间裂痕扩大，在对于伊朗制裁的问题上就存在严重矛盾。

上述悖论说明，霸权国家将贸易政策作为外交手段，存在内在局限。

霸权国家的政策制定也会受到政治体制的掣肘。美国政治体制的弊端在于，一方面，自由放任的市场经济造成财富的不平等，削弱平等的政治权利；另一方面，民主制度使得各种利益集团有机会去损害一个开放的市场。

在三权分立的体制下，美国很少出现总统和国会两院同属一个党派的情况。议员作为立法者代表其选区，总统提出的全国性提案有可能会违背某一特定选区的选民利益，从而遭到本党议员的反对。这使得美国的外交政策制定复杂化，尤其是在批准国际条约时，即使美国是条约的发起者，也有可能不被国会通过。一个典型例子是1919年美国总统威尔逊发起成立国际联盟，但是美国参议院拒绝批准条约，导致美国未能加入。

经济转型也会影响利益集团对于贸易政策的态度，例如，20世纪50年代，美国的钢铁产业是最支持开放市场的利益集团，现在它却强烈反对开放市场。利益集团的升沉及态度变化，增加了贸易政策的复杂性。

范格拉斯塔克指出，从1990年到2015年的四分之一世纪，既是美国霸权的巅峰，又是它走向衰落的开始。在此期间，美国赢得了冷战，构建了北美自由贸易区，领导成立了世界贸易组织，积极推动全球开放市场。美国的资本和公司从全球化中获得了巨大利益，但是却在美国本土留下了一个人口不断增长的未从全球化中获益的工人群体。主流社会对这个群体的忽视导致特朗普上台。那些觉得自己在全球化中属于输家的民众构成了特朗普在 2016 年总统大选中的基本盘。

自从 1994 年建立北美自由贸易区以后，美国贸易政策就不再是总统和国会重点关注的议题。两党的主流政客都接受了自由贸易的共识。特朗普在 2016 年总统大选中鼓吹贸易保护主义，有违传统政治智慧，居然逆袭成功。范格拉斯塔克认为，这主要有三条原因。

其一，特朗普在共和党初选阶段就着力动员下层民众。传统观点认为，某一产业的工人只有在职的时候才会对本产业的保护主义感兴趣，例如一旦钢铁工人失业或更换工作，就不会再关心钢铁关税。但是这种观点仅仅从产业角度看待工人，没有意识到工人群体作为一个阶级对全球化的怨恨。全球化不仅使他们失去了薪水和工作，而且经历了心理创伤和社交隔离。没有从政经历的特朗普远比职业政客更敏锐地捕捉和动员了下层民众的怨恨情绪。

其二，特朗普是美国有史以来最肆无忌惮地操纵中国议题的竞选者。他宣称，中国正在通过贸易"强奸"美国，并且将中国崛起归因于 2001 年加入世界贸易组织并且随之获得与美国的永久正常贸易关系，而这两件事都是民主党总统候选人希拉里的丈夫克林顿在位期间所促成的，以此打击希拉里。奥巴马在总统任内发起了包括多个亚太国家在内的"跨太平洋伙伴关系协定"（TPP），把中国排斥在外，试图以此孤立中国；但是特朗普宣称"跨太平洋伙伴关系协定"包括中国，以此抹黑奥巴马。在"后真相时代"，他的说谎战术非常奏效，俘获了大批选民。

其三，特朗普在 2016 年主要是自己出钱竞选，在广告经费不足的情况下通过出位的言论吸引媒体关注，尽管很多主流媒体对他的评论都是负面的，但是这样也等于赚到了免费广告。因此他不必仰仗传统的共和党金主，不需要采纳他们支持自由贸易的立场。

在具体论述美国贸易政策时，范格拉斯塔克区分了三种类型：美国与盟友的贸易、美国与对手的贸易、美国与发展中国家的贸易。中国和俄罗斯属于对手，而中国则是当今世界唯一有能力挑战美国霸权的国家。

1987年，美国GDP是中国的17.8倍，1996年是9.6倍，2006年是5.0倍，2016年是1.7倍。中国经济的高速增长使得前文提到的"修昔底德陷阱"不可避免。在1990年，美国政治上的对手是苏联，经济上的对手是日本，现在中国兼具苏联和日本的角色，是美国的政治和经济双重对手。当今美国的一个重大问题是如何应对自身霸权的衰落和中国的崛起。

和美国一样，中国也处在一个可以将贸易政策作为外交手段来构建权力的有利位置。中国和美国一样拥有庞大的市场，有众多贸易伙伴国，中国的大多数贸易伙伴国对中国的依赖程度都大于中国对它们的依赖程度。在很多国家，中国已经跃居第一大贸易伙伴，而美国名列第二。

建立自由贸易区是中美贸易竞争的战场。在特朗普入主白宫之前，美国在这方面明显超过中国，美国及其自由贸易伙伴国家的GDP总额占全球GDP的34%，奥巴马政府发起了包括多个亚太国家的"跨太平洋伙伴关系协定"，以及美欧之间的"跨大西洋贸易与伙伴关系协定"，如果这两个协定得以落实，美国及其自由贸易伙伴国家的GDP总额将占全球GDP的63%。然而，特朗普政府退出了前一个协定，并且搁置了后一个协定的谈判。

与此相反，中国大力推动建立自由贸易区，中国及其现有和正在谈判的自由贸易伙伴国家的 GDP 总额占全球 GDP 的 38%。从这个角度来看，特朗普政府的贸易保护主义加快了美国霸权的衰落。

范格拉斯塔克指出，目前还难以判断特朗普对美国贸易政策的长远影响，难以判断未来美国是倾向自由贸易还是保护主义。但可以肯定的是，美国政治竞选活动中对贸易议题的长期忽视业已终结，贸易政策会成为动员选民的关键议题。特朗普之后的美国贸易政策面临四大问题：如何应对霸权衰落、如何应对中美对峙、如何应对全球治理的挑战，以及如何处理国内不同利益集团对于贸易政策的分歧。无论如何，美国能够以贸易政策为威胁手段迫使中国就范的时代已经过去了，因为其他国家需要维持和中国的贸易。

人口地理因素如何制约美国政治左转
——《为何城市失败：城乡政治分隔的深层根源》

近年来，美国社会出现了日益明显的左转倾向。2018 年美国国会中期选举就是一个显著例证。在这次选举中，不仅民主党凭借所谓"蓝色浪潮"重夺众议院多数席位（蓝色是民主党的代表色），而且立场左倾的年青一代和女性成为民主党内的强劲新生力量。

姓名经常被简写为"A.O.C."的科尔特斯（Alexandria Ocasio-Cortez）堪称"蓝色浪潮"的代表，她在2018年当选国会众议员时刚刚年满 29 岁，是美国有史以来最年轻的女性众议员。她曾经在 2016 年总统大选的民主党初选中担任参选人桑德斯的竞选助理，其主要政见包括废除"联邦海关和移民执法局"（ICE），建立联邦层面的就业保障机制，推动覆盖所有年龄段的全民医保等，具有鲜明的左倾民主社会主义色彩。

这次选举还首次选出了两位穆斯林女性民主党众议员，来自明尼苏达州的奥马尔（Ilhan Omar）和来自密歇根州的特莱布（Rashida Tlaib），前者是在 1995 年进入美国、2000 年入籍的索马里难民；后者则出生于巴勒斯坦移民家庭，两人都是特朗普的激烈反对者。她们的当选不仅体现了少数族裔在美国政坛的突破，也是对特朗普在美国社会所掀起的白人至上主义和仇恨穆斯林情绪的直接挑战。

当前美国社会的左转倾向是 2016 年总统大选的延续。在那次大选中，以"让美国再度伟大"为竞选口号的特朗普异军突起，入主白宫。特朗普的政治路线在经济上一方面反对全球化，推行经济民族主义和贸易保护主义；另一方面又给富人阶层大规模减税，大幅削减社会福利，结果加剧了贫富分化。在社会领域，特朗普反对崇尚"政治正确"的多元主义身份政治（identity politics），鼓吹白人至上主义的身份政治，将弱势的少数群体当成替罪羊，煽动反穆斯林、反犹太、反移民的仇恨浪潮。

在 2016 年总统竞选过程中，多起民调显示，如果由提倡"民主社会主义"的桑德斯作为民主党候选人与特朗普展开最终对决，前者将会胜选。桑德斯在经济上也反对全球化，但他的目标在于通过民主政治限制大资本的影响力，实现广泛的社会平等，在直面"政治正确"局限性的同时，维护多元主义身份政治的基本原则。

事实上，在 2016 年总统大选中，桑德斯一直受到民主党当权派的多方排挤和打压。原因在于以桑德斯为代表的"民主社会主义"和以希拉里为代表的传统民主党自由派之间存在路线分歧。

自从 20 世纪 70 年代以来，民主党自由派的政治纲领主要集中在多元主义身份政治领域，把少数族裔、女性、同性恋等群体的平权运动作为竞选的重点议题，旨在赢得中产阶层、少数族裔和女性等选民群体的拥护，不仅忽略了阶级议题，而且积极支持全球化，结果逐渐失去了作为民主党传统票仓的蓝领工人阶层的支持。在全球化造成美国制造业空心化、传统社区没落、贫富分化加剧的背景下，蓝领工人阶层成为经济民族主义和贸易保护主义的支持者，这一阶层中的白人群体则更容易受到极右翼民粹主义所鼓吹的那种强调白人主体性的身份政治的魅惑。在 2016 年总统大选中，颟顸的民主党自由派未能把准时代脉搏。虽然希拉里的选民票比特朗普多出 300 万张，但是在美国总统大选的选举人团制度下，她终究因为失去了"摇摆州"的蓝领工人阶层选票而败选。

从选举策略的角度而言，特朗普的政治路线是对尼克松的效仿。当年尼克松通过动员所谓"沉默的大多数"，将共和党打造成为一个复杂的混合体，既是富人阶层的政党，也是那些对20世纪60年代民权运动所引发的社会价值变迁持拒斥态度的中下阶层白人的政党。特朗普则是一方面通过减税政策维护富人阶层和共和党当权派的实际利益，另一方面通过极右翼民粹主义获取中下层白人的支持。在最后一位特立独行的共和党参议员麦凯恩去世之后，共和党已经变成了特朗普的党。

但是，尼克松在公开场合对民权运动的精神和成果基本上保持了尊敬的态度，特朗普则公开鼓吹白人至上主义和对少数群体的仇恨；尼克松大体维持了既有的福利制度，特朗普则大幅削减福利开支，并把废除奥巴马医改法案视为要务；尼克松重视环保，设立了美国国家环境保护署，特朗普则否认全球气候变暖，放松乃至废除环境监管；尼克松虽然滥用总统权力，并最终由于"水门事件"黯然辞职，但是他对宪政规则和司法公正的破坏还没有达到明目张胆的程度，特朗普则是肆无忌惮，为所欲为，以威权主义国家为榜样，颠覆美国政治原则。

对于特朗普政权的不满，吹响了美国左派政治的集结号。在身份政治领域，左派致力于推动少数族裔、女性、性少数群体的平权，如火如荼的"Me Too"运动就是一个主战场。这个以"谴责性侵和性骚扰"为宗旨的运动，起初并不特别具有政治性，所揭露的淫魔也不限于共和党人，但是，由于作为共和党传统票仓的保守派基督徒一贯对性侵和性骚扰采取包庇态度——一个例证是共和党控制的参议院拒绝全面调查便匆匆任命卡瓦诺（Brett Kavanaugh）为最高法院大法官，而此人被指控涉及 20 世纪 80 年代的数起性侵事件——"Me Too"运动因此具有了动员女性作为民主党支持者积极参政的政治功能。

在阶级政治领域，长期在美国属于禁忌的"社会主义"现已不再是一个贬义词。桑德斯在 2016 年竞选期间提出的很多政治纲领，如全民医保、最低工资每小时 15 美元等，当时都被主流舆论视为美国人永远无法接受的激进理念，现在却得到了大多数美国人的支持。

然而，美国政治生态的左转程度，在相当程度上落后于以总人口比例衡量的美国社会左转程度。在过去 20 年中，共和党候选人有两次（小布什 2000 年，特朗普 2016 年）尽管输掉了选民票，但是却通过赢得选举人票而当选总统。由于各州不论人数多少都有两名国会参议员，导致地广人稀、政治风气相对保守的州在参议院获得了过多的代表权，有利于共和党。在众议院和许多州立法机构中，民主党也面临结构性劣势。

2018 年中期选举前夕，英国《经济学人》杂志指出，即使所有民主党众议员候选人的总票数领先所有共和党众议员候选人的总票数 5%，民主党仍然有可能输掉众议院。结果民主党是以总票数领先 8.6% 的优势赢得选举。换言之，民主党只有总票数大幅领先才能获得众议院的超过半数席位。

不少论者将这种不公平的现象归咎于"杰利蝾螈"（gerrymander），这个术语意指通过不公正地划分选区来左右选举结果，其词源来自 19 世纪的马萨诸塞州长杰利（Gerry）划分该州选区，导致某一选区地图歪歪扭扭状如蝾螈（salamander）。美国两党都有"杰利蝾螈"的历史，但共和党对此更为得心应手，2010 年以后更是频繁使用，成为选战的关键武器。

美国政治学家罗登（Jonathan A. Rodden）在《为何城市失败：城乡政治分隔的深层根源》（*Why Cities Lose The Deep Roots of the Urban-Rural Political Divide*）一书中指出，即使不存在"杰利蝾螈"，民主党在选举中也会长期处于选票和席位不对称的不利地位，原因在于"赢家通吃"的选举制度和人口地理因素的共同作用。有别于按照得票比例获得席位的比例代表制，"赢家通吃"意味着在一个选区内获得 51% 得票率的竞选方可以拿到所有席位，而获得 49% 得票率的另一方没有任何席位。

自从 20 世纪 70 年代以来，民主党的支持者不成比例地集中在人口稠密的城市。在"赢家通吃"的选举制度下，民主党的很多选票被浪费在城市选区的胜利中，而共和党只需要在人口数目相同的乡村选区取得微弱的领先优势，就能抵消民主党在城市选区的一次压倒性胜利。前文提到，《经济学人》曾预测民主党在 2018 年中期选举中即使总票数领先 5%，也有可能输掉众议院选举。其实这个现象在州一级的立法机构也同样存在。在 2018 年的宾夕法尼亚州众议院选举中，民主党获得了 55% 的总票数，但是只获得了 46% 的席位；在威斯康辛州，民主党获得了 53% 的总票数，但是只获得了 36% 的席位。

自从 20 世纪 30 年代罗斯福"新政"以来，民主党就在城市选民中保持高支持率，但是其票仓严重向城市倾斜则是最近 30 年才出现的状况，背后原因是美国日益加剧的政治极化。在 30 多年前，美国还有许多比民主党更左的共和党人，以及比共和党更右的民主党人，他们的党派忠诚和意识形态立场是分开的，与政党的关系主要在于参与当地事务。但是，最近30年来，美国两党都意识形态化了，意识形态光谱的右边属于共和党，左边属于民主党，几乎不存在例外。在此背景之下，民主党的支持者越来越不成比例地集中在人口稠密的城市。

城市居民的主体主要是进城移民及其后代。一方面，背井离乡的经历和勇于冒险的精神，使得移民更容易对陌生的文化和人群持有开放包容的心态，支持多元主义的身份政治；另一方面，远离传统亲属网络和宗教机构的庇护，使得移民在灾年对于政府主导的社会福利项目具有更多的诉求，更倾向于支持左派的经济政策和社会政策。

当然，美国城市居民的成分并非固定不变。在制造业兴盛的年代，白人蓝领工人曾经是城市居民的主体。随着制造业衰落，大量白人蓝领工人迁往"郊区"（suburb），其中很多人逐渐远离民主党，但是少数族裔和外来移民人群又大量涌入城市，成为民主党的新票仓。城市始终保持着对民主党的忠诚。与此相对照的是共和党在乡村地区一直占据优势。如果根据党派倾向来绘制一张美国地图，那么地图大部分区域就是在红底色中镶嵌着马赛克式的蓝色补丁，红色与蓝色分别代表共和党和民主党。

这种由于人口地理因素所造成的不利地位，使得民主党高层对于乡村选区的重视程度超过了城市选区，因为前者更容易在下一次选战中失去。在民主党凭借"蓝色浪潮"赢得2018年众议院选举之后，民主党当权派对前文提到的科尔特斯、特莱布等新锐都采取了敬而远之的态度，一些左倾立场鲜明的议案在民主党内部即被搁置或驳回。民主党当权派固然与桑德斯、科尔特斯、特莱布等人存在路线分歧，彼此难有共鸣，但是选举策略的现实考量也是一个重要原因。来自乡村选区的民主党众议员的左派色彩自然淡薄了很多，但却在民主党内获得了相对重要的话语权。这就造成了美国政治生态的左转在相当程度上落后于以总人口比例衡量的美国社会左转。

值得注意的是，在后工业社会的持续变迁中，民主党在人口地理方面的劣势正在呈现缩小趋势。自从特朗普执政以来，许多原本支持共和党的"郊区"转而支持民主党，这被不少舆论认为是导致民主党在2018年重夺众议院的关键。随着知识经济和远程工作的普及，"郊区"或将不可逆转地向城市靠拢，从而推动美国政治生态的左转。

"吹哨人"与美国社会

——《良知危机：欺诈时代吹哨何为》

2019年10月31日，美国众议院在民主党议员的集体推动下通过决议，正式启动对特朗普的弹劾调查程序。此次启动弹劾调查的原因，是民主党人指控特朗普以停止提供军事援助等作为筹码，向乌克兰总统泽连斯基施压，要求其调查民主党总统参选人、前副总统拜登及其儿子在乌克兰的商业行为。按照众议院情报委员会主席、民主党人希夫的说法，特朗普的所作所为不仅是不正当的利益交换，而且涉嫌贿赂和勒索，属于刑事罪行。

特朗普和泽连斯基的电话通话发生在2019年7月25日。8月12日，一名美国情报官员按照规定程序，向情报界督察长投诉，称特朗普利用职权要求外国干预2020年的美国大选；督察长研究之后认为投诉内容可信，便寄给美国国家情报总监，以便寄给美国国会。情报总监在征求了白宫和司法部的意见之后，认为不必将此件寄给美国国会。于是，情报界督察长出面告知美国国会存在这样一封信件，但他没有披露内容。

2019年9月19日，《华盛顿邮报》和《纽约时报》发表报道，披露了特朗普和泽连斯基之间有过一次涉嫌以国家利益为交换条件谋取私利的通话。9月24日，众议院宣布启动对特朗普弹劾调查的闭门听证。在此后的调查过程中，多名证人均作证披露，白宫曾向乌克兰政府提出，以美国对乌克兰的军事援助为条件，要求对方调查拜登父子。

英语中的"吹哨人"（whistleblower）一词源自19世纪警察在发现罪案时以吹哨引起公众注意的习惯动作，意指为了公共利益而揭露一个组织内部的非法或不正当行为。在此次弹劾调查中，最初向督察长投诉举报特朗普的那位匿名情报官员被媒体称为吹哨人。特朗普要求公开吹哨人的身份，理由是此人"近乎间谍"。特朗普的长子2019年11月6日在推特上贴出一位中央情报局分析家的姓名，以及支持特朗普的"另类右派"网站breitbart的相关报道，暗示此人就是吹哨人。共和党方面则要求吹哨人公开现身国会作证，而不是书面答复质询。《华盛顿邮报》发表评论指出，特朗普和共和党的目的在于将公众的关注点转移到吹哨人的身份，而非其所披露的事实。

在最近50年的美国历史中，出现过四位举世闻名的揭露美国政府丑闻的吹哨人。艾尔斯伯格（Daniel Ellsberg）曾任兰德公司的军事分析员，1971年，他将7000页关于越战真相的五角大楼机密文件曝光给媒体，披露美国介入越战的来龙去脉，以及美国政府如何在越战事务上误导公众。此举引发了全美国的反战浪潮，迫使美国政府结束越南战争。尼克松政府以12项重罪罪名起诉艾尔斯伯格，但他最终被法官宣判无罪。

费尔特（Mark Felt）曾任美国联邦调查局副局长，1973年，在"水门事件"调查期间，他向《华盛顿邮报》记者提供了很多关键的内部信息。当时《华盛顿邮报》给他取了个代号叫"深喉"，直到2005年，费尔特才主动公开身份。"水门事件"最终导致尼克松在国会弹劾前夕辞职。

曼宁（Chelsea Manning）2010年在驻伊拉克美军服役担任情

报分析员期间，将关于伊拉克战争的大量机密资料泄露给"维基解密"，公布了驻伊美军的许多不光彩内幕。2013年，他被军事法庭以间谍罪判处35年徒刑，后来在狱中变性为女性。2017年1月，奥巴马在卸任前夕对曼宁特赦减刑，她在当年5月刑满获释。对曼宁的审判在美国社会激发了对于如何界定知情权和国家安全的广泛争论。

斯诺登（Edward Snowden）曾任中央情报局的分析员。2013年5月，他前往中国香港向《卫报》和《华盛顿邮报》泄露了美国国家安全局关于"棱镜"项目的秘密文件。"棱镜"是美国国家安全局在2007年启动的绝密监控计划，在与全球多家通信和互联网科技巨头签订协议的基础上，参与该计划的部门可以在未获得法院批准的情况下秘密监控在美国境外使用这些巨头服务的任何客户，或是任何与国外人士通信的美国公民。斯诺登宣称自己泄密的原因在于，美国政府通过"棱镜"摧毁隐私、互联网自由和世界各地民众基本自由的行为让他良心不安。与大多数吹哨人不同，斯诺登主动请求媒体在泄露文件之后不久便公布自己的身份。当年6月，斯诺登离开中国香港前往俄罗斯，以政治避难者的身份在俄罗斯生活。

斯诺登的"吹哨"行为不只是对美国政府监控丑闻的揭露，同时也是在人类社会跨入信息时代的关键节点上，对于在技术和权力面前捍卫自由和权利所发出的强烈警示与呼告。他引发了全球社会对于隐私和监控界线的广泛关注，美国国会在2015年通过《美国自由法案》，禁止国家安全局大规模收集美国民众的电话通信记录、电子邮件和网络地址，此前为美国政府大规模监控民众开绿灯的《爱国者法案》宣告失效。多家通信和互联网科技巨头也被迫关注保护用户隐私。

除了上述四位举世闻名的吹哨人之外，在美国还有很多为了公共利益而"吹哨"的故事。穆勒（Tom Mueller）的《良知危机：欺诈时代吹哨何为》（*Crisis of Conscience: Whistleblowing in an Age of Fraud*）一书，通过持续七年的长期采访和调研，勾勒出了多位美国吹哨人的群像，分析了这一群体的共性，及其在美国社会所扮演的角色。

穆勒笔下的吹哨人涉及多个不同的行业和组织。例如，琼斯揭露强生公司贿赂宾夕法尼亚州卫生系统的官员，将该州众多病人的精神健康处方药从原先廉价实用的常见药改为不常用的新药，包括价格高出10倍的利培酮，而这种药对部分病人具有很大副作用。

菲茨杰拉德揭露美国空军对C-5型飞机的研发成本严重超支高达23亿美元。盖尔揭露美国海军陆战队的官僚主义延滞了驻伊美军配备新型的"防雷反伏击装甲车"，导致大量不必要的伤亡。

巴克利德–昆兹揭露佛罗里达州的一家医院违反法律，将"联邦医疗保险"患者的"指定医疗服务"转诊到和自己有利益关系的医疗机构，这家医院还做了几千个不必要的手术，从联邦医疗保险支付的手术费中赚钱。

塔莫塞提斯揭露美国能源部在华盛顿州汉福德区建立的核废料处理厂不安全。

宾尼是斯诺登的先驱，作为曾经的国家安全局高级官员，他在2002年向国防部督察长举报国家安全局花费数百万美元建造可以在通信网络中收集公众数据的监控机器。这种合乎程序的内部举报却使他历尽坎坷。

在金融领域，阿吉雷、布莱克、鲍恩和温斯顿创建了"银行吹哨者联合"（Bank Whistleblowers United），旨在揭露银行系统的欺诈行为。

穆勒指出，吹哨人的故事都是相似的，具有以下共性：

大多数吹哨人都是先在组织或体制内部，根据规则向上级或要员投诉反映情况，却遭到冷遇和打压，不得已才向媒体透露信息。比如，艾尔斯伯格一开始是把五角大楼文件交给国会议员，受到无视之后才转向媒体。而曼宁和斯诺登之所以选择直接泄密给媒体，是因为他们知道组织和体制内的投诉举报毫无指望。

大多数吹哨人都具有善恶分明的道德观念，考虑问题的出发点是事件本身的对错，而不是功利主义地计较行动的后果。很多接受穆勒采访的吹哨人表示，促使他们举报的直接原因，是他们每天早晨在注视镜子中的自己之时，感受到不容回避和推卸的责任感。很多人不喜欢被称为"吹哨人"，认为只是在做自己应该做的事情。

美国对吹哨人的法律保障是免除吹哨人顾虑的关键因素。这主要体现为两部重要法律，其一是在南北战争期间制定的《虚假申报法案》，规定政府的军需开支如果出现欺诈舞弊而受到举报，则举报人不仅可以获得政府保护，还可以获得三分之一的没收赃款。该法案后来逐步推广到其他的政府开支领域，它承诺的报酬使得美国联邦采购中的欺诈舞弊案件有七成都是由吹哨人举报而立案。其二是1989年制定的《吹哨人保护法》，强化了对具有联邦雇员身份的举报人的保护措施。

然而，即使成功的吹哨人也难免会付出人生挫败的代价。吹哨人常常会被以前的同事视为别有用心，不忠诚，不可信。虽然举报政府弊案的吹哨人可以通过《虚假申报法案》获得报酬，但是他们往往会因为举报而受到压制，升迁无望甚至被迫辞职，因此导致的收入损失在很大程度上抵消了报酬。那些揭露非政府机构不端行为的吹哨人，就更容易受到相关机构在事后的"合法报复"，诸如通过"合理借口"予以降职、闲置和解雇等，而且他们也难以获得物质上的补偿。因此，"吹哨人"是具有悲剧色彩的事业，即使他们被很多美国公众视为英雄。

最近30年来，美国社会的吹哨人数量大大增加了。穆勒指出，这是因为美国社会已经进入了"欺诈时代"。20世纪80年代，提倡新自由主义的里根政府大力放松金融监管，金融业超过制造业，成为美国最主要的产业，占据了美国经济的半壁江山。美国社会进入了"新镀金时代"，金融业的各种欺诈也应运而起，甚嚣尘上。在"大而不能倒"的符咒加持之下，金融巨头虽然是2008年全球金融风暴的始作俑者，却可以获得政府救助全身而退。这导致社会风气的整体堕落，"新镀金时代"同时也是"欺诈时代"。

特朗普虽然和里根在个人素质上相差甚远，但有一点是相同的，都通过大幅减税政策来维护富人阶层的利益，并且由于减税而导致美国国债飙升，繁荣背后深藏危机。就此而言，挥舞民粹主义大旗的特朗普其实是"新镀金时代"的维系者，同时也是"欺诈时代"最合适的象征。他对吹哨人的攻击和污名化，恰恰从反面证明了，吹哨人乃是社会公义在美国的"新镀金时代"和"欺诈时代"的最后防线。

阴魂不散的特朗普主义及其白人福音派支柱

——《不圣洁：白人福音派为何拜倒在特朗普的圣坛前》

2020 年美国总统大选以白宫易主而告终，然而，在抗疫失利导致美国确诊病例突破 1500 万、死亡人数突破 30 万的情况下，特朗普在 2020 年总统大选中依然得到了 47% 的选民票。2016 年总统大选中有 6300 万人把票投给特朗普，2020 年这一数字上升到了 7400 万，可见其强大的催票能力。虽然特朗普本人已经成为历史的沉渣，但是以种族主义、民粹主义、排外主义和反智主义为特征的"特朗普主义"，还将在未来很长一段时间内阴魂不散。

白人福音派基督徒是特朗普的铁杆票仓，在 2016 年和 2020 年大选中，特朗普在这个群体中的支持率分别为 81% 和 78%，超过了大力支持福音派文化议程的里根和具有福音派身份的小布什。在很多人看来，这似乎是一个悖论。毕竟，福音派的公开教诲是宗教虔信与道德完善，而特朗普与此格格不入，他对《圣经》知之甚少，曾经被多次指控有不当性行为，公开吹嘘"只要抓住她们的下体"就可以对女性为所欲为，不加掩饰地鼓吹金钱至上，侮辱每一个他认为是敌人的人，煽动对"非我族类"的仇恨。这些都和传统的基督教价值背道而驰。然而，所有这些都并未阻止白人福音派以空前的热情追随特朗普。波斯纳（Sarah Posner）在《不圣洁：白人福音派为何拜倒在特朗普的圣坛前》（*Unholy: Why White Evangelicals Worship at the Altar of Donald Trump*）一书中深入解析了个中原因。她指出，白人福音派对特朗普的高支持率并非悖论，而是历史的必然。

美国福音派运动诞生于 19 世纪末，是一个由保守派白人精心打造的新版基督教。创始人桑代（Billy Sunday）定义了该运动的目标：将美国变为一个基督教国家，具体而言就是减少移民，维持种族隔离，反对进化论，回击方兴未艾的妇女解放运动，建立一个崇尚白人父权主义的国家，为"镀金时代"的资本主义辩护。20 世纪 30 年代，罗斯福政府在美国推行"新政"，包括扩大政府权力、建立福利制度，并将公民自由赋予少数族群。桑代宣称，"新政"将会摧毁美国传统的个人主义，将美国引入末世，启示录即将到来，耶稣将在审判中回来，而美国人将不得不为自己的行为负责。

桑代过于露骨的政治诉求无法适应时代变迁，20 世纪 50 年代，葛培理（Billy Graham）改造了福音派运动，向主流社会靠拢，并且充分运用大众传媒，给福音派教义穿上了流行文化的外衣，但是并未改变该运动的初衷。

1954 年，最高法院在"布朗诉托皮卡教育委员会案"中判决"隔离但平等"的法律违宪，是刺激福音派积极介入美国政治的起点。南北战争结束以后，美国南方各州虽然废除了奴隶制，但是长期在"隔离但平等"的名义下实施种族隔离和歧视政策。有色人种不能和白人使用共同的公共交通工具，进入同样的公立学校（私立学校当然更不可能）、图书馆、体育场、电影院等。有色人种虽然名义上拥有和白人"平等"的公共设施，但实际上质量非常低劣。最高法院的判决推动了美国社会废止种族隔离政策，是民权运动的一大成就，同时也令白人至上主义的信徒如坐针毡。他们不愿意把孩子送到取消种族隔离的公立学校，为此成立了很多维持种族隔离的私立学校。

1962 年，最高法院在"恩格尔诉维塔莱案"中判决在公立学校强制祈祷和读圣经违宪，理由是涉及确立官方宗教，违背了政教分离原则。这导致许多基督教私立学校的兴起，它们和维持种族隔离的私立学校很大程度上是重叠的。1971年，最高法院在"科伊特诉格林案"中判决实行种族隔离的私立学校没有资格获得免税，扼住了其财务咽喉，引起了强烈反弹。白人福音派宣称傲慢的世俗政府一心想要剥夺基督徒的权利。作为回应，他们研究制定专门保护"宗教自由"的法律。所谓"宗教自由"的核心理念是"保留拒绝向他人提供服务的权利"。在种族隔离时代，这原本是堂而皇之的特权，学校可以拒绝黑人入学，公交车可以拒绝黑人乘坐，等等。而在后种族隔离时代，要拒绝向个人或团体想要排除或是忽视、或是惩罚的任何人提供服务，就需要借用宗教自由的名义，声称这类服务违背了个人或团体的宗教信仰。

1973年，最高法院在"罗伊诉韦德案"中判决堕胎合法化，在另一个维度上激发了白人福音派介入政治。他们认为最高法院的此项判决侵犯了胎儿的"生命权"，从此在选举中积极支持反堕胎的候选人。事实上，胎儿的"生命权"只是一个借口，白人福音派的真正目标是通过否定女性对于生育的选择权，来维系传统的性别角色，维护男性霸权。

作为一个由政治诉求主导的宗教运动，白人福音派运动缺乏真正的神学理论。美国政治评论家格尔森（Michael Gerson）2018年4月在《大西洋月刊》撰文指出："天主教徒必须思考多种因果关系……如果你想要反对堕胎，你就必须反对对移民的非人化待遇。如果你批评安乐死让生命贬值，那么你必须批评种族主义践踏人性价值。如果你想支持传统家庭结构，那么你必须支持扩大医疗保健。反之亦然。整个教义要求一个广博的、逻辑自洽的正义观；当这种正义观得到忠实应用之时，它就跨越了美国政治派别的类型和宣传口号。当然，美国天主教徒经常置天主教社会思想于不顾。但至少这个思想体系是存在的。福音派教徒缺乏一个类似的传统，连一个可以被忽视的思想体系也没有。"——在神学上荒腔走板的白人福音派运动其实是打着宗教旗号的政治运动。

虽然存在少数反例，但是白人福音派总体上秉持基督教民族主义的政治立场。基督教民族主义主张基督教是美国的立国之本，美国的成功反映了上帝对世界的最终计划，联邦政府应该宣布美国是一个基督教国家，倡导基督教价值观。基督教民族主义渴望回到"虔诚"的过去，当时只有白人是真正的美国人，妇女恪守家庭主妇的角色，不存在同性恋者，不受约束的自由市场大行其道，不存在劳动法以及对税收、环境和金融的监管。这些都是上帝对美国这个特殊国家的计划，而这个计划正面临着被世俗主义、多元文化和女权主义所摧毁的危险。

1980 年里根入主白宫，其保守主义和新自由主义政治纲领契合了白人福音派对于"基督教美国"的愿景，令后者额手称庆。然而，世易时移，随着多元文化在美国日渐盛行，在 20 世纪 70 年代和 80 年代曾经自诩为"道德的大多数"的白人福音派日渐成为美国社会的少数派。2008 年奥巴马成为美国有史以来的第一位黑人总统，是对白人至上主义者的沉重打击。2015 年，最高法院判决同性婚姻在全美国范围内合法化，更是令白人福音派感到命悬一线，因为他们认为"性少数群体"不应享有充分而平等的权利。他们迫切需要通过"宗教自由"来保护自己拥有歧视"性少数群体"的权利。紧接着，在

2016 年总统大选的临界点上，他们遇到了异军突起的另类候选人特朗普。

虽然特朗普与福音派公开教诲的宗教虔信与道德完善格格不入，但是白人福音派的说法是，在《圣经》中，上帝曾经选择了波斯国王居鲁士来帮助流亡的犹太人回归和重建耶路撒冷；特朗普或许不是基督徒，但他正在被上帝选择用来重建基督教美国。

在 2016 年总统大选中，从意识形态角度支持特朗普的主要是两个群体：白人福音派和"另类右派"。"另类右派"是美国社会中位于当权右派保守主义之外的极右派，其特征是公然鼓吹白人种族主义和白人民族主义，声称多元文化和政治正确构成了对"白人美国"的致命威胁。很多"另类右派"人士对宗教不感兴趣，绝大多数白人福音派信徒也不会像"另类右派"人士一样挥舞三 K 党旗帜，参加纳粹集会。一些观察家据此认为这是两个相互独立的群体，波斯纳则一针见血地揭示了两者之间的深刻关联。白人福音派和"另类右派"都崇尚白人至上，反对多元文化和民权运动，都对白人在美国人口结构中成为少数派的前景感到恐惧，都把移民和少数族裔当成替罪羊，都渴望尽可能控制权力杠杆。这两个群体都在特朗普身上找到了自己梦寐以求的英雄。只不过，"另类右派"无所顾忌地拥抱法西斯主义，而白人福音派则使用了貌似无害的"宗教自由"话术。2016 年特朗普竞选活动的主要策士班农希望实现这两个群体的融合，为特朗普打造牢固的政治基础。

特朗普上台以后，白人福音派得到了丰厚的政治回报。特朗普任命了一大批政治官员取代职业官僚来执行有利于白人福音派的政策。美国卫生与公共服务部建立了"良心和宗教自由"部门，允许医疗从业者，例如护士，选择不参与出于宗教立场所反对的项目，如堕胎或绝育手术。该部门邀请医疗从业者对医院和州提出投诉，并且惩罚他们认为侵犯了这些人"良心和宗教自由"的医院甚至州政府。2020 年 1 月，特朗普成为历史上第一位在每年一度的号称"为生命游行"的反堕胎集会现场发表讲话的美国总统。

更为深远的影响发生在司法维度。特朗普先后提名并由参议院确认了三位保守派大法官，令最高法院中的保守派和自由派的比例从 4 比 4（存在 1 张摇摆票）变为 6 比 3；他还提名并由参议院确认了 200 多位联邦法官。2020 年 6 月，在"埃斯皮诺萨诉蒙大拿州税务局案"的判决中，最高法院宣布不得将宗教学校排除在州奖学金税收抵免项目之外，打开了州纳税人资助私立宗教学校的大门。

也是在 2020 年 6 月，最高法院在"博斯托克诉乔治亚州克莱顿郡案"中判决"1964 年民权法案"不只保护性别平等，也保护"性少数群体"的平等权利。这无疑是顺应时代潮流之举，但是它又为针对这类群体的就业歧视保留了一个后门，暗示可以出于保护雇主的"宗教自由"而搁置"性少数群体"的就业权利。

在 2020 年新冠疫情蔓延期间，白人福音派的表现可谓歇斯底里。他们发起了很多针对州政府和地方政府的诉讼，反对居家令和对大型聚会的限制，理由是它们侵犯了教会成员聚会的宗教自由。最高法院也推波助澜，在 2020 年 11 月以 5 比 4 判决禁止纽约州以对抗新冠疫情为由限制宗教活动，这一判决的出台是因为特朗普政府把保守派法官巴雷特（Amy Barrett）送进了最高法院，取代去世的自由派大法官金斯伯格（Ruth Ginsburg），此前最高法院曾支持加州和内华达州限制宗教活动的同类措施。

白人福音派对疫情的忽视，在很大程度上是因为特朗普在四年执政期间一直告诉他们，不要听信制造"假新闻"的主流媒体，不要听信密谋政变的"深层国家"（实为理性化的建制力量）。他们深信主流媒体和"深层国家"夸大疫情，只是为了抹黑特朗普的政绩。

历史学家萨顿（Matthew Sutton）在2014年出版的《美国启示录：现代福音派运动史》（*American Apocalypse: A History of Modern Evangelicalism*）一书中指出，福音派将《圣经·启示录》理解为对于即将发生的末世论危机的预言，这种解经传统和美国的右派保守主义存在深刻的关联。两者都拒绝协商和沟通，都总是在寻找敌人，与美国民主政治强调妥协、共识的实用主义传统大相径庭。白人福音派锻造了一种绝对主义、沉溺于敌我思维、相信阴谋论的激进政治，这决定了他们以一种荒谬而愚蠢的姿态应对新冠疫情，最终自食其果。

虽然美国人口结构转型、宗教式微的大趋势无法阻挡，但是在可以预见的将来，负隅顽抗的白人福音派仍然拥有在美国社会制造"王者"的巨大潜力。一个特朗普倒下了，下一个特朗普还可能再度崛起。

第四章

欧　洲

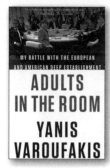

《房间里的成年人：我与欧美当权精英的战斗》
作者：[希腊] 雅尼斯·瓦鲁法克斯
（Yanis Varoufakis）
出版社：Farrar, Straus and Giroux
出版时间：2017 年 10 月
定价：28 美元

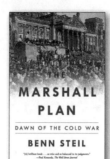

《马歇尔计划：冷战破晓》
作者：[美] 本·斯泰尔（Benn Steil）
出版社：Simon & Schuster
出版时间：2018 年 2 月
定价：35 美元

《全球化年代：欧洲 1950—2017》
作者：[英] 伊恩·克肖（Ian Kershaw）
出版社：Viking
出版时间：2019 年 4 月
定价：40.00 美元

《理解俄罗斯：转型的挑战》
作者：[法] 玛琳·拉怀勒（Marlene Laruelle）
　　　[法] 吉恩·劳德瓦尼（Jean Radvanyi）
出版社：Rowman & Littlefield Publishers
出版时间：2018 年 8 月
定价：32.00 美元

当权精英的黄昏
—— 《房间里的成年人：我与欧美当权精英的战斗》

2016 年，超过半数的英国民众在公投中支持英国脱离欧盟，此举震惊世界，成为当年与特朗普当选美国总统并列的两大改变历史走向的国际事件。舆论普遍认为，英国脱欧标志着反精英的民粹主义和民族主义急剧兴起，其示范效应将会给欧洲乃至整个西方世界造成深远的负面影响。

其实，英国脱欧本身就是被一起先例"示范"的结果，这个先例就是 2015 年一度几乎令全球神经紧绷的"希腊脱欧"议题。当时多数希腊民众在公投中拒绝欧盟强加的财政方案，等于要求希腊退出欧元区和欧盟。虽然希腊政府在公投之后态度逆转，屈从了欧盟的要求，使得希腊依然留在欧元区和欧盟之内（此举被很多希腊民众视为背叛民意），但是希腊作为欧洲的伤口，在未来很长一段时间内仍将溃疡灼痛，难以愈合。

之所以说希腊是欧洲伤口，原因在于其持续多年的债务困局。希腊原是相对落后的南欧小国，2001 年加入欧元区之后，得到了大量来自德、法的低息贷款，呈现出一派繁荣气象。然而，由于希腊和欧元区内部国家之间零关税，与欧元区以外的国家遵循欧元区的统一标准低关税，使用欧元又意味着其货币事实上升值，导致其制造业深受进口产品的冲击，同时出口锐减，无法提供税收和就业，经济严重依赖借贷。

2008 年全球金融危机爆发之后，希腊泡沫破裂，债务问题凸显。

对此，欧盟先后在 2010 年和 2012 年对希腊进行了两次救助，但主要是帮助德国和法国的债权银行脱离困境，对振兴希腊经济并无多少成效。救助之后，希腊的大债主变成了所谓"三驾马车"——欧盟委员会、欧洲央行和国际货币基金组织（IMF），短期债务置换成了缓期执行的中长期债务。"三驾马车"对希腊的态度犹如莎士比亚笔下坚持索要"一磅肉"的夏洛克，要求希腊政府必须财政紧缩，削减福利，将公共产业私有化，以保证还债和支付利息。

本来，一个国家在遭遇此类债务危机时，其央行可以采用"债务货币化"手段，通过货币贬值和通胀来消解债务压力，货币贬值也可以促进出口，提振经济。但是，希腊作为欧元区的一员无法通过货币政策纾困，欧盟所要求的过度财政紧缩政策更是令局势每况愈下。2015 年，希腊的 GDP 和 2008 年相比减少了将近四分之一，年轻人的失业率超过了 50%，退休者失去了养老金，三分之一人口处在贫困线之下。诺贝尔经济学奖得主克鲁格曼在《纽约时报》专栏中指出，希腊的衰退相当于经历了一场大战，欧盟对希腊索债，正如第一次世界大战之后战胜国对魏玛德国索取巨额赔偿而导致德国经济和政治崩盘那样，造成了无可估量的恶果。

2015 年初，在政局几经动荡之后，希腊民众选出了新一届政府，左派政治家齐普拉斯成为希腊总理，其竞选纲领是结束希腊的"财政紧缩、屈辱和痛苦"。时任希腊雅典大学和美国得克萨斯大学奥斯汀分校经济学教授的瓦鲁法克斯（Yanis Varoufakis），被齐普拉斯任命为希腊财政部长。

此前，作为一位颇具知名度的经济学家，瓦鲁法克斯断言，欧盟施加给希腊的通过财政紧缩来偿还债务的方案是无法成立的，只会让希腊永远贫弱、永远还不起债。他的看法得到了全球顶级经济学家斯蒂格利茨、克鲁格曼、萨默斯、萨克斯等人的赞同。现在，初涉政坛的财政部长瓦鲁法克斯认为，希腊面临三种选择：上策是劝说"三驾马车"同意大幅债务减免，希腊留在欧元区内；中策是希腊宣布债务违约，并退出欧元区，回到发行以前的希腊货币德拉克马；下策是希腊留在欧元区内，继续财政紧缩。

上策在历史上有其先例：二战以后，作为战胜国的英美等西方国家将联邦德国的债务减记了一半，不仅帮助联邦德国从废墟中崛起，也推动了欧洲的经济繁荣和一体化。换言之，上策是对希腊和欧盟都有利的双赢之策，瓦鲁法克斯自信可以通过谈判达成协定。

但是现实完全出乎他的意料。在曲折的谈判进程中，很多"当权精英"——诸如美国财政部长杰克·卢，时任法国经济部长、后来成为法国总统的马克龙等——都在私下表示同意他的观点，国际货币基金组织甚至发布了一份和他观点一致的研究报告，认为希腊目前的还债方案不可持续。然而所有这些人都不愿意负责任。在欧盟里真正说话算数的是德国人，而德国财政部长朔伊布勒坚决不同意减免希腊债务。

作为一位从 1972 年就一直连任德国国会议员的政坛老将，朔伊布勒不会不知道瓦鲁法克斯观点的合理性。但是，有两层原因促使他必须说"不"：其一，很多德国人认为希腊人都是一群懒汉，陷入债务危机是咎由自取，他们不会同意政府帮助懒汉"赖账"，而朔伊布勒必须顾及这些德国选民的民意；其二，除了希腊以外，欧元区内部的葡萄牙、西班牙、意大利和爱尔兰也都债台高筑，虽然情况不像希腊那样严重，但是如果欧盟对希腊减债，这些国家也会要求类似的待遇，欧盟的多米诺骨牌就会全盘推倒。朔伊布勒建议的替代方案是，希腊用两年时间有序地退出欧元区，回到发行以前的货币；债依然要还，但是希腊可以通过货币贬值来恢复经济，欧元估值也可以不受希腊拖累。

然而，时任德国总理默克尔基于政治考量，坚决不同意希腊退出欧元区。可是默克尔又不能或是不愿给朔伊布勒施加足够的压力，让他同意对希腊做出让步。折腾了四个月之后，"三驾马车"提出的新一轮救助方案依然是嗟来之食，其借钱给希腊还债（其实等于是把钱从自己的左手转到右手）的前提是要求希腊继续财政紧缩。在一次会面中，瓦鲁法克斯问朔伊布勒，如果你处在我的位置上，你是否会接受"三驾马车"的方案？朔伊布勒沉默片刻，回答说："不，我不会接受，那样做会对不起国家和人民。"

被逼至绝境的希腊政府祭出了"王炸"，启动全民公投，让希腊民众决定是否接受"三驾马车"的救助方案。2015年7月5日，公投揭晓，62%的希腊人选择了"不"。按照瓦鲁法克斯的设想，这意味着希腊民众选择了"债务违约，退出欧元区"的中策，由于未能实现理想的上策，他在公投之后宣布辞去财政部长的职务。

公投结果震撼了全世界。默克尔等欧盟要人惊惶失措，他们没有想到希腊民众的态度竟是如此决绝。但是接下来更令人无法想象的事情发生了，希腊政府提出了一份新方案，内容和刚刚被公投否决的"三驾马车"的方案相差无几。毕竟，退出欧元区的前景充满了不确定性，齐普拉斯主政的希腊政府宁愿选择"留在欧元区内，继续财政紧缩"的下策。对此，瓦鲁法克斯宣布辞去希腊国会议员的职务以示抗议，从此脱离政坛。

瓦鲁法克斯将其有关那次谈判的回忆录取名为"房间里的成年人",出自国际货币基金组织总裁拉加德在谈判中所说的一句话。拉加德以此意指那些制定规则的欧美当权精英,言外之意,胆敢挑战规则的瓦鲁法克斯就只是"房间里的小孩子"。然而,正是这些"房间里的成年人"的短视把全球经济引向了危机和衰退,给无数普通人带来了灾难;然后他们又对一个国家的民选政府颐指气使,坚持索要"一磅肉",即使这意味着民不聊生,新债旧债永远也还不完,政经架构将会摇摇欲坠。也许这些"房间里的成年人"个个都有"非如此不可"的理由,但是,他们的傲慢与短视也使得反精英的民粹主义和民族主义无可避免地急剧兴起。

　　也许这些"房间里的成年人"依然认为自己是高高在上的规则制定者,但其实他们正在走向黄昏。

回首"马歇尔计划"

——《马歇尔计划：冷战破晓》

在特朗普执政期间，美国和欧洲的裂痕不断加剧。美欧在难民、伊朗核协议等问题上的立场大相径庭，难以调和；贸易争端更是令双方矛盾进一步升级。美欧之间持续 70 年的跨大西洋同盟关系的凝聚力正在迅速减弱。

美欧跨大西洋同盟关系的确立，始于 1947 年美国启动的马歇尔计划。大多数历史著作对于马歇尔计划的描述都可以概括成一句话：美国通过这项计划对第二次世界大战之后满目疮痍的西欧国家施以经济援助，促进了受援国的重建和复兴，以此对抗苏联及其盟国，为后来的"北约"组织奠定了经济基础。事实上，这种教科书式的描述以偏概全，遮蔽了历史脉络的复杂性。美国学者斯泰尔（Benn Steil）的《马歇尔计划：冷战破晓》（*The Marshall Plan: Dawn of the Cold War*）一书，通过翔实的史料梳理，再现了马歇尔计划的出台过程与连锁反应，提供了反思美欧跨大西洋同盟关系的新视角。

故事要从第二次世界大战最后阶段说起，当时，纳粹德国败局已定，"三巨头"罗斯福、斯大林、丘吉尔开始商讨如何构建战后秩序。罗斯福相信美国的选民不会接受美国军队长期驻扎欧洲，因此他向斯大林提议美国在德国投降之后维持两年的军事占领，之后即从欧洲撤军。丘吉尔从传统的帝国主义立场出发，希望战后继续维持大英帝国，这在支持"非殖民化"运动的罗斯福看来是注定要失败的。斯大林则希望在苏联和西欧之间建立一个尽可能大的缓冲区，与西方世界即使不是相安无事，至少也是斗而不破。

"三巨头"的共识是要确保德国未来在政治上中立化，经济上非工业化。罗斯福政府的财政部长亨利·摩根索为此制订了一份具体方案，计划在战后摧毁德国的工业基础，将其变成一个以农业和畜牧业为主的国家，以此彻底解决"德国问题"。所谓"德国问题"是指德国自从 1870 年在普鲁士邦的领导下实现统一之后，迅速成为欧洲首屈一指的强国，在强权野心的驱使下先后发动了两次世界大战——事实上，把第一次世界大战的起因完全归咎于德国并不公平，当时的欧洲列强都有责任。在 1944 年 9 月召开的第二次魁北克会议上，罗斯福和丘吉尔签字同意了这项方案。

但是，第二次世界大战尚未结束，丘吉尔便在选举中失败而丢掉了首相职位，罗斯福也积劳成疾溘然长逝，由副总统杜鲁门接任。当罗斯福在世时，杜鲁门并非白宫核心圈子里的人物，甚至被认为是无足轻重的小角色。现在他却肩负构建战后世界秩序的重任。

摆在杜鲁门政府面前的现实是，战后欧洲的经济状况极其严峻，5000 万人无家可归，大批城市和工厂沦为废墟。对于生活在欧洲战争废墟中的数以千万计的饥寒民众来说，苏联的意识形态具有强大的号召力。在法国、希腊、意大利等西欧国家，共产党在选举中拥有很高的支持率。如果不能在自由资本主义体制的主导下实现经济复兴，欧洲将会全面转向苏联式的计划经济。

此外，全世界只有两个国家的工业实力在第二次世界大战结束之时超过了战前，一个是美国，另一个是德国，因为纳粹通过战争动员和资源掠夺等手段大幅提升了其工业生产能力，欧洲各国的经济复兴有赖于德国的工业产品；相反，一个非工业化的德国将无法养活其本国人口，饥寒交迫的民众势必起而抗议。在第一次世界大战结束之后，作为战败国的德国也曾经坠入经济崩溃的深渊，由此引发的社会动荡和政治骚乱直接导致纳粹的崛起。杜鲁门政府的决策者们对于这一段历史教训印象深刻，否定了摩根索的对德方案。

在对苏联的看法上，杜鲁门政府与期待美苏合作共建战后秩序的罗斯福政府完全相反。1946 年 2 月，美国外交官乔治·凯南从美国驻苏联大使馆向美国国务院拍发了一份著名的长电报，断言苏联政权是美国的敌人，对苏联不能谋求合作或共存，而是必须与之展开竞争。1947 年，凯南又发表了《苏联行为的根源》一文，提出美国对苏政策的主轴应当是"长期、耐心但坚定和保持警惕的对俄国扩张倾向的遏制"，但并不需要诉诸武力。通过对相关国家施以经济援助，结成牢固的反苏同盟，是"遏制"战略的关键。

在以国务卿马歇尔为首的一批重量级官员和学者的擘画之下，杜鲁门做出了两项决定，一是美国对欧洲施以经济援助，二是废除摩根索方案，支持德国工业发展。1947 年，杜鲁门政府公开宣布了对欧洲的经济援助计划。由于当时国会中的共和党议员多数在外交上持孤立主义立场，身为民主党人的杜鲁门为了避免两党政见对立导致援欧计划在国会表决中受阻，特意用国务卿马歇尔的名字为该计划冠名，因为马歇尔在出任国务卿之前曾是一位战功彪炳的五星上将，杜鲁门深知大多数共和党议员出于对军队的崇拜，不会拒绝通过一份以一位著名将领冠名的法案。1948 年，美国国会通过马歇尔计划，其出发点是该计划可以增加美国对欧洲的出口。

美国最初设定的经济援助目标并不限于西欧，而是同时涵盖东欧，东欧的波兰和捷克斯洛伐克迫切希望加入马歇尔计划。但是，斯大林对马歇尔计划的强烈反对导致了西欧和东欧的决裂。

斯泰尔指出，在第二次世界大战刚刚结束之时，斯大林并不希望与西方对抗。他希望维持一个统一的德国，由美苏英法四国共管，政治上中立化，经济上非工业化；对于由苏联红军占领的东欧国家，他希望维持多党派的联合政府，由共产党控制政府中的重要部门，但并非照搬苏联的一党制模式。然而，杜鲁门政府所酝酿的马歇尔计划引起了斯大林的强烈警觉，他明白美国的经济援助势必使得受援国家在经济上依赖于美国，因此必须阻止东欧国家接受美国援助；而一个统一的、工业实力再度发达的德国从地缘政治角度而言将是苏联的噩梦。

作为对酝酿中的马歇尔计划的回应，斯大林决定将苏联红军占领的东欧国家"苏联化"，并将德国的苏联占领区独立建国，即所谓"东德"，与在英、美、法三国占领区基础上建立的"西德"相抗衡。苏联与西方国家的关系急剧恶化，导致冷战的发生。斯泰尔把冷战的起点界定为 1947 年 7 月 7 日，这一天，苏联政府致电苏联红军占领下的东欧各国，禁止它们派代表赴巴黎参加一场讨论接受美国经济援助的国际会议。

杜鲁门政府原先并没有在欧洲长期驻军的打算，马歇尔计划意在通过壮大西欧国家的经济实力来强化其国防力量。但是斯大林的反应促使美国调整立场，转而与西欧国家建立了号称"北约"的军事同盟。值得一提的是，这一军事同盟一方面固然是为了防御苏联，但另一方面也是对德国的制约，防止其再度走上军事扩张的道路。

历史的吊诡在于，马歇尔计划本来是以"不战而屈人之兵"的"遏制"作为指导思想，但是北约的建立恰恰偏离了"遏制"战略，走向了与苏联的军事对抗。如果不是由于美苏都是核武国家，通过"确保相互摧毁"的核威慑维持"恐怖平衡"，第三次世界大战恐怕在所难免。后来的古巴导弹危机一度令世界处于毁灭边缘，美国深陷越战泥潭也是美苏军事对抗的副产品。从这个角度而言，马歇尔计划的失败之处就在于它开启了冷战。

马歇尔计划的功绩在于它奠定了欧洲经济一体化的基石。它成功地让西欧各国相信，它们与德国的经济联系不仅是不可避免的，而且是值得追求的。今天，德国已经成为欧盟和欧元区的首要支柱。追本溯源，这来自马歇尔计划对德国经济复兴和工业发展的支持。

从马歇尔计划对德国的扶持来看，当时美国的杜鲁门政府确实具备了担当西方世界领袖、重建战后国际秩序的使命感，与信奉单边主义的特朗普政府不可同日而语。今天的美国拜登政府迫切希望重建被特朗普政府破坏的国际秩序，但是美国和欧洲在未来能否真正修补彼此之间的裂痕，尚属未知之数。

欧洲，从分裂到整合
——《全球化年代：欧洲 1950—2017》

今天，欧洲不再仅仅是一个地理名词，在很多语境中，它是欧洲联盟（简称欧盟）的同义词。欧盟是人类政治史上的一大创举，作为超国家的政治实体，它一方面有别于一般的国际组织，其成员国必须遵守共同制定的法律；另一方面又不同于美国这样的联邦制国家，每个成员国都具有相对的独立性，可以自行制定外交和国防政策。加入欧盟的国家必须达到相应的条件：在政治上需要具备稳定的民主制度，尊重人权与法治，保护少数族群；在经济上需要实行市场经济；在法律上需要接受欧盟的公共法规和政策。2012 年，欧盟荣获诺贝尔和平奖，理由是欧盟及其前身欧洲经济共同体 60 多年来在欧洲屡经血腥战争的敌对国家之间缔造了和解与和平。

然而，仅仅四年之后，2016 年，英国全民公投决定脱离欧盟，从而不再受欧盟法律和相关自由贸易协定的约束，并独立掌控移民政策。这被公认为欧盟的重挫。事实上，在此之前，从 2009 年开始，欧元区的外围国家如希腊、爱尔兰等国已经深陷主权债务危机。欧元区是 28 个欧盟成员国中的 19 个国家所成立的单一货币同盟，欧洲央行统一制定欧元区各国的货币政策，但是欧元区各国又独立控制其财政政策。货币政策与财政政策的脱节，加之各国经济发展不平衡，导致债务危机不可避免。英国脱欧之后，欧盟的成员国降为 27 个，未来它还将继续扩张，塞尔维亚和黑山两国据称有望在 2025 年加入欧盟。然而，欧盟从长远而言是否真的有前途？这一问题业已成为各方舆论的争辩焦点。

英国历史学家克肖（Ian Kershaw）的《全球化年代：欧洲1950—2017》（*The Global Age: Europe 1950-2017*）是一部梳理欧盟及其前身从形成到壮大，从光辉岁月到饱经风霜的发展历程的著作。克肖是研究纳粹德国历史的国际顶尖学者，对纳粹德国之罪恶以及第二次世界大战之残酷血腥的详尽了解，使得他对欧洲整合的意义和欧盟现行体制的缺陷具备了深切的体认。该书纵观经纬，提供了丰富的细节和深刻的洞见。

第一章《分裂》回溯了冷战的开始，就在人类有史以来最为残酷的战争——第二次世界大战——结束仅仅五年之后，世界再度分裂为东西方两大阵营。在亚洲，两大阵营的军事对抗导致朝鲜战争的爆发；而在欧洲，虽然没有直接的武装冲突，但紧张气氛也是一触即发。为了对抗苏联的威胁，西欧国家在美国的领导下成立了北约，而且一度试图建立欧洲防卫共同体，后来因故放弃。在美国和西欧国家之间也存在矛盾，美国认为后者对于如何保卫自己缺乏足够的明智，而许多西欧国家则对于美国重新武装西德的决定深感忧虑。1955年的《巴黎协定》允许西德重建军队，但不得拥有核武。重新武装西德成为苏联领导东欧国家成立华沙条约组织以对抗北约的直接肇因。也正是在这段时间，人类社会进入了核武器和太空竞争的时代，战争的定义因此而改写。

第二章《打造西欧》讲述了西欧国家如何一步步克服障碍，走上整合之路的历程。1951年成立的欧洲煤钢共同体是欧盟的起源，其成员国无须交纳关税即可直接获得煤和钢。法国和西德是欧洲煤钢共同体的发起国。历史上法国和德国曾经有过三次大规模的血腥战争——普法战争和两次世界大战，但是仅仅在第二次世界大战结束数年之后便摒弃宿仇，谋求建立同盟。一个重要原因是法国吸取了第一次世界大战以后《凡尔赛和约》的教训，当时作为战胜国的法国谋求彻底削弱德国的国力，由此导致的经济萧条和社会动荡反而成为纳粹崛起的温床。这是欧洲有史以来第一个拥有超国家权力的政治实体，其目标一方面在于为战后重建提供经济保障；另一方面也在于通过对作为重要战争物资的煤和钢的共管来实现相互控制，确保欧洲内部的和平。在欧洲煤钢共同体之后，西欧国家又建立了其他形式的共同体，以欧洲经济共同体最为突出，在冷战结束之后发展成为欧盟。

第三章《钳制》讲述了苏联如何通过其代理人强化对中欧和东欧的控制，以及因此爆发的多起冲突。1948 年苏联与南斯拉夫交恶，1953 年苏联镇压东德的工运，1956 年苏联入侵试图退出华沙条约组织的匈牙利，1968 年苏联入侵捷克斯洛伐克，镇压号称"布拉格之春"的政治改革，1981 年，波兰政府在苏联压力下宣布戒严，镇压团结工会。东欧国家对于苏联的反抗在很大程度上是基于民族主义，争取独立自主。

第四章《好时光》讲述了西欧在第二次世界大战之后持续了将近 30 年的经济繁荣，这是一个经济稳定增长、社会全面发展的时代，普通人可以获得稳定的上升通道，家用电器和轿车进入寻常百姓家，直到 1973 年才被第一次石油危机打断。这段时期在法国被称为"辉煌三十年"，与当今法国由于中产阶层日益不堪重负而引发的"黄背心运动"形成了鲜明对比。30 年经济繁荣的关键原因是西欧国家普遍建立了福利国家的政治社会制度。

第五章《灾难后的文化》讲述了从 1950 年到 1970 年的西欧文化。

总体而言，当时的文化基调对未来充满乐观期待，相信科学可以促成人类征服任何目标，流行音乐无所不在，成为世界性的青年文化。猫王、披头士和滚石乐队不仅风靡西欧，也渗透到了铁幕背后的东欧国家，孕育了具有自由反叛精神的地下亚文化。然而，从另一个角度来看，这种文化基调也是在拥抱一种浅薄的消费主义。很多人选择忘记刚刚过去不久的灾难和邪恶，仅仅关注未来。在 20 世纪 50 和 60 年代，欧洲民众对两次世界大战和纳粹大屠杀的反思远比 1970 年代以后微弱。

第六章《挑战》讲述 20 世纪 60 年代末期，东欧和西欧以不同的方式同时卷入了影响深远的政治文化转型。在西欧，左翼学生和民权人士走上街头抗议示威，追求更公正的秩序和个人更加不受束缚的自由，促进了环保主义、女性主义等社会思潮的兴盛。在东欧，1968 年的"布拉格之春"是里程碑式的事件，虽然很快被镇压下去，但是强化了东欧各国的民族主义，在铁幕背后埋下了引发苏联集团解体的种子。

第七章《转折》讲述"好时光"的终结。1973 年的第一次石油危机使得每桶油价从不到 3 美元飙升至接近 12 美元，在 1979 年的第二次石油危机中，每桶油价从 15 美元最高涨到 39 美元。与石油危机相伴随的是西方世界的"滞胀"。此前在西欧持续了 20 多年的乐观主义走向式微。

20 世纪 70 年代也是国际政治的转型年代。东西方两大阵营的关系趋于缓和，但是在 1979 年之后再度紧张。苏联在 20 世纪 80 年代初告别了勃列日涅夫时代，试图走出社会经济僵化停滞的困境，在经历了安德罗波夫和契尔年科两位短期执政的领导人之后，迎来了年轻的戈尔巴乔夫。在西欧，西班牙、葡萄牙和希腊的威权主义政府实现了和平的民主化转型。

第八章《变革东风》关注戈尔巴乔夫。戈尔巴乔夫在1985年成为苏联最高领导人，提倡"新思维"，希望改变苏联的僵化体制，但是仅仅四年之后，1989年，东欧各国发生巨变，苏联领导下的东方阵营不复存在。此后10年的世界成为美国独霸的单极世界，欧洲不再有爆发东西方阵营大规模军事冲突的危机。但是在巴尔干半岛，南斯拉夫解体之后，独立的各个国家及其代理人之间的血腥战争与种族屠杀，仿佛一夜之间回到了第二次世界大战最黑暗的时期。与此同时，后苏联时代的俄罗斯经历了叶利钦时代的贫穷与动荡，被美国和西欧鄙视，由此激发的强烈反弹为普京的崛起铺平了道路。

第九章《人民的力量》聚焦于1989年到1991年的东欧剧变。在戈尔巴乔夫的容忍和退让之下，此前在苏联控制下的东欧各国都爆发了革命和政权更替。东德、波兰、匈牙利和捷克斯洛伐克基本上属于和平过渡，罗马尼亚则相对血腥，有1000多人丧命，包括领导人齐奥塞斯库和他的妻子。这一系列革命最终造成了苏联自身的解体，这是发起了"变革东风"的戈尔巴乔夫所未曾预料到的，他的本意是挽救苏联，但是却无意间敲响了丧钟。

第十章《新开端》讲述了20世纪90年代的欧洲。东欧国家民众对新生活的希望，很快由于号称"休克疗法"的激进经济转轨所带来的严酷生存压力而转变为失望。西欧国家则致力于结成更加紧密的关系，1991年底，12个欧洲共同体国家通过了《马斯特里赫特条约》，决定建立超国家的政治联盟和经济货币联盟，拉开了建立欧盟的帷幕。在结束了冷战年代的长期分裂状态之后，此前属于苏联集团的东欧国家纷纷申请加入欧盟，以确保本国的政治稳定与经济繁荣。到 20 世纪末，西方的自由民主制度似乎已经取得了彻底胜利，历史似乎已经终结。

然而，2001 年的"9·11"事件开启了 21 世纪的历史进程。此前很少受关注的伊斯兰原教旨主义一跃成为西方世界的头号威胁。

第十一章《暴露于全球化》梳理了两条同时发生、相互交织的历史脉络。一是西方世界与恐怖组织的对抗；伊拉克战争以及由此引发的中东地区的巨大动荡，而这一动荡又推动了穆斯林移民尤其是难民向欧洲的迁移浪潮，给欧洲带来了政治、社会、文化的巨大挑战。二是全球化经济的来临，这又被信息技术革命和金融自由化所强化。全球经济的各个部分都能够迅速联通，密不可分，似乎确保了每个国家都能够从中实现和平与繁荣。然而，伊拉克战争的泥潭令欧美民众对政府的信任度大大降低，2008 年的全球金融危机则打破了全球化的繁荣表象，暴露了严重的制度危机。

克肖对于新自由主义主导的全球化有着非常严厉的批评。他指出，全球化的繁荣景象是以不平等的加剧为代价的，其结果是在西方世界产生了一个"新的无产阶级"，一方面痛恨肮脏的富人阶层，一方面对于处境更为窘迫的移民和外籍劳工充满仇恨，认为后者抢走了本应属于他们的工作机会。这导致排外的右翼民粹主义盛行。

第十二章《危机之年》剖析了当前的危机。截至 2007 年，多数此前属于苏联集团的东欧国家都已经加入欧盟，欧洲整合取得了辉煌成果。然而，2008 年全球金融危机标志着历史性的转折点。欧洲在陷入债务危机的泥潭之后，又面临来自中东北非的穆斯林移民潮，尤其是来自叙利亚的难民，这是美国自从伊拉克战争以来试图重塑中东地区所造成的后果。2015 年，时任德国总理默克尔宣布开放边界接受难民，在德国国内引起了强烈反弹，长期边缘化的极右翼政党卷土重来，自第二次世界大战结束以后首次在国会获得席位。这激发了整个欧洲的极右翼政治势力崛起。俄罗斯在普京的领导下再度强势，在 2014 年吞并克里米亚，是对欧盟的又一个沉重打击。2016 年的英国脱欧，更是对欧盟的重挫。

当前欧盟面临的威胁主要来自三个方面：其一，全球化加剧了经济不平等；其二，高科技重新塑造了工作和雇佣关系，淡化了第二次世界大战以来欧洲社会长期秉持的对于那些在市场竞争中处于不利地位的群体的集体责任感；其三，移民大举涌入所带来的恐怖主义风险，以及由此激发的排外浪潮和极端民族主义。上述三大问题驱使不少民众拥抱对于民族国家的认同，反对欧洲整合。然而，如果建构作为超国家政治实体的欧盟的努力失败了，欧洲再度回到列国争斗的状态，残酷血腥的战争噩梦就迟早会重演。

克肖指出，虽然当前欧盟正在面临第二次世界大战结束以来最严重的危机，但是它所代表的价值观念已经深入人心，民调显示支持欧洲整合的人数远远超过了反对者。有理由相信，历史不会出现大的倒退，欧盟的未来将会任重而道远。

解读今日俄罗斯

——《理解俄罗斯：转型的挑战》

今天的俄罗斯是一个难以界定的国家。一方面，在很多西方政界人士看来，俄罗斯依然是一个可畏的军事强权，必须严加防范；另一方面，又有一种普遍的看法，认为俄罗斯已经沦为一个二流国家。对于俄罗斯总统普京也存在两极化的评论，有人认为他促成了俄罗斯的中兴，也有人认为他导致了俄罗斯的没落。纷纭杂沓的各种信息和观点，令人莫衷一是。

对于那些想要超越碎片化认知，了解今日俄罗斯现实境况的人士来说，法国学者拉怀勒（Marlene Laruelle）和劳德瓦尼（Jean Radvanyi）合著的《理解俄罗斯：转型的挑战》（*Understanding Russia: The Challenges of Transformation*）是一部不容错过的著作。该书综合而细致描述了当今俄罗斯的庐山真面目，体现了西方学术界俄罗斯研究的前沿水平。

该书探讨的第一个议题是"领土疲弊"（territorial fatigue）。众所周知，俄罗斯有着极为广袤的领土，这是来自沙皇俄国扩张吞并的遗产。苏联基本上继承了沙俄帝国的疆域，在苏联解体之后，俄罗斯依然疆域辽阔，族群众多。从叶利钦时代开始，俄罗斯一直将 15 个曾经是苏联加盟共和国的邻国视为自己的势力范围。这 15 个国家除了波罗的海三国之外，都成为由俄罗斯主导的、号称"独联体"的国家联盟的成员国（格鲁吉亚和乌克兰分别于 2008 年和 2018 年宣布退出）。

俄罗斯主张自己有必要保护独联体国家境内的俄语族群（可能在血统上并非俄罗斯族群）的安全。在苏联时代，各个加盟共和国的边界划分往往是出于行政管理的需要，无关乎族群分布，这在各国独立之后引爆了很多问题。一个最典型的例子就是克里米亚在 1955 年由赫鲁晓夫决定从俄罗斯划给乌克兰，这在当时只是苏联国内地方行政区划的改动，但在苏联解体之后，以俄罗斯族群为主的克里米亚与乌克兰民族主义之间的矛盾日益加剧，最终导致克里米亚经由公投程序宣告脱离乌克兰，加入俄罗斯。此举激化了俄罗斯与西方国家之间的对立。今日俄罗斯和不少邻国的边界尚未得到法律上的确定，边界冲突仍将持续。

然而，俄罗斯虽然从乌克兰吞并了克里米亚，但是在其疆域内部的很多领土都已沦为不毛之地。从 1992 年到 2010 年，俄罗斯总人口持续减少。占领土面积 36% 的远东地区失去了 22% 的人口，而在北极圈周边的北部地区，70% 的村庄只有不超过 100 人的老弱病残还在留守。即使是莫斯科、圣彼得堡一带的发达地区，依托单一工业的中小城市也由于劳动人口迁往大城市而导致人口锐减，发展不平衡。而地区发展问题又和族群问题紧密交织。在以非俄罗斯族群为主的北高加索地区，20 世纪 90 年代曾经爆发生灵涂炭的车臣战争，今天依然由于发展落后导致族群冲突频发。

该书的第二个议题是"身份困局"。俄罗斯有 20% 的人口属于非俄罗斯族群。在叶利钦时代，俄罗斯政府大力推动在"Rossian"基础上建构公民的国家认同。"Rossian"的意思是与俄罗斯国家相关联的身份特征，有别于"Russian"，后者特指与俄语和俄罗斯族群相关联的身份特征。这项政策总体来说颇见成效，俄罗斯联邦的公民普遍将自己视为俄罗斯国家的一员，但是它也遭到了来自两个方面的挑战。一些少数族群人士认为俄罗斯国家的政策过于偏向俄罗斯族群，不够"Rossian"；一些俄罗斯族群人士则认为政策过于"Rossian"，牺牲俄罗斯族群利益去迁就少数族群。

"Rossian"认同在普京时代发生了逆转。普京政权大力提升东正教会的政治地位，而不是像叶利钦时代那样将东正教、伊斯兰教、佛教和犹太教视为具有平等地位的传统宗教。普京政权还授予哥萨克人不少自治权利，哥萨克人是具有突厥血统的俄语族群，在历史上是兵牧合一的军事团体，东征西讨，战功卓著。普京政权将保护境外俄语族群的利益视为国家使命，也使得"Russian"日益压倒"Rossian"。

前文提到的人口危机是导致俄罗斯"身份困局"的深层因素。自 2010 年起，俄罗斯总人口在持续减少 17 年之后企稳回升，从 2013 年起持续自然增长（即出生人口多于死亡人口），但是这远不足以弥补其劳动力缺口，唯一的解决办法是吸收外来移民。2014 年，俄罗斯有 8% 的人口是外来移民，成为仅次于美国的移民国家。这些移民主要来自独立的前苏联国家（"独联体"国家公民可以免签证进入俄罗斯），从事俄罗斯人不屑为之的体力劳动。

悖论在于，对于俄罗斯发展经济不可或缺的外来移民的大量拥入，激起了俄罗斯社会的排外潮流。移民被普遍指责为不愿意或是不能够融入俄罗斯社会，不尊重俄罗斯的价值观和生活方式。北高加索地区的少数族群，虽然具有俄罗斯公民身份，但是也和外来移民一样成为排外潮流的攻击对象。俄罗斯光头党针对外国人的街头暴力在普京时代有所抑制，俄罗斯族群的民族主义者和北高加索族群之间的群体械斗却不断涌现。北高加索族群多数信仰伊斯兰教，他们与俄罗斯民族主义者的冲突也包含了宗教因素。一些政客则推波助澜，宣称担心俄罗斯传统文化受到伊斯兰文化的威胁。在上述种种张力的作用下，俄罗斯社会的国家认同难免陷入困局。

该书接下来分别描绘了今日俄罗斯的社会、政治和经济图景。

先看社会。在叶利钦时代号称"休克疗法"的私有化进程中，俄罗斯出现了一批控制国家经济命脉的寡头，社会大众则穷困潦倒。普京政权通过积极的社会政策，将俄罗斯的极端贫困人口比例从1995年的24.8%下降到2014年的11%，但是寡头阶层聚敛的财富也在普京时代实现了巨额增长，2002年有7位俄罗斯富豪的资产超过10亿美元，2014年初，在西方国家由于俄罗斯吞并克里米亚而对其实施制裁之前，俄罗斯资产超过10亿美元的富豪高达111人。贫富差距居高不下。

25%到40%的俄罗斯人口属于新兴的中产阶级。一般而言，中产阶级的主体是各类专业人士，但是俄罗斯的中产阶级却缺少足够的专业人士，尤其缺少科学技术领域的专家。苏联解体后的社会动荡摧毁了俄罗斯的智力资源。专业人士匮乏意味着中产阶级虚弱乏力，难有作为。

由于前文提到的空间碎片化，俄罗斯城乡差异巨大。15座常住人口超过100万的大城市和若干人口较少的行政中心城市欣欣向荣，广大乡村和小城镇则是一片凋敝景象。今日俄罗斯社会对于苏联时代的怀旧情绪，原因就在于苏联时代的乡村和小城镇普遍比现在富足。俄罗斯的文化价值观念亦是布满裂痕。西方的消费主义文化早已席卷俄罗斯，但是反西方的社会思潮也在不断滋长。

再看政治。当今西方的主流舆论或是认为普京政权崇尚法西斯主义，或是认为普京政权志在复兴沙皇时代的帝国荣耀。该书反对这些观点，指出普京政权并没有明确的意识形态纲领。普京政权着力向民众灌输一套"世界观"，其基本内容是：热爱俄罗斯国家；批评叶利钦时代的过度自由主义；相信俄罗斯不能再承受一次革命或是"休克疗法"的冲击，只能走自己的渐进改革道路；拒绝全盘西化；拥护俄罗斯在国际上重振话语权；相信国际政治是被打着理想主义幌子的强权国家所操纵。在符合这套世界观的基础上，普京政权容许多元意识形态共存，不让某一种意识形态占据统治地位。2017 年，十月革命 100 周年之际，普京政权允许俄罗斯共产党纪念十月革命的胜利，也允许东正教会哀悼沙俄帝国的覆灭。这种意识形态上的模糊性和灵活性，使得普京政权可以最大限度地争取民意支持。同时，普京政权对于反对派力量——尤其是亲西方的自由派——则动用一切手段使其边缘化。总体而言，普京政权在俄罗斯获得了相当高的支持率。但是未来在缺少政治强人的"后普京时代"，俄罗斯政治或将再度动荡。

关于经济，该书指出，从 2014 年到 2016 年，由于国际原油价格暴跌以及西方国家的经济制裁，俄罗斯经济遭受重挫。但西方国家低估了俄罗斯的经济恢复能力，2016 年以后，俄罗斯经济稳步回升，度过了危机。

然而，俄罗斯经济严重依赖油气资源出口，因此导致制造业停滞不前，产业难以转型，腐败盛行。不少资源型国家都存在类似的过度依赖单一经济结构的困境，经济学称为"资源的诅咒"。俄罗斯经济始终随着油价涨跌而大起大落，这一痼疾被一些经济学家称为"俄罗斯病"。该书指出，油气部门在俄罗斯经济中的话语权，不仅是因为油气资源本身的重要性，也是因为缺少法治和产权保护，因此油气部门可以恣意凌驾于其他工业部门之上。

该书最后两章详尽论述了俄罗斯的外交路线和国际战略。概而言之，俄罗斯与西方国家的关系由于21世纪初的几次"颜色革命"在2014年俄罗斯吞并克里米亚之后达到了冰点。俄罗斯在外交上的突破口，一是建立与中国的多方面合作；二是通过上海合作组织保持其在中亚的影响力，并将上海合作组织的功能由安全议题扩大至经贸联系；三是借助"金砖国家"的框架谋求建立国际新秩序。近年来，通过介入叙利亚内战，俄罗斯在中东地区也有所斩获，强化了与土耳其和伊朗两个地区强国的关系。

西方国家对当今俄罗斯的看法趋于两极化。一派认为存在严重社会、经济问题的俄罗斯已经沦为"失败国家"；另一派则认为俄罗斯一直在奋力突围，寻求建构有利于自身利益的国际秩序。该书赞成后一种观点。一方面，俄罗斯效法美国，运用各种文宣手段建构软实力，与CNN和BBC相竞争的俄罗斯RT电视台就是一个典型例子。另一方面，普京政权将自身塑造为右翼白人民族主义价值的守护者，在欧洲得到了诸如法国的玛丽娜·勒庞等极右翼民粹主义者的支持，也得到了美国"另类右派"的响应。此外，俄罗斯通过发展与中国的关系，并借助上海合作组织和"金砖国家"的框架，有效提升了国际地位。

两位作者在结论部分指出，俄罗斯未来的内政外交存在巨大的不确定性，人口因素将会起到决定性作用。俄罗斯的经济繁荣集中在其疆域的欧洲部分，而远东的大片领土将会逐渐成为无人区，吞并克里米亚也强化了黑海和地中海对于俄罗斯地缘战略的重要性。俄罗斯最终会更加重视发展与欧洲和东地中海国家的关系而无暇他顾。

第五章

中　东

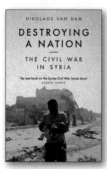

《摧毁一个国家：叙利亚内战》
作者：[荷兰]尼可拉奥斯·范登（Nikolaos van Dam）
出版社：I.B. Tauris & Co Ltd
出版时间：2017 年 10 月
定价：15.95 美元

《即将到来的沙特阿拉伯经济内爆：一个行为的视角》
作者：[英]大卫·考文（David Cowan）
出版社：Palgrave Macmillan
出版时间：2018 年 4 月
定价：159 美元

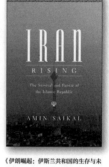

《伊朗崛起：伊斯兰共和国的生存与未来》
作者：[澳大利亚]阿明·赛卡尔（Amin Saikal）
出版社：Princeton University Press
出版时间：2019 年 2 月
定价：29.95 美元

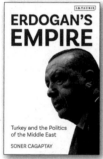

《埃尔多安的帝国：土耳其与中东政治》
作者：[土耳其 / 美]索内尔·卡加帕泰（Soner Cagaptay）
出版社：I.B. Tauris
出版时间：2019 年 9 月
定价：27.00 美元

《巴勒斯坦百年战争：定居者殖民征服与原居民反抗的历史 1917-2017》
作者：[巴勒斯坦 / 美]拉希德·哈利迪（Rashid Khalidi）
出版社：Metropolitan Books
出版时间：2020 年 1 月
定价：30 美元

叙利亚乱局与西方的"劫争"

——《摧毁一个国家：叙利亚内战》

  2018 年 4 月 14 日清晨，美、英、法三国对叙利亚发动空袭，理由是叙利亚政府军在进攻反政府武装控制的杜马镇时使用了化学武器，触犯了国际社会禁用化学武器的红线，尽管这一指控并没有确凿的证据。此次空袭总计发射了 105 枚导弹，据称炸毁了叙利亚政府的大部分化学武器库存。美国宣布，日后是否继续攻击叙利亚，取决于叙利亚政府是否继续使用化学武器。

  虽然导弹从天而降的电视画面看起来颇为震撼，但是它无法改变如下事实：在经历了 7 年内战之后，叙利亚政府军正在俄罗斯和伊朗的帮助下，逐步取得内战中的胜势。距离叙利亚首都大马士革仅有 10 公里的东古塔地区，自从内战开始以来一直被反政府武装控制。自 2018 年 2 月中旬起，叙利亚政府集结重兵，意图拔掉反政府武装在首都附近的这块最后的根据地。4 月 7 日，反政府武装宣称叙利亚政府军对东古塔地区的杜马镇发动了化学武器攻击，此时该地区除杜马镇以外的 33 个城镇都已经被叙利亚政府军攻占。4 月 12 日，叙利亚政府军攻下杜马镇。

  《纽约时报》4 月 15 日发表记者哈伯德（Ben Hubbard）的评论文章《美国空袭烟尘散去，叙利亚问题依旧》，文中指出，当前有不少论者认为，若要停止这场已经持续了 7 年的内战，并阻止鼓吹圣战的极端伊斯兰恐怖组织再度兴起，唯一现实可行的办法是承认叙利亚总统巴沙尔·阿萨德将会在俄罗斯和伊朗的帮助下保持权力，并且听任他取得胜利。唯有当战事结束，国际社会方能解决叙利亚的其他重要问题，诸如土耳其和库尔德人在叙利亚北部的对抗、伊朗与以色列的影子战争，以及在废墟上重建社区，让大量流落异国他乡的叙利亚难民可以重返家园。然而，美国及其西方盟国的政府无法接受这种观点，它们坚信巴沙尔必须受到惩罚，声称只要巴沙尔不下台，就不会帮助叙利亚重建。哈伯德援引美国的中东问题专家兰迪斯（Joshua Landis）对于西方国家叙利亚政策的批评："你们不是在惩罚巴沙尔，你们是在惩罚贫苦的叙利亚人民。如果美国的目标是对抗恐怖主义、地区稳定和难民重返叙利亚，那么其政策只会适得其反。"

此外，哈伯德指出，此次空袭看来似来势汹汹，但其实只是精心制定的局部行动，目标并非颠覆巴沙尔政权，或是打击支持叙利亚政府的俄罗斯和伊朗。美国及其盟友希望避免冲突升级，不愿深陷战争泥潭。这令巴沙尔的宿敌们感到失望，哀叹空袭并没有对叙利亚局势造成任何改变。

叙利亚内战的来龙去脉究竟如何？背后牵涉了怎样的大国角力？以美国为首的西方国家扮演了何种角色，有何得失？关于这些问题，荷兰资深外交官范登（Nikolaos van Dam）的著作《摧毁一个国家：叙利亚内战》（*Destroying a Nation: The Civil War in Syria*）是一部必读书。范登曾任荷兰驻伊拉克、埃及、土耳其、德国和印尼大使，2015 年至 2016 年担任荷兰派往叙利亚的特使。他曾在 1979 年和 1995 年出版两部关于叙利亚政治的学术专著，堪称"叙利亚通"。

范登指出，叙利亚内战实为其政治结构的必然结果。早在法国殖民时期，叙利亚的军人就主要来自一个伊斯兰教的小教派——阿拉维派，这是什叶派中的非主流派别，被不少逊尼派人士视为异端。

叙利亚独立以后，阿拉维派保持了对军队的控制。1970年，现任总统巴沙尔的父亲哈菲兹·阿萨德发动军事政变夺取政权，此后持续统治叙利亚30年，2000年去世后传位给巴沙尔。阿萨德家族及其忠诚支持者都是阿拉维派，同时也是坚定的世俗主义者。阿拉维派仅占叙利亚总人口12%却掌握政权，而逊尼派占总人口74%却处于被压抑地位，阿萨德家族长期靠军警铁腕维护统治。1982年，信奉原教旨主义的逊尼派极端组织在哈马发动叛乱，叙利亚政府以焦土政策残酷镇压，死亡人数超过2.5万人，绝大多数是无辜平民，这一惨案成为叙利亚一道永远的伤口。

巴沙尔上台以后一度推行市场化经济改革，结果却加剧了贫富分化。从2006年到2011年，全球变暖导致叙利亚持续干旱，粮食减产超过一半，大量农村人口涌入城市沦为底层，社会矛盾加剧。2011年，在遍及邻国的"阿拉伯之春"运动的冲击下，叙利亚也出现了反政府的示威活动，遭到政府强力镇压。范登认为，镇压未必是来自巴沙尔的指令，更可能是军警机构的习惯性反应，而反政府组织从一开始就不乏暴动和劫掠。叙利亚迅速陷入内战。

然而，与一般意义上的内战不同，叙利亚内战几乎是一场"所有人反对所有人的战争"。2013年，全国有近1000个反政府武装在和政府军作战的同时彼此相互混战。而所谓政府军大部分不过是一些在名义上效忠巴沙尔政权的地方军阀。战场犬牙交错，战线不断变换，敌友不断反转。大马士革城郊的公交车通勤路线，就要经过多个不同派别武装的控制区域，乘客要经历多轮盘查。大批叙利亚民众纷纷逃离家园，到2015年已有400万难民逃往国外，造成数十年来全球最严重的难民危机。

叙利亚内战所引发的权力真空，导致号称"伊斯兰国"的恐怖组织"IS"的崛起。"IS"本是"基地组织"的从属力量，主要在伊拉克境内活动，从2011年开始进入叙利亚，通过控制叙利亚北部的油田并走私石油获得大笔收入，从2014年到2016年一度甚嚣尘上。与专注挑战西方的"基地组织"不同，"IS"把屠戮什叶派、争夺地盘作为首要目标，与什叶派主导的伊朗为敌，而伊朗一直是阿萨德家族的铁杆盟友。打击"IS"也为俄罗斯介入叙利亚内战提供了理由，俄罗斯除了打击"IS"以外，也和叙利亚政府军一起清剿其他派别的反政府武装。俄罗斯和伊朗的外援是促成巴沙尔政权度过危机的关键因素。如今巴沙尔政权控制了叙利亚的多座主要城市，根本原因在于，绝大多数城市平民宁愿忍受世俗化的独裁统治，也不愿接受极端原教旨主义。而巴沙尔政权是叙利亚国内最具实力和决心抗击极端原教旨主义的力量。

范登强烈质疑西方国家在叙利亚问题上的立场。他指出，一方面，西方国家普遍宣称希望政治解决叙利亚内战和难民危机，但是它们所说的政治解决，前提是必须改变政权，让巴沙尔下台，而这如果不通过军事干涉是无法实现的；另一方面，西方国家虽然在口头上支持那些号称追求民主、自由的世俗派反政府武装派别，但是支援远远不到位。范登表示自己强烈反对一般意义上的军事干涉，这类行动通常都会导致灾难。但是，西方国家一边怂恿叙利亚的反政府组织武装对抗巴沙尔政权，一边又口惠而实不至，给叙利亚反政府武装输送的武器"足以摧毁叙利亚却不足以推翻巴沙尔政权"，这无异于误导这些反政府组织去送死，同时也让叙利亚战乱频仍，政治解决遥遥无期。

事实上，自从美国在伊拉克战争中深陷泥潭之后，西方国家在中东地区以改变政权为目标的军事干涉就很难得到本国选民的支持。2011年的"阿拉伯之春"给西方国家提供了一个"支持民众反对独裁"的干涉理由，利比亚的卡扎菲就是在法国和美国空军的轰炸下走上绝路，被反政府武装擒获处死。但是一年以后，美国驻利比亚大使死于袭击，袭击者正是曾在利比亚内战中对抗卡扎菲的伊斯兰武装。这令西方各国政府更难说服选民同意在中东地区发动战争改变政权。另外，中东地区在地缘政治和石油资源上的重要战略地位，又让西方国家无法放松控制，拱手让人。西方国家的理性策略就是不断制造各种理由，拖延叙利亚问题的政治解决，类似于在围棋中不断制造"劫争"，令对手始终无法"净活"。而最终为此埋单、承受苦难者无疑是叙利亚民众，即使他们名义上是西方国家的同情对象。

沙特阿拉伯的剧变与危机

——《即将到来的沙特阿拉伯经济内爆：一个行为的视角》

2018 年 10 月 2 日，流亡海外并持有美国绿卡的沙特记者贾迈勒·卡舒吉，为了办理与结婚相关的手续而进入沙特驻土耳其伊斯坦布尔的领事馆，此后再没有出来。10 月 11 日，土耳其警方声称，有证据表明卡舒吉在领事馆内被沙特的特工杀害并分尸，此后尸体被转移。沙特政府起初对此矢口否认，而后又改称卡舒吉死于在领事馆内偶然发生的肢体冲突，但最终不得不承认卡舒吉死于谋杀。土耳其方面此后透露的信息表明，卡舒吉的尸体不仅遭到肢解，而且还被溶解。土耳其政府以凶案发生在本国为由，寻求引渡并在土耳其审理卡舒吉案的 18 名嫌疑人，这些嫌疑人均为沙特安全部门的特工。土耳其总统埃尔多安 11 月 2 日在《华盛顿邮报》发表文章表示，杀害卡舒吉的命令来自沙特政府"最高层"。不过，埃尔多安排除了沙特阿拉伯国王萨勒曼的涉案嫌疑，而把矛头对准了沙特王储穆罕默德·本·萨勒曼。

卡舒吉之所以惨遭杀害，原因在于他直言不讳地批评沙特政治。但他并非普通的政治异议人士，而是与沙特的权贵阶层有着千丝万缕的联系。卡舒吉的祖父是沙特开国君主伊本·沙特的私人医生，他本人曾经长期在沙特情报机构内部从事对外宣传工作，2016 年被沙特政府禁止从业之后流亡美国。在某种程度上可以说，他是沙特国内政治斗争中某些派系的代言人。他的被禁言、流放以及遇害，显示了沙特政坛的剧变。

这一剧变的直接原因，是沙特国王萨勒曼在 2015 年废除沙特王位"兄终弟及"的传统，改立同母兄长的儿子为王储，而后又在 2017 年 6 月罢黜侄子的王储身份，改立自己的儿子穆罕默德·本·萨勒曼为王储。新王储上台不久就发动了声势浩大的反腐行动，众多王子、高官和巨贾被抓捕。新王储不仅借此查抄了大量财富，而且巩固了对沙特情报部门和警察系统的控制。在此之前，沙特政治基本上属于王室家族共治，类似于努尔哈赤身后的八大贝勒"共议国政，各置官署"，而新王储的举措则是颠覆性的，要在沙特实现定于一尊的绝对王权。

然而，对于这场颠覆性的政治剧变，又不能仅仅将其视为沙特统治集团内部的争权夺利。政治剧变背后的深层因素是经济基础的巨变。英国学者大卫·考文（David Cowan）在《即将到来的沙特阿拉伯经济内爆：一个行为的视角》（*The Coming Economic Implosion of Saudi Arabia: A Behavioral Perspective*）一书中给出了精辟分析。

考文指出，从 2014 年开始，随着国际油价持续下跌，在经济上严重依赖石油产业的沙特阿拉伯遭受了巨大冲击。而随着页岩气开采技术的发展，美国作为已探明页岩气储量的第一大国，有望实现油气资源的自给，对于沙特阿拉伯的未来发展更是一个不详的信号。沙特必须实现经济多元化，摆脱对石油产业的依赖，才能保证其经济持续发展。

有鉴于此，沙特提出了雄心勃勃的"2030 愿景"计划，目标是将沙特打造成"阿拉伯与伊斯兰世界心脏、全球性投资强国、亚欧非枢纽"，在 2030 年不再依赖石油。但是，考文认为，在这一计划的时间期限之内，亦即在 2030 年之前，沙特阿拉伯就有很大可能出现经济"内爆"——这个词的原意是指物体结构由于内外受力不均而向内塌陷，例如潜水艇被深海海水压碎。导致这一结果的关键因素是"行为"的变化，换言之，"2030愿景"计划将会造成行为方式的剧变，而沙特的政经结构将会由于适应不了这种剧变而走向崩溃。

作为沙特的邻国，阿联酋堪称从产油国走向经济多元化的典范，其人均GDP和人均收入也远远高于沙特。沙特虽然有很多挥金如土的富豪阶层，但是人均GDP和人均收入只是处在富裕国家和中等收入国家之间，贫富分化极为严重。阿联酋经济多元化的成功经验无法移植到沙特。因为阿联酋主要属于伊斯兰逊尼派的马立克派，这一派在历史上就以处世灵活、善于经商而著称；而沙特主要属于逊尼派的瓦哈比派，在教义上相当保守，与机敏活络的商人气质并不协调。

更重要的是，丰富的石油资源使得沙特形成了"租金国家"的政治体制。所谓"租金国家"是指国家财政收入主要来自资源性租金，其来源完全在国家的控制之下，国家不需要与民众和社会互动，不需要满足后者的需求就能获得大量收入，因此国家也就无须构建现代化的财政制度和政治制度。在以税收为主要财政收入来源的国家（亦称"税收国家"）中，"没有代表不纳税"构成了社会对国家的制约，国家为了获取税收收入，必须征得纳税人的同意。而在沙特这样的租金国家中，这一关系被逆转成了"没有税，无代表"，国家财政不依赖税收，民众在政治上也没有参与权。

"租金国家"必然存在庞大臃肿腐败盛行的官僚机构，掌控主要经济社会资源的权贵资本主义，以及发展空间深受压抑的私营部门和中产阶级。沙特也不例外。要实现经济多元化，必然需要改革官僚机构，遏制权贵资本主义，激发私营部门和中产阶级的活力。沙特王储穆罕默德·本·萨勒曼在就任之初所发起的反腐行动，颇有改革官僚机构、遏制权贵资本主义的感觉。与此同时，他还强调要对女性开放就业机会，改变沙特性别隔离的传统。虽然其出发点并非为了保障和发展女性自身的权利，而是为了发掘女性的劳动力资源，但是这在保守的沙特社会仍然标志着女性权利的重要突破。

2016 年 1 月，当时还是副王储的穆罕默德·本·萨勒曼接受了《经济学人》杂志的采访。当采访者问及是否要在沙特发起一场"撒切尔革命"时，他表示基本上同意。所谓"撒切尔革命"是指英国前任首相撒切尔夫人在 20 世纪 80 年代推动英国放松管制、并将国营企业私有化的新自由主义经济政策。《经济学人》杂志或许是迫不及待地对沙特的经济多元化计划展开联想，而穆罕默德·本·萨勒曼对于这一联想的欣然认可，为他在西方国家一度赢得了很高的人气。

然而，卡舒吉遇害之后，沙特王储在西方世界的形象彻底逆转。2018 年 10 月 23 日召开的沙特投资峰会遭到了广泛抵制，沙特原定在峰会上宣布一项"远离石油"的"令人震惊的协议"，结果也不了了之。

考文指出，沙特政府一方面试图推动经济改革，另一方面又排斥现代政治的基本准则，同时也抛弃了沙特传统的"王室家族共治"中的权力制衡因素，这使得"内爆"难以避免。卡舒吉遇害事件及其后续波澜，证明了他的先见之明。"租金国家"如何实现经济多元化转型，值得深思。

不容小觑的伊朗

——《伊朗崛起：伊斯兰共和国的生存与未来》

在当今国际社会，伊朗是一个重要而独特的国家。它是历史悠久的文明古国，是中东和中亚的地区大国，也是世界主要产油国之一。自从 1979 年的"伊斯兰革命"以来，伊朗建立了全球独一无二的政治制度。在西方主流舆论看来，这种制度是对世俗化、现代化的历史进程开倒车，注定无法持久。然而，40 年来的历史表明，伊朗在面对冲突和制裁时具有很强的抗压能力，尤其是近年来，它在中东地区的影响力和在国际事务中的话语权日益上升。当今伊朗究竟是怎样一个国家？它在未来会有怎样的发展变化？澳大利亚学者赛卡尔（Amin Saikal）的《伊朗崛起：伊斯兰共和国的生存与未来》（*Iran Rising: The Survival and Future of the Islamic Republic*）一书，突破了西方主流舆论的成见，对当今伊朗的政治制度和国家能力给出了客观公允的评价。

伊朗古称波斯，在历史上屡经王朝更迭，1794 年建立了卡扎尔王朝。从 19 世纪开始，在帝国主义列强瓜分世界的浪潮中，伊朗成为英国和俄国在中亚"大博弈"的中心地带，向两国割让了大量领土。20 世纪初，伊朗丰富的石油储藏被发现，西方国家长驱直入，掠夺石油资源。这种国难当头的危急情形激发了伊朗的民族主义，知识分子、中产阶层和保守的什叶派教士形成了看似不可能的联盟，要求在伊朗实行君主立宪制。1906 年，伊朗制定了第一部宪法。然而，在英俄两大帝国主义国家的干涉下，立宪运动并未成功，反而使伊朗陷入了政治碎片化和社会经济停滞的危机。

1921 年，曾经接受沙俄训练的军官礼萨·巴列维发动军事政变，夺取权力。1925 年，礼萨·巴列维加冕成为伊朗国王，建立了巴列维王朝，在位期间实施了一系列现代化改革。第二次世界大战开始以后，伊朗与纳粹德国保持外交关系，导致英国和苏联入侵，礼萨·巴列维被迫流亡海外，其子穆罕默德·巴列维继承王位。

冷战开始以后，更重视东欧的苏联退出了伊朗。1951 年，摩萨台当选伊朗首相，大力推行世俗化的民族主义改革路线，其目标是：结束外国干涉，控制伊朗本国的自然资源，尤其是石油资源；实施社会经济改革，提高民众福祉；落实君主立宪制，限制国王权力。摩萨台的改革得到了广泛的民众支持，但也遭到了保守势力的反对。1951 年，摩萨台宣布将控制伊朗石油业的"英国伊朗石油公司"国有化，此举比纳赛尔领导的埃及政府宣布将苏伊士运河国有化早了 5 年，标志着英国在中东地区势力衰退的第一步。1953 年，在英国的要求下，美国中央情报局在伊朗发动政变，推翻摩萨台。国王穆罕默德·巴列维掌握实权，摩萨台的改革被颠覆，石油业国有化进程中断。

在中东其他地区的阿拉伯民族主义方兴未艾的背景下，由美国扶植掌权的巴列维国王被伊朗民众视为"儿皇帝"，面临合法性缺失的困境。巴列维国王对内通过军事独裁和由美国、以色列训练的秘密警察组织维持统治；对外则紧跟美国，伊朗成为北约组织之外接受美国援助最多的国家。在这一时期，美国通过维持与沙特阿拉伯和伊朗的盟友关系，牢牢控制了中东的石油资源。

巴列维国王一方面追求成为像历代波斯君主那样的"大帝"，另一方面支持建立在亲美基础上的世俗化资本主义发展路线。但前者要求中央集权，后者要求政治分权和经济自由化，两者互相矛盾。从1962年开始，巴列维国王在伊朗推动"白色革命"，包括土地改革、工业化、普及教育、削弱教士传统权力、提高妇女地位等措施。然而，"白色革命"的受益者仅限于少数城市富人和中产阶层，对于广大乡村民众来说，反而意味着传统的谋生方式被外部强加的现代化进程摧毁。以往并不积极参与政治的什叶派教士也因为利益严重受损而成为激烈的反对者。

1970年至1975年，伊朗石油收入暴涨，政府将大量资金投入基础设施建设，炫耀国力。但事实上，伊朗失业率高达30%，70%的民众缺少基本医疗保健，社会高度不平等。1975年以后，石油收入锐减，社会矛盾加剧。在美国卡特政府的"人权外交"政策影响下，巴列维开启了小范围的政治自由化，为异议声浪打开了缺口。1978年上半年，伊朗形成了广泛的反对力量，其基本目标是政治改革和赶走美国势力，但缺乏有组织的网络。反对力量组织和领导的真空最终使得流亡的什叶派教士霍梅尼掌握了话语权。

从20世纪60年代早期开始，霍梅尼就是巴列维政权最尖锐的反对者。他在什叶派教士群体中并非资格最老、地位最高，但其他人都无法与他的大无畏形象和政治组织能力相比。在伊朗民众有70%不识字的背景下，霍梅尼激进的宗教政治观点远比其他反对力量的意识形态术语浅显易懂，他逐渐被民众视为什叶派信仰、伊朗民族主义和波斯历史传统三位一体的化身。霍梅尼一方面阐发了传统什叶派的政治思想，另一方面显然相当熟悉马克思的学说，虽然他从未直接援引马克思。他将世界区分为压迫者和被压迫者两大群体，号召在"教士法学家"阶层的领导下赋予后者权力来推翻前者。

1979 年，在霍梅尼领导下，伊朗推翻了巴列维王朝，建立了伊斯兰共和国。在此后几年里，霍梅尼运用伊朗传统的威权主义政治文化树立其权威，残酷清除了曾经作为革命盟友的世俗化左派力量，将伊朗社会全面伊斯兰化。在当时的冷战背景下，霍梅尼提出了"不要东方，不要西方，要伊斯兰"的口号，试图在美苏两大阵营之外另立一帜，对外输出革命。

1979 年制定的伊朗宪法确立了"双层政治系统"，由霍梅尼本人担任的"最高领袖"掌握决定国家事务的终极权力，并担任伊朗武装力量的最高指挥官，反映"神之主权"，而在他领导下的政府则在伊斯兰的范式中体现人民的意志，代表"人民主权"。总统和国会由民众选举产生。

从 1980 年到 1988 年，在伊朗和伊拉克之间爆发了残酷的战争。虽然战争令伊朗损失惨重，但却巩固了新生的霍梅尼政权。新政权将伊朗传统的民族主义和什叶派的宗教忠诚相结合，成功地转移了内部矛盾，赢得了公众的大力支持，同时以清除叛徒和内奸为理由将反对力量斩草除根。

1984 年以后，伊斯兰秩序业已确立，反对力量已被镇压，伊朗领导集团的意识形态分歧却开始明朗化，对此霍梅尼采取了鼓励多元主义和派系竞争的立场。革命领导集团主要分为三派，圣战派是严守意识形态纯洁性的保守主义者，要求从服装、言谈举止、教育等各方面全面伊斯兰化；开明派要求放松政治和社会控制，支持多元主义、经济开放和民主；中间派主张通过技术官僚实现经济现代化，但对民主并无太多兴趣。

1989 年霍梅尼去世后，此前担任总统的哈梅内伊成为最高领袖，中间派的拉夫桑贾尼从 1989 年至 1997 年担任了两届总统，开明派的哈塔米从 1997 年到 2005 年又担任了两届总统，他们淡化了霍梅尼政治遗产中的极端因素，改善了伊朗与西方国家的关系，实施一定程度的经济自由化政策，但是遭到了圣战派保守势力的强烈反对。哈梅内伊并不直接干政，但他倾向于圣战派的保守立场。在他的支持下，2005 年，圣战派推出的候选人，承诺要将石油财富再分配给普通民众的内贾德当选总统。

内贾德上台后，扭转了前任的经济自由化政策，将大量经济资源分配给了军队和安全部门，导致腐败盛行。他破坏财政纪律，让央行发行过量钞票，分配给低收入人群。他扬言要重启被前任中止的核武器制造计划，引发了联合国和西方国家的制裁。凡此种种，结果导致通胀高企，失业率剧增，生活必需品短缺，经济增长率从 2005 年的 6.9% 降至 2011 年的 3.7%，2012 年更是出现了负增长，增长率为负 6.6%。

2009 年伊朗总统选举是内贾德和开明派候选人穆萨维之间的对决。官方统计选票表明内贾德获胜，但穆萨维及其支持者抗议总统选举舞弊，引发大批民众走上街头抗议示威。圣战派掌控的伊朗革命卫队镇压抗议民众，大批开明派人士被捕，穆萨维被长期监禁。此次抗议活动被称为"绿色运动"。

到了 2013 年总统选举的时候，哈梅内伊意识到伊朗民众对圣战派已经极度失望，而且内贾德已经使伊朗陷入了难以处理的国际危机，因此他允许这一次选举反映人民的意志，以此缓解政治危机。开明派的鲁哈尼当选总统，并在 2017 年成功连任。鲁哈尼上台伊始致力于稳定宏观经济，严格财政纪律，消除腐败，吸引外商投资；2015 年以后为了应对低油价的困境，致力于促进增长。

伊朗经济的主要问题在于,它是国家引导的石油依赖型经济,使其易受国企低效率和油价波动的影响。然而,和其他产油国家相比,伊朗经济又是相当多元化的,2015年其50%的经济成分是服务业,41%是工业(其中20%是石油产业),9%是农业。伊朗具有丰富的自然资源,伊斯兰共和国消除了绝对贫困,极大提升了民众的受教育程度,目前总人口的98%是识字人口,受过高等教育的劳动人口占总劳动人口的13.3%,超过了巴西。这意味着伊朗具有很大的发展潜力。

影响伊朗未来的关键因素是"后革命世代",即在霍梅尼革命时年龄很小或是在革命后出生的人口,他们在人口结构变化中越来越占多数,对其中很多人,尤其是城市居民来说,霍梅尼的遗产是令人窒息和反现代的。时移世易,如今以哈梅内伊为首的保守势力的策略是允许开明派和中间派赢得选举,以此迎合"后革命世代"的需求,同时接纳受过良好教育的年轻人进入政治体系,使其成为统治集团的后备力量,而不是挑战政权。虽然圣战派的道德警察仍然试图强化伊斯兰的社会行为规范,但其行动越来越少。伊朗社会已经高度世俗化,只要不对现政权构成威胁,伊朗民众被允许在着装和举止方面我行我素。伊朗民众懂得如何使用各种渠道和外部世界取得联系,而政府知道最好不要惩罚这类行为。

总之,在当今伊朗,开明派的力量越来越强大;多元主义确保了政治制度的灵活性,使得派系轮替在可预见的将来不至于危及基本制度,保守势力也可以托庇于这一制度,长期保持相应的权力。伊朗强大的民族主义传统使得各派系在对抗外来侵略时具有凝聚力。这意味着伊朗虽然存在诸多问题,面临诸多困境,但却仍有能力在国际事务中扮演不容小觑的角色。

土耳其"帝国梦"的陷阱

——《埃尔多安的帝国：土耳其与中东政治》

在冷战刚刚结束不久的 1993 年，政治学家亨廷顿提出了著名的"文明冲突论"，对全球未来发展提出了若干预言，其中一项预言是土耳其的伊斯兰宗教复兴运动将会激起公众的反西方情绪，冲击土耳其精英阶层世俗主义、亲西方的价值取向。

土耳其共和国是土耳其国父凯末尔在奥斯曼帝国的废墟上创建的国家。凯末尔使土耳其成为一个向欧洲国家看齐的世俗化、现代化的国家，通过激烈的政治和社会变革，抛弃了奥斯曼帝国的历史和伊斯兰宗教传统，在外交上也是以西方为中心。沿着凯末尔设计的发展道路，土耳其成为一个中等发达的地区强国，但是在亨廷顿看来，这也使土耳其成为一个"无所适从的国家"。土耳其早在 1963 年就表达了加入欧盟前身"欧洲共同体"的愿望，但是迟迟未能获得批准，根本原因在于多数欧洲国家将欧盟视为基督教国家的联盟，觉得作为穆斯林大国的土耳其在文化上不属于欧洲。

进入 21 世纪以后，亨廷顿的预言应验了。自从 2003 年以来担任土耳其领导人的埃尔多安，是凯末尔之后最重要的土耳其领导人，不认同凯末尔的价值观，力图把土耳其从一个面向西方的世俗化国家转变成一个面向中东、在政治上复兴伊斯兰宗教传统的国家，恢复昔日奥斯曼帝国的荣光。土耳其裔美国政治学家卡加帕泰（Soner Cagaptay）在《埃尔多安的帝国：土耳其与中东政治》（*Erdogan's Empire: Turkey and the Politics of the Middle East*）一书中，详细梳理了埃尔多安的土耳其"帝国梦"从高调兴起到处处碰壁的来龙去脉。

埃尔多安是土耳其"正义与发展党"的创始人，该党在2002年赢得议会选举成为执政党，埃尔多安2003年出任土耳其总理。在执政早期，埃尔多安是世俗主义和自由市场经济的拥护者，领导土耳其实现了惊人的经济增长，既赢得了广泛的民众支持，也得到了国际社会的普遍赞誉。

2007年，土耳其全民公投通过宪法修正案，将总统由议会选举改为全民直选，并在2014年举行首次总统直选。2010年，土耳其再次公投通过新宪法。根据土耳其国父凯末尔的建国方略，军队是世俗化、现代化的后盾。在土耳其共和国历史上，军队多次发动政变，推翻放松宗教管制的民选政府，强制实施世俗主义。2010年的新宪法则将军队置于政府的控制之下，是一次重大的政治变革。2011年，许多土耳其高级军官被迫辞职。

权力稳固的埃尔多安开始显露出他的真面目。事实上，出身草根的埃尔多安在当选总理之前，曾经在1994年至1998年担任伊斯坦布尔市长，一时颇富人望。但是当他从市长位置上退下来之后，1999年4月，土耳其国家安全法院因为他曾经在1997年12月公开朗诵一首含有宗教寓意的诗歌，以"发表煽动宗教仇恨言论"的罪名判他入狱。土耳其主流的世俗主义政治氛围使得埃尔多安在此后10年不得不有所收敛。2011年以后，不再有所顾虑的他频繁宣称土耳其的政治身份是奥斯曼帝国，文化身份是伊斯兰教，公然与国父凯末尔的遗训背道而驰。

奥斯曼帝国（1299—1922）是奥斯曼土耳其人建立的多民族帝国，以伊斯兰教为国教。极盛时占有东南欧、西亚和北非大部分领土，其世袭君主号称"苏丹"。从 16 世纪初开始，奥斯曼"苏丹"兼具"哈里发"的头衔，"哈里发"曾经是阿拉伯帝国最高统治者的称号，意指逊尼派穆斯林的精神领袖。从 19 世纪初开始，在欧洲国家现代化和工业化转型的冲击下，奥斯曼帝国逐渐衰落，疆域日渐缩小。在第一次世界大战中，奥斯曼帝国与德国和奥匈帝国结盟，战败后遭到英、法等战胜国瓜分。此后凯末尔发动国民运动，废除"苏丹"和"哈里发"制度，建立了政教分离的共和国，对于从奥斯曼帝国疆域中分离出去的地区不再主张主权，土耳其的民族认同和政治认同都限制在共和国的疆界之内。

土耳其被压抑的奥斯曼帝国身份认同的回归，始于 20 世纪 90 年代初期。冷战结束和苏联解体颠覆了此前的国际秩序，中亚出现了多个新独立的"斯坦"国家，南斯拉夫解体令巴尔干半岛陷入战争和种族屠杀的浩劫，第一次海湾战争改变了中东的地缘政治。巴尔干和中东曾经被奥斯曼帝国长期统治，中亚地区虽然从来不属于奥斯曼帝国的疆域，但是许多族群和土耳其同属突厥语系，在奥斯曼帝国末期，号称"青年土耳其党人"的立宪派曾经发动"泛突厥主义"运动，试图通过一统中亚突厥语系族群来重振帝国。从 1989 年到 1993 年担任土耳其总统的厄扎尔将奥斯曼帝国的身份认同重新引入公共领域，以此重构土耳其在巴尔干、中东和中亚地区的影响力。

厄扎尔的政治立场仍然和凯末尔一样是亲西方的，埃尔多安对奥斯曼帝国和伊斯兰教双重身份的回归则是反西方的。埃尔多安及其幕僚认为，奥斯曼帝国以伊斯兰教为基础，是伊斯兰世界的最后一个帝国。今天的土耳其依然对昔日奥斯曼帝国领土上的穆斯林的命运负有责任。西方化和世俗化导致土耳其失去了历史意识，成为对欧洲亦步亦趋的小国。进入 21 世纪以后，在经济发展取得巨大成功的基础上，土耳其应当实现奥斯曼帝国的伟大复兴。

2011 年的"阿拉伯之春"让埃尔多安看到了在中东扩张土耳其势力的大好机会。在这场运动中，在阿拉伯世界根基深厚的反对派组织"穆斯林兄弟会"扮演了重要角色，土耳其则成为它的大金主。2012 年 6 月，"穆斯林兄弟会"候选人穆尔西成为埃及历史上首位民选总统，土耳其的投入似乎获得了巨额回报。然而，穆尔西上台之后并没有兑现反腐败承诺，而是强行扩大总统权力，推出诸多具有宗教色彩的政策，加之缺乏执政经验，无力提振经济，招致怨声载道。2013 年 7 月，埃及军方罢黜穆尔西。在其他阿拉伯国家，"穆斯林兄弟会"也都相继失势，土耳其的阿拉伯外交遭遇重挫。

埃尔多安的阿拉伯外交战略不仅在"阿拉伯之春"中押错了宝，而且再度激化了阿拉伯人与土耳其人之间的宿怨。在奥斯曼帝国末期，土耳其民族主义和阿拉伯民族主义同时兴起，帝国的土耳其人统治阶层曾经处决一批阿拉伯民族主义者。而在第一次世界大战中，阿拉伯人与英、法合作，发动大规模起义，从背后捅了奥斯曼帝国致命一刀，成为土耳其人的创伤记忆。双方的敌意使得中东阿拉伯国家对土耳其的势力扩张非常警惕。除了同样支持"穆斯林兄弟会"的卡塔尔之外，土耳其与中东阿拉伯国家都处于敌对状态。

埃尔多安的叙利亚政策是站在西方一边，反对阿萨德政权，这使得土耳其与支持阿萨德政权的伊朗为敌。叙利亚境内反对阿萨德政权的力量存在多个派系，土耳其支持其中一派"自由叙利亚军"（FSA），将另一派"库尔德人民保护部队"（YPG）视为心腹大患。库尔德人是一个主要分布在土耳其、叙利亚、伊拉克和伊朗四国境内的民族，近代以来一直有独立建国的诉求。埃尔多安严厉镇压土耳其境内的库尔德分离主义者，也将叙利亚的库尔德武装视为威胁土耳其的恐怖组织。随着极端恐怖组织"伊斯兰国"（IS）在叙利亚内战的动荡中兴起，"库尔德人民保护部队"成为美军打击"IS"的关键盟友。在美国的扶持下，这一支库尔德武装控制了叙利亚毗邻土耳其的北部边境地区，埃尔多安对此却长期无计可施。

迫于形势，曾经一度与俄罗斯势不两立的埃尔多安从 2016 年开始逐渐与普京结盟。普京原先支持阿萨德政府，但在阿萨德政府元气大伤的情况下急需新的盟友，而埃尔多安也需要借助俄罗斯来抗衡与土耳其裂痕日益加深的美国。双方在叙利亚进行了多次利益交换。然而，埃尔多安和普京的关系并不平等。在与中东阿拉伯国家的关系搞僵之后，土耳其把扩张目标转向了盛产石油的利比亚。政治强人卡扎菲垮台之后的利比亚在连年军阀混战之后，形成了两个政权，一是得到大多数国家承认的"民族团结政府"；另一个是得到埃及、沙特、阿联酋等国支持，由哈夫塔尔领导的"利比亚国民军"政权。埃尔多安支持"民族团结政府"，而普京先是支持哈夫塔尔政权，为其提供军火，而在哈夫塔尔政权节节胜利之际，又在埃尔多安的请求下，减少对哈夫塔尔的支持，确保利比亚"民族团结政府"不会倒台。普京在利比亚冲突中既扮演纵火犯又扮演消防员，迫使埃尔多安对他处于屈从地位。

在历史上，沙俄帝国是奥斯曼帝国最大的敌人。奥斯曼帝国的许多土地或者是被沙俄占领（如克里米亚），或者是在沙俄的帮助下实现独立（如巴尔干国家）。如今，以复兴奥斯曼帝国为己任的埃尔多安却要屈从于有志于复兴沙俄帝国的普京，颇具讽刺意味。

2018 年 12 月，美国总统特朗普以恐怖组织"IS"已经被消灭为理由，下令美军撤出叙利亚。2019 年 10 月，美军撤出叙利亚北部边境，土耳其随即派兵进入这一地区，清剿曾经与美军并肩作战对抗"IS"的"库尔德人民保护部队"。对于埃尔多安来说，这是一次巨大的外交胜利。但是，这也将被美国背叛的库尔德武装推向了叙利亚阿萨德政府和俄罗斯一边，留下了长期的隐患。

埃尔多安试图复兴奥斯曼帝国的大战略，不仅事与愿违地导致外交战略的挫败，也造成土耳其国内政治的困局。为了把土耳其从一个面向西方的世俗化国家转变成一个面向中东、在政治上复兴伊斯兰宗教传统的国家，埃尔多安采用各种手段妖魔化和镇压那些不愿意投票支持他的选民，让土耳其社会急剧分化为支持和反对埃尔多安的两大阵营，不存在中间派的空间。

2013 年 5 月，50 名环保人士在土耳其最大城市伊斯坦布尔搭建帐篷营地，抗议政府将一所公园改造成购物中心。土耳其警察对抗议者的镇压引发了更大规模的抗议运动，蔓延到土耳其许多城市，数百万民众游行示威。埃尔多安一方面动用军警铁腕镇压抗议运动，另一方面宣称抗议者是亵渎宗教的投机者和叛国者，动员支持自己的保守群体组织集会，与抗议者对峙。

2016 年 7 月，土耳其军方内部派系发动政变，试图推翻埃尔多安，但最后以失败告终。埃尔多安随即宣布紧急状态并展开大清洗，拘留和开除了数以万计的军人和公务员，解散和关闭了大量学校、新闻媒体与政治组织。2017 年，土耳其在紧急状态尚未解除的情况下举行修宪公投，根据这场被土耳其反对派认为作弊而拒绝承认的公投结果，土耳其从议会制改为总统制，取消了内阁总理，国会没有实质立法权，不能对行政机构有效问责。埃尔多安此前的总统任期归零，可以再连任两次。2018 年，土耳其提前举行了原定于 2019 年举行的总统大选，埃尔多安再度当选，大权独揽。

然而，在 2019 年 3 月的土耳其地方选举中，埃尔多安领导的执政党在第一大城市伊斯坦布尔、第二大城市首都安卡拉、第三大城市伊兹密尔和其他主要城市都遭到了失败。原因一方面在于 2018 年的土耳其金融危机终结了经济高速增长的神话，另一方面在于原本有着各自不同诉求的反对派终于联合起来挑战执政党。虽然执政党在保守的农村地区和小城市保持了统治地位，但是埃尔多安的权力基础业已布满裂纹。

卡加帕泰指出，埃尔多安的支持者坚信，如果土耳其失败了，那么唯一合理的解释就是国内外敌对势力竭力搞破坏。"帝国梦"的一面是自我麻醉，另一面是操纵"仇恨政治"。在埃尔多安的阴影下，土耳其一步步滑向社会分裂和政治失败的陷阱。

殖民主义与巴勒斯坦百年战争

——《巴勒斯坦百年战争：定居者殖民征服与原居民反抗的历史 1917—2017》

巴勒斯坦问题是近百年来国际社会不断恶化的一道伤口，如今更是濒临绝境。根据美国时任总统特朗普 2020 年 1 月公布的巴以和平计划，以色列可以从 7 月 1 日开始采取措施，正式吞并约旦河西岸的以色列非法定居点和约旦河谷，这相当于把约旦河西岸 30% 的土地纳入以色列版图。长期以来国际社会寻求解决巴勒斯坦问题的"两国方案"——以色列和巴勒斯坦各自建立独立的主权国家——也随之宣告失败。

以色列定居点是指以色列在 1967 年"六日战争"所夺取的土地上建立的犹太人社区，国际社会认为这些定居点是非法的。2005 年，以色列撤出了加沙地带的全部定居点，此后这一地区全部由巴勒斯坦宗教政治组织哈马斯控制。目前的以色列定居点主要位于约旦河西岸和东耶路撒冷，这两个地区都属于巴勒斯坦被占领土，还有少数定居点位于属于叙利亚被占领土的戈兰高地。

2016 年 12 月，联合国安理会以 14 票支持和 0 票反对通过决议，要求以色列立即和完全停止在包括东耶路撒冷在内的所有巴勒斯坦被占领土上的定居点活动。美国投了弃权票，自 1979 年以来首次没有对反对以色列的决议行使否决权。奥巴马政府表示，允许决议通过是为了捍卫"两国方案"，如果以色列不接受巴勒斯坦独立建国，以巴之间难以长久和平。

然而，2017 年亲以色列的特朗普入主白宫，令局势霍然翻转。

2017 年 2 月，以色列国会不顾国际社会抗议，通过了定居点合法化法案。2017 年 12 月，特朗普总统宣布美国承认耶路撒冷为以色列首都，违背了此前美国政府长期秉持的"耶路撒冷的未来要由谈判决定"的官方立场。2019 年 11 月，美国国务卿蓬佩奥表示，特朗普政府将不再坚持美国国务院 1978 年所持的关于在被占领土上设置定居点"抵触国际法"的法律意见。2020 年 1 月，特朗普政府公布其制订的巴以和平计划，要求保持耶路撒冷作为以色列"不可分割"的首都，以色列在未来四年停止扩建定居点，但是可以正式吞并其已经建立的大部分定居点。这份和平计划是特朗普在白宫会见以色列总理内塔尼亚胡和反对党领袖甘茨时公布的，巴勒斯坦被排斥在外。巴勒斯坦政府表示，允许以色列将非法定居点纳入版图的做法挑战了巴勒斯坦的底线，是不可接受的。国际社会也普遍认为这是违法行为。

为何巴勒斯坦问题总是迟迟无法获得解决？美国哥伦比亚大学现代阿拉伯研究教授哈利迪（Rashid Khalidi）在《巴勒斯坦百年战争：定居者殖民征服与原居民反抗的历史（1917—2017）》（*The Hundred Years War on Palestine: A History of Settler Colonialism and Resistance, 1917—2017*）一书中深入探讨了这个问题。哈利迪出身巴勒斯坦名门望族，他的家族史本身就是巴勒斯坦现代政治史的一个缩影。他在书中指出，以色列和巴勒斯坦的冲突从来都不是两个民族之间对同一块土地的平等争夺，而是一场犹太复国主义者的"定居者殖民主义"征服战争。

早期犹太复国主义者宣称，巴勒斯坦是"一块没有人民的土地，赐予没有土地的人民"。这种说法完全忽视了已经存在的约 70 万巴勒斯坦人，与美国"西进运动"对印第安人土地的侵占，和澳大利亚白人对土著人的征服使用了同样的殖民主义话术：被征服的土地上没有人民，是一片无主之地。犹太复国主义还有一大优势，就是给自己披上了一件《圣经》的外衣，对于西方世界尤其是美国相信《圣经》字面含义的新教徒具有强大的吸引力。

而在20世纪下半叶殖民主义式微之后，以色列右派势力又调整了话术，他们现在更喜欢强调犹太人是巴勒斯坦地区最初的土著人口，其所有权来自上帝的赐予，而阿拉伯人是后来的入侵者。以色列在几乎一直处于进攻状态的同时，总是摆出一副可怜的、虚假的自卫姿态。由于第二次世界大战以后的西方社会对于未能帮助犹太人避免纳粹德国的大屠杀具有深深的负罪感，加之以色列在1967年以后成为以美国为首的西方国家在冷战中对抗苏联的重要盟友，因此西方国家长期以来对以色列的殖民活动即使不是积极支持，至少也是包庇纵容。

如果没有外部势力的支持——包括第二次世界大战之前的欧洲殖民国家和国际联盟，以及第二次世界大战之后的美国和联合国——犹太复国主义的定居者殖民征服不可能取得成功。"定居者殖民主义"是以消灭本土社会为前提的，以色列将巴勒斯坦人对殖民征服的抵抗污名化为"恐怖主义"，成功地掩盖了巴勒斯坦过去100年的真实历史。

哈利迪将这一殖民征服称为针对巴勒斯坦阿拉伯原居民的"百年战争"，从1917年的《贝尔福宣言》到2017年特朗普承认耶路撒冷为以色列首都的100年中，共有六次对巴勒斯坦原居民的宣战。

第一次宣战是1917年英国外交大臣贝尔福发表的《贝尔福宣言》，支持"在巴勒斯坦建立犹太人的民族家园"。这意味着在巴勒斯坦只有占当地人口 6% 的犹太人享有民族权利，占当地人口 94% 的阿拉伯人没有被定义为一个民族，只是被称为"巴勒斯坦现有的非犹太社区"，没有政治或民族权利。

第二次宣战是 1948 年以色列建国和随后的阿以战争，以及对新成立的以色列国境内的阿拉伯人的攻击。1947 年 11 月，联合国大会通过 181 号决议，提出在巴勒斯坦建立一个犹太国家和一个阿拉伯国家。根据这项决议，巴勒斯坦近 55% 的领土属于犹太国家，占人口三分之二以上的阿拉伯人所拥有的阿拉伯国家被分为三个非毗连的部分，加起来不到 45% 的领土。阿拉伯国家普遍反对这项决议，犹太人与阿拉伯人之间爆发冲突。1948 年 5 月 14 日，英国结束了对巴勒斯坦的委任统治，犹太复国主义者在当天宣布成立以色列国。次日，埃及、伊拉克、叙利亚等阿拉伯联盟国家的军队相继进入巴勒斯坦，第一次中东战争爆发。战争以阿拉伯国家的失败而告终，同时也摧毁了巴勒斯坦的阿拉伯人社会。超过一半的当地阿拉伯人口被驱逐出家园，78% 的领土被强行纳入以色列版图。

第三次宣战是 1967 年第三次中东战争后联合国安理会通过的第 242 号决议。在第三次中东战争中，以色列先发制人对埃及、约旦和叙利亚联军取得了压倒性胜利，进而占领了埃及控制的加沙、约旦控制的约旦河西岸和东耶路撒冷等领土，意味着以色列成功控制巴勒斯坦全境，数十万阿拉伯平民逃离家园沦为难民。242 号决议要求以色列撤出第三次中东战争后占领的领土，也要求阿拉伯国家承认以色列的独立与安全。该决议虽然提到了"公正解决难民问题"，但却将整个问题视为阿拉伯国家和以色列之间的冲突，没有提到巴勒斯坦人是一个民族或冲突的一方，也忽视了以色列在巴勒斯坦的殖民进程。该决议也默许了以色列拥有在 1948 年战争中所侵占的领土，完全忽略了那场战争的难民返回和赔偿问题。

以色列在 1967 年之后对巴勒斯坦的全面控制，以及 242 号决议对巴勒斯坦民族的忽视，反而促成了巴勒斯坦民族运动的崛起。1968 年，巴勒斯坦解放组织与其他巴勒斯坦抵抗组织协商通过了《巴勒斯坦国民宪章》，规定巴勒斯坦解放组织是巴勒斯坦各种力量的代表。

第四次宣战是以色列 1982 年进攻黎巴嫩，将巴勒斯坦解放组织赶出黎巴嫩。在这次战争中，美国是以色列的积极支持者。美国将巴勒斯坦民族主义者视为恐怖分子，而将以色列视为恐怖主义的受害者。以色列的殖民历史在美国主流叙述中完全被抹杀了。

第五次宣战是 1993 年 9 月巴勒斯坦解放组织和以色列达成的《奥斯陆协议》，它一度被普遍视为巴以和平进程的里程碑，很多巴勒斯坦领导人将其视为胜利。然而，《奥斯陆协议》事实上根本无视巴勒斯坦民族自决这一核心问题，根据该协议成立的巴勒斯坦权力机构并非建立独立国家的第一步，而是一个没有主权、没有管辖权的机构，只拥有以色列允许它拥有的权力，在日常工作中与以色列占领军和情报部门进行密切的安全协调。该协议也从未承诺结束以色列在约旦河西岸和加沙地带的殖民进程。

第六次宣战是进入 21 世纪以后，以色列对加沙地带旷日持久的封锁和破坏。以色列的官方理由是，因为控制加沙地带的巴勒斯坦宗教政治组织哈马斯拒绝放弃针对以色列的暴力，所以必须对其实施军事打击。以色列的实际目标是分裂和削弱巴勒斯坦民族运动。在 2008 年到 2009 年、2012 年和 2014 年，以色列对加沙这块孤立的飞地进行了大规模的空中、陆地和海上攻击，这是在美国、欧盟和一些阿拉伯国家政府，特别是埃及政府的全力支持下实现的。此外，以色列还继续镇压约旦河西岸和东耶路撒冷的巴勒斯坦人，以配合其非法定居点的迅速扩张。

哈利迪指出，以色列之所以能够长期成功推进其定居者殖民进程，关键在于它对舆论的操纵能力。1967年6月初的一个早晨，他在纽约市的人行道上遇到一群人，他们手里拿着一张打开的床单，路人往里面扔钱。这些捐款是为了援助当时正在与埃及、叙利亚和约旦交战的以色列。当天上午，以色列已经先发制人地消灭了这三个国家的空军，然后又利用空中优势摧毁其地面部队。但是，哈利迪在纽约市人行道上的筹款活动中看到，美国公众听到的根本不是这个故事。相反，1967年的第三次中东战争巧妙地融入了一个感人的叙事中：一个小小的以色列被充满仇恨的强大邻国所围困，只有通过智慧和勇气才能生存。过去一个世纪以来，以色列能够彻底控制关于中东的叙事，而巴勒斯坦人在这套叙事中完全被边缘化。

以色列控制中东叙事，主要依靠两套话术：一是刻意将巴勒斯坦民族运动和背景复杂、范围广泛的伊斯兰恐怖主义画上等号；二是刻意将反对犹太复国主义的殖民扩张与历史上罪孽深重的反犹太主义混为一谈。通过扣"恐怖主义"和"反犹太主义"的大帽子，成功占领"政治正确"的制高点。

然而，在巴勒斯坦问题上，以色列不可能永远一手遮天。进入21世纪以后，随着以色列定居者殖民主义的暴行不断在媒体上曝光，它在西方国家民众心目中的印象有了明显转变。"抵制、撤资、制裁"成为一项全球性的社会运动，它把以色列对待巴勒斯坦人的政策与南非白人统治时期对黑人的种族隔离政策相提并论，呼吁以色列政府停止占领巴勒斯坦领土，尊重阿拉伯裔以色列人的平等权益，承认海外巴勒斯坦难民的回归权。这场运动在美国的年青一代犹太人中间也得到了广泛支持。

针对当前形势，哈利迪指出，未来巴勒斯坦人的抗争之路不是继续追求"两国方案"，而应该是把"权利平等"作为核心诉求，包括"个人权利、公民权利、政治权利和民族权利"的平等。生活在约旦河西岸、东耶路撒冷和加沙地带的被占领土地上的 500 万巴勒斯坦人根本没有这些权利，占以色列人口 20％ 的阿拉伯裔以色列人，很多人没有正式的公民身份，即使拥有公民身份者也不具备完整的公民权利。如果不能在"权利平等"的原则基础上解决冲突，无论怎样的政治方案，两国还是一国，最终都将失败。

哈利迪的观点得到了来自犹太人自由派社群的共鸣。美国政治评论家贝纳特（Peter Beinart）2020 年 7 月在《犹太潮流》（*Jewish Currents*）杂志撰文，声称"现在是自由派犹太复国主义者放弃犹太人和巴勒斯坦人分治，追求犹太人和巴勒斯坦人平等的时候了……只有帮助解放巴勒斯坦人，并在此过程中将他们视为人类，而不是我们受折磨的往昔的轮回，我们才能从对于大屠杀历史的执念中解脱出来"。换言之，犹太人不应当再将巴勒斯坦民族运动等同于恐怖主义，不应当再将以色列视为恐怖主义的受害者，而是应当正视以色列的殖民主义之恶，通过追求"权利平等"来推动巴以局势的根本转变，建立一个自由民主的"以色列—巴勒斯坦"联邦或者邦联国家。

第六章

大数据与社会

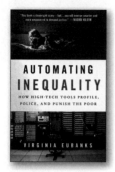

《自动化不平等：高科技工具如何记录、
管治和惩罚穷人》
作者：[美]弗吉尼亚·尤班克斯（Virginia
Eubanks）
出版社：St. Martin's Press
出版时间：2018 年 1 月
定价：26.99 美元

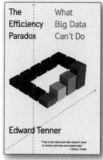

《效率悖论：大数据不能做什么》
作者：爱德华·坦纳（Edward Tenner）
出版社：Knopf
出版时间：2018 年 4 月
定价：27.95 美元

《伦理算法：具有社会意识的算法设计
科学》
作者：[美]迈克尔·克恩斯（Michael
Kearns）、亚伦·罗斯（Aaron Roth）
出版社：Oxford University Press
出版时间：2019 年 11 月
定价：24.95 美元

大数据如何妨害社会公平

——《自动化不平等：高科技工具如何记录、管治和惩罚穷人》

　　大数据时代已经来临。大数据技术在给人类创造了诸多便捷的同时，也引发了新的伦理危机。迄今为止，对于这一伦理危机的讨论主要是从"自由"角度切入的。不少论者担心，大数据技术会导致未来社会不再具有不受监控的私人空间，传统意义上的私人领域和个人自由将不复存在。

　　一个较少为人注意的方面是，大数据技术也会对"公平"造成威胁。确切地说，大数据技术所强化的"数据中心主义"的政治技术治理，将会严重地妨害社会公平。美国政治学家尤班克斯（Virginia Eubanks）的《自动化不平等：高科技工具如何记录、管治和惩罚穷人》（*Automating Inequality: How High-Tech Tools Profile, Police, and Punish the Poor*）一书，通过对美国社会福利数据系统的案例分析，揭示大数据如何剥夺了本应属于贫困阶层的社会福利和发展机遇。

　　尤班克斯分析的第一个案例，是印第安纳州在 2007 年耗资 11.6 亿美元建立的申请领取社会福利的自动化登记系统。在此之前，印第安纳州的穷人在申请领取社会福利时，需要填写相关表格，由社工人员审核其是否具备领取福利的资格。新的自动化系统简化了流程，机器取代了大量此前由人负责的工作，理论上让领取社会福利变得快捷。但事实上，这套系统在使用三年之后，因为出现大量错误而停用。在这些错误中间，只有极少数是让那些不符合条件的人通过审核领取了社会福利，绝大多数错误是那些本应获取社会福利的人未能通过审核。

珀杜是一位身患耳聋、肺气肿和躁郁症的印第安纳州居民。2007 年冬天，她收到一封政府部门的来信，要求她必须参与一个电话采访，以便在新系统中重新登记以领取福利。按照以往的惯例，珀杜可以找当地的社工人员解释自己由于耳聋不能参与电话采访，由社工人员负责审核其资格。但是新的自动化系统排除了这种做法，登记者如果有问题，需要自己打电话到州政府的福利部门解释清楚，电话留言可以被系统存档。珀杜申请面对面的资格审核，但是被拒绝。她备齐了所有文件，前往附近的救助中心。那里的社工人员要她在网上填写相关表格，不熟悉互联网操作的珀杜请求帮助，但是社工人员表示此类表格必须由本人填写。珀杜尽最大努力完成了申请程序。几周以后，她被告知自己未能在新系统中重新登记，理由是在资格审核中"不合作"。

类似的例子不胜枚举。从 2007 年到 2010 年，有近 100 万件福利申请被系统拒绝，主要理由就是申请者"不合作"。2010 年，在民意的强烈反弹之下，印第安纳州政府被迫关闭该系统，并向法庭起诉，要求设计该系统的电脑业巨头 IBM 赔偿州政府 4.37 亿美元，IBM 反诉印第安纳州政府赔偿 1 亿美元。法官裁定州政府和 IBM 双方都无权胜诉，都应该受到谴责，真正的输家是印第安纳州的纳税人。对此，尤班克斯评论说，最大的输家与其说是泛指的纳税人，毋宁说是那些本应受援助的穷人。

第二个例子发生在加州洛杉矶。在这座全球娱乐之都，有大量无家可归的流浪人口长年聚集，2017 年其数目超过了 5.5 万人。洛杉矶市政府制订了为这些无家可归者提供住房的福利计划，通过积分系统决定哪些人可以最先获得住房。然而，该系统将"关押进拘留所"算成"有住房"，但凡进过拘留所的人员都会被标示为最近有过住房，从而积分排名靠后。——事实上，无家可归者越是绝望，就越是有可能故意犯点事情，以求在拘留所里暂时觅得庇身之所。洛杉矶市的这套积分系统，其实是把那些最需要住房的人拒之门外。

另外，洛杉矶市政府在数据收集阶段，让社工人员对无家可归者进行访谈，鼓励他们坦白自己的经历。但是，执法部门可以联网查看这些访谈记录，一旦他们承认自己有过轻微的违法行为——如在禁止夜晚出没的地方睡觉，在禁止乞讨的街区乞讨等——都有可能导致被捕。

第三个例子发生在宾夕法尼亚州的阿勒格尼（Allegheny）郡，这是宾州第二大城市匹兹堡所在地。该郡出于防止父母虐待和忽视儿童的目的，将社会福利、儿童保护和犯罪记录的系统数据予以联网，并由专家团队设计了一个统计模型，使用多达 130 个指标来预测儿童是否面临被父母虐待或忽视的高风险。

尤班克斯指出，几乎所有这些指标都和贫穷有关。例如，一个在贫穷的单亲家庭长大的孩子，往往也会独处时间比较长，住在比较不安全的社区，住房比较破旧凌乱。系统如此设定指标，本身就是对穷人的歧视。

该系统的另一个问题是仅仅使用公立机构社工人员的记录来判断儿童和父母的关系，中产和富裕家庭的保姆、医生等则无须提供证词。换言之，中产或富裕家庭即使出现虐待或忽视儿童的情况，只要是由私人服务机构或医院处理相关事宜，就不会被系统记录在案；而贫穷家庭的父母则易于遭受社工人员主观偏见的不公正对待。尤班克斯举例说，有一对很爱孩子的父母，仅仅因为未能及时缴纳女儿打疫苗的费用，就被列为怀疑对象而遭到调查，他们很担心有一天州政府的儿童福利局会终止他们的抚养权，将孩子安置到政府安排的监护机构或寄养家庭。

那么，为何自动化的数据系统会如此歧视和排斥穷人呢？尤班克斯指出，在历史上，美国社会一直有歧视穷人的传统，穷人被主流社会视为能力低下，游手好闲，易于犯罪，对社会有害无益。19世纪20年代，有政客提议美国每个郡都至少要有一座"穷人屋"（poorhouse），把穷人安置在其中，从事近乎苦役的工作，与主流社会相隔绝。尽管这个提议由于开销太大而未能全面推行，只在部分地区试点便不了了之，但是它所体现的思路一直是美国资本主义的基本信条。

20世纪60年代风起云涌的民权运动在表面上改变了美国的主流文化。民权运动的一个后果就是将穷人的社会福利视为基本人权，每一个穷人都有权通过正当程序获取其应得的社会福利。然而，美国社会存在强大的力量反对社会福利的扩张。在新的时代背景下，他们无法直接反对将社会福利视为穷人的人权，于是便通过数据技术来达成目标。从80年代开始，美国社会福利系统逐渐走向了电脑技术主导的自动化数据管理，政客们宣称新技术可以减少舞弊，提高效率，但事实是社会福利的覆盖面自此日趋缩减。1973年，有近一半生活在贫困线下的美国家庭可以领取"未成年儿童家庭援助"，2017年这个数字只有10%。虽然存在政策变迁的因素，但是这种变化主要是通过数据化的政治技术治理而悄然无息地实现的。

尤班克斯指出，自动化数据治理所导致的对穷人的歧视和排斥，远比 19 世纪曾经一度在美国部分地区试点的"穷人屋"更为可怕。"穷人屋"固然将穷人排斥在主流社会之外，但同时也使得穷人们聚集和团结在一起，可以提出集体诉求来主张自己的权利。而自动化数据治理所排斥的穷人却是"碎片化"的，他们难以彼此联系，难以通过集体的力量来争取权利。

此外，自动化数据治理在很大程度上减少了公众对穷人的同情心。在历史上，来自相对富裕的公众的同情心是推动穷人获得权利和社会福利的关键动力。那些关于穷人受到官僚系统不公正对待的故事通常能够打动人心，激起强烈的反弹。然而，自动化数据治理却使得相关机构和人员可以轻易卸责，让公众相信电脑系统所歧视和排斥的穷人真的就是咎由自取，不值得同情。这正如清朝学者戴震在《孟子字义疏证》中的感叹："人死于法，犹有怜之者，死于理者，其谁怜之！"自动化数据治理的最大危害就在于它制造出了一个虚幻的"理"，用貌似中立的技术掩盖和助长了实质上的不公平。

总而言之，大数据技术所引发的伦理危机，不仅在于它会给私人领域带来前所未有的侵犯，而且在于它有可能对公共社会造成严重的威胁。这一危机正在成为人类面临的重大考验。

大数据如何妨碍大图景

——《效率悖论：大数据不能做什么》

近年来，人工智能与大数据技术的发展可谓一日千里。与此同时，越来越多的人对于大数据技术的后果表示担忧，他们或是从"自由"的角度出发，担心大数据技术对传统私人领域和个人自由的威胁；或是从"公平"的角度出发，忧虑大数据技术对社会公平的妨碍。

这两个方面的担忧都非常重要，是人类社会在步入大数据时代之际必须敲响的警钟。但是，从"体""用"之分的角度说，它们都还属于"用"的层面，而在"体"的层面上，大数据技术便存在着与生俱来的盲区。美国博物学家坦纳（Edward Tenner）的《效率悖论：大数据不能做什么》（*The Efficiency Paradox: What Big Data Can't Do*）一书，就是从"效率"这个关键词出发，系统揭示了大数据技术的盲区及其后果。

此书的中心思想简洁明了。坦纳指出："那种试图在一切事情上都达到效率极致的做法，能够在短期获得成功，但是从长期而言，势将损害效率。"——此即"效率悖论"。

那么，什么是效率呢？坦纳在"效率"（efficiency）和"效力"（effectiveness）之间做出了严格区分。他把"效率"定义为"以最小程度的消耗来制造产品，提供服务或信息，以及进行交易"。举一个例子，使用内燃机的机械犁远比用马拉的铁犁有效力，但是前者消耗的平均能量是后者的 13 倍，这意味着机械犁并不是很有效率。只有那种不仅能够增强"效力"，而且能够显著提升"效率"的技术，才配得上"技术进步"这个称号。

坦纳进而界定了两种意义上的"效率"。第一种是所谓"连续进程效率"，是在19世纪工业革命的大潮中诞生，其要义在于能够将此前需要一片接一片制造出来的产品以川流不息的方式连续生产出来。一个形象的画面是报纸在印刷过程中源源不断地"流"出印刷机。"连续进程效率"的前提是水轮机、蒸汽机等机器的发明能够提供巨大的动力，而且产量的大幅提升能够降低每一件产品的平均能源消耗。显然，这不仅是一场技术革命，更是一场生产方式的革命。在工业时代，公众在谈及"效率"时，基本上都是指"连续进程效率"。

进入信息时代以后，出现了第二种意义上的效率 ——"平台效率"。关于平台，最典型的例子就是互联网世界中的"云"。"云"可以让用户迅速找到所需要的信息，可以用最小的能量消耗实现买家和卖家的匹配。大数据技术的功能就在于提高"平台效率"。

然而，提高"平台效率"所导致的结果却未必有效。

例如，网络搜索算法可以帮助用户寻找到上溯至19世纪的科学文献。理论上，这意味着研究者可以接触到大范围的文献，由此可以发掘出长期被遗忘的资料，增加援引文献的多样性。但事实上，社会学家通过统计分析3.5亿篇学术论文的文献索引得出结论，在运用网络搜索之后，大多数研究者的视野反而变狭隘了，他们援引的平均论文数量变少了，而且普遍只关注新近的和公认重要的论文。究其原因，网络搜索算法具有"自我强化的反馈环"。一篇论文以前被搜索得越多，就越容易被搜索算法匹配给新的搜索者。

坦纳指出，这个例子可以说明大数据技术之"平台效率"的基本特征——通过迅速实现信息匹配，大数据技术省略了"试错"过程，从而把用户锁定在既存的模式里。

例如，出版商和制片人可以通过大数据了解到，针对某一特定人群，什么类型的书籍和影视作品是最受欢迎的，据此出版和制作相应的产品。这样一来，每一本新书、每一部新电影似乎都可以保证有利可图，但是那种能够横扫不同人群、具有强大震撼力的作品就会越来越少。

"平台效率"的主要目标在于实现信息交流的"无摩擦"状态，实现信息发布方与接受方之间，或是买方与卖方之间的直接匹配，消除第三方中介的存在。然而，坦纳指出，第三方中介具有不可抹杀的存在价值，在信息交流的过程中承担了必要的"守门人"功能。

社会学家萨尔加尼克（Matthew Salganik）等人的研究表明，当普通消费者在网上购物的时候，那些爆款的商品在品质上通常只比同类商品的平均水平稍微好一点点，之所以成为爆款主要在于时间优势，就好比最先滚下来的雪球变得硕大无朋，而其他雪球则失去了变大的机会。如果没有线下实体店，那些抢得先机的商品就会一直独领风骚，吸引眼球。实体店扮演了"守门人"的角色，让消费者可以从容选择多种商品，而不是被网上的风潮所裹挟。换言之，"守门人"就是要恢复被大数据技术所省略的"试错"过程，让用户得以超越既存模式。

一个与此相关的话题是"实体书店复兴"。曾几何时，国内的实体书店经历了一波倒闭潮，但是近年来，在一些大城市里，实体书店不但卷土重来，而且迅速扩张。支撑"实体书店复兴"的内在逻辑就是"守门人"功能，实体书店不是为了加快图书交易的过程，而是恰恰相反，要放缓这一过程。

与"守门人"类似，坦纳强调"低效率媒介"具有不可替代的价值。与电子屏幕相比，纸是一种低效率的媒介。在电子书上搜索特定内容、做批注等要远比在纸书上方便。但是电子书并不能取代纸书。电子书能够方便读者掌握细节，而阅读纸书能够让读者对作者的意图获得更好的整体性理解。

地图亦然，与电子地图相比，纸质地图在很多情况下显得颇不方便。但是，纸质地图能够一目了然地提供一幅大图景，让用户在大脑里对地理定位建立鲜明的印象。

数据与图景的对比，在医生的诊断实践中尤为关键。当前，不少医院已经开始利用人工智能和大数据技术来诊断病情和开处方，此举看似减少了平均诊断时间，提高了诊断效率。然而，坦纳指出，人工智能诊断的一个后果就是会把患者的很多身体特征都当作患病的信号，让患者去做更多的检查，结果延长了患者的诊断过程。而且，过多的检查本身就会带来不少副作用。传统的有经验的医生是基于对病情的整体性把握来做出诊断，而在医院引入人工智能诊断之后，常常会出现有经验的医生与人工智能的诊断结果相冲突的情况。大数据技术给医生和患者带来的更多是困扰，而非方便。

从哲学角度而言，大数据技术的盲区在于它不能提供两种重要的知识。

其一是所谓"地方性知识"（local knowledge）。例如，电子地图显示穿过某个十字路口是最近的路线，但是你知道不能那样走，因为你曾经走过那条路，知道那里堵车非常厉害。你具有对这个十字路口的"地方性知识"，但是电子地图并没有。事实上，很多老司机都知道，如果完全按照全球定位系统（GPS）的指导路线开车，迟早会被引到一条麻烦的道路上。这时最好能有一张纸质地图，重新判定方向，另辟路线。

其二是所谓"默会知识"或说"内隐知识"（tacit knowledge）。无论你给一个智能系统输入多少信息，总是还有很多东西是没有明晰解释，只可意会不可言传的。前面提到的医生对病情的整体性理解，就是一个典型例证。

缺乏上述两种重要的知识，意味着大数据技术不可能提供有效的"大图景"。对大数据技术的过度依赖，虽然能够在短期提高效率，但是从长远而言，必然事倍功半。

如果仅限于网上购物、开车认路和诊断病情等日常情境，那么，大数据技术的弊端还是有限的。问题在于，大数据技术对人类社会的冲击远远超出了日常情境。

坦纳提出了一个重要论点——信息科技和金融其实是一回事。从"平台效率"的角度而言，致力于消除摩擦、迅速实现信息匹配的大数据技术，其实和追求"无摩擦融资"的金融化进程是同构的。换言之，大数据技术的盲区，几乎就等同于金融领域的盲区。与日常情境不同，很少有人能够在金融领域具备相应的"地方性知识"和"默会知识"，很少有人能够洞察金融领域的大图景；而大数据技术，因其"自我强化的反馈环"，又在妨碍和消解构造大图景的能力。如何应对大数据技术所必然酝酿出的金融风险，是当今世界的一大难题。

大数据技术如何顾及隐私与公平

——《伦理算法：具有社会意识的算法设计科学》

众所周知，人类社会已经进入大数据时代。大数据技术在创造了巨大便利和效益的同时，也引发了始料未及的众多问题和隐患。每个人在享受大数据技术成果的同时，其私人生活的方方面面也都成为被大数据技术——诸如手机里的各种APP、公共场所的监控视频、每天的上网和刷卡记录等——所收集的数据。

一个备受关注的问题是隐私的泄露。在大数据时代，"匿名"并不能保护隐私。一个典型的例子是，网飞（netflix）网站曾经推出一个增强版的电影评分系统，每一位用户都可以匿名地对看过的电影评分，所有评分数据公开。但是研究表明，在99%的情况下，倘若某位具有窥视欲的A知道其目标对象B在一段时间内看过的6部电影的名称（不需要掌握B看某部电影的精确日期，可以有前后两周的误差），就可以确认B在网飞上的账号，了解B的电影评分记录。由于一个人对于电影的偏好可以反映他在日常生活中往往刻意掩饰的政治倾向和性倾向，所以这样一个电影评分系统会泄露不少人的隐私。事实上，一位隐藏同性恋倾向的母亲就因此把网飞告上了法庭，网飞最终取消了这个系统。

另一个问题虽然不像泄露隐私那样明显，但后果更为严重。在大数据时代，很多包含了数据筛选的工作，例如银行贷款和公司招聘员工，都是由机器代替人来做决定。这能否保障公平？2018年，亚马逊公司就曾爆出丑闻，它用于筛选求职者简历的机器学习模式，对"女性"这个词汇予以贬低性评价，那些在简历中提到自己曾担任"女子国际象棋队长"或是毕业于"女子学院"的求职者都被自动降格。关键在于，这个歧视女性的筛选模式是机器在处理大数据的过程中自行发展出来的，而不是某位人类程序员编程的结果。就像围棋程序"阿尔法围棋"（AlphaGo）打遍天下无敌手，但是开发这个程序的人类程序员并不是围棋高手。换言之，即使一家公司并不歧视特定人群，也不能保证他们所开发使用的大数据技术不歧视特定人群。长此以往，会造成严重的不公平。

那么，人类社会应当如何减少大数据技术对隐私和公平所造成的危害呢？传统思路是制定法律，规范人类对大数据技术的使用，这在许多国家已经付诸实践。而在计算机科学家群体内部，还有一条"从内部解决问题"的思路——把社会规范直接嵌入大数据技术之中，让大数据技术本身顾及隐私与公平。

乍听起来，这似乎天方夜谭，怎么可能让机器"理解"隐私和公平这种概念呢？事实上，所谓"让大数据技术本身顾及隐私与公平"，是指通过特定的算法原则来指导机器如何处理大数据，而这些特定算法符合保护隐私和保障公平的伦理关怀。这正是美国两位计算机科学家克恩斯（Michael Kearns）和罗斯（Aaron Roth）的《伦理算法：具有社会意识的算法设计科学》（*The Ethical Algorithm: The Science of Socially Aware Algorithm Design*）一书的主题。

先看隐私，传统观念认为匿名是保护隐私的利器，但是前述网飞的例子说明，在大数据时代，匿名并不能真正保护隐私。另一个保护隐私的常见思路是对数据库"上锁"，只有掌握"钥匙"的特定人士才能查阅相关数据，但是这样就限制了数据的使用。而数据应当是开放共享的，如此方能用于各种科学研究，促进社会发展。那么，应该怎样处理保护隐私和共享数据之间的矛盾呢？

在21世纪初期，计算机科学家建立了"差分隐私"（differential privacy）的概念。它的意思是，如果在数据库里抹掉某个特定个体的数据，这个数据库依然可以反映与保留该个体数据时完全一致的宏观信息，那么这个数据库就可以既保护该个体的隐私（通过抹掉），同时又可以付诸研究使用。

一个例子是调查一座城市里对婚姻不忠的人员比率。这个问及"你是否曾经对婚姻不忠"的调查无疑涉及隐私。为了保护隐私，可以采用随机化的方法。调查者先让被调查人员扔一枚硬币，但是不要告诉调查者扔硬币的结果。如果硬币呈正面，则被调查人员说真话；如果硬币呈反面，被调查者需要再扔一次硬币，如果硬币呈正面则说"是"，反面则说"否"。这种方法保证了调查者不会了解每一位被调查人员是否真的曾经不忠，而在样本数量足够多的情况下，调查结果可以反映总体的人员比率。如果对婚姻不忠的人员比率是三分之一，那么这次调查中说"是"的比率就是十二分之五。也就是说，通过随机化调查可以反推出想知道的答案。对于通过"上锁"来保护隐私的传统方法来说，一旦"钥匙"被破解，隐私就被泄露。而随机化方法建立的数据库即使公开，也无法反推出某一个体的真实数据。

谷歌公司从2014年开始依据"差分隐私"原则来收集用户电脑中的恶意代码使用记录，苹果公司也从2016年开始依据此项原则来收集iPhones用户的使用记录，它们的方法就是前文提到的随机化，只是具体算法远为复杂。这是在大数据时代既保护隐私，又高效使用数据的两全其美之道。

再看公平，这是一个远比隐私复杂的概念。有一种观点认为，保障公平的理想手段是屏蔽有可能导致歧视的相关信息，例如在公司招聘时，求职者不需要填写自己的种族身份，以此避免种族歧视。但实际上，各类数据之间的相关性使得这种手段难以奏效。例如在美国，根据一个人住址的邮政编码就基本上可以反推出他的种族身份、家庭收入和受教育程度等信息。

因此，从限制数据输入的角度来保障公平并非良策，要让大数据技术顾及公平，关键在于通过特定算法来保证公平的数据输出结果。而这首先需要确认"公平"的含义。

在最简单的情况下，公平意味着统计上的均等。以剧院赠票为例，如果要对两个群体 A 和 B 公平赠送 10 张票，A、B 的人数之比是六比四，那么随机在 A 群体中找 6 个人，在 B 群体中找 4 个人赠票就符合这种公平观念。然而，即使是这样简单的公平观念，将其嵌入大数据技术之中也并非易事。例如，假设赠票不仅要求 A 和 B 两个群体公平，也要对男女公平，而两个群体总人口中的男女比例也是六比四，那么将票随机赠给 A 群体中的 6 个男人和 B 群体中的 4 个女人就完全符合上述两项要求，但这就造成了对 A 群体中的女人和 B 群体中的男人的歧视。

问题在于，机器在通过自我学习处理大数据时，能够执行开发者明确提出的要求，却常常未必能够回避开发者想要回避但是未曾明示的后果。由于开发者事先不可能预见所有后果，因此也就不可能事先明示机器回避。如何让机器自己懂得回避这类后果，是计算机科学的一项难题。

另外，在牵涉到其他因素时，就不能再把公平等同于统计上的均等。如果银行对前述 A、B 两个群体发放贷款，而两个群体的信用有所不同，那么就不能根据其人口比例来分配贷款。在这种情况下，公平不是在两个群体之间均等地分配贷款，而是均等地分配"错误"。如果 A 群体的信用比 B 群体高，那么在两者违约率均等的情况下，A 群体就能够得到较多贷款。

这说明公平的内涵是和社会语境相关的，在处理不同的问题时，需要不同的算法。

关于算法的公平性，一个致命问题在于，最初输入的数据可能就是歧视性的。例如，政府计算 A、B 两区的犯罪率，但是并没有真实的犯罪数据，只有警察逮捕的数据。假设 A、B 两区的实际犯罪率相同，但是警察在 B 区的逮捕记录较多，这就导致政府认为 B 区犯罪率较高，因此加派更多警察，而警察越多，逮捕的犯人就越多，如此形成的反馈环就会造成 B 区犯罪率远高于 A 区的印象。一个更加微妙的例子是前述亚马逊公司招聘模式的性别歧视，那是因为许多日常语言就隐含了对女性的歧视，而这些日常语言被作为训练数据输入机器，机器在识别语义的学习过程中对"女性"这个词汇自动予以贬低性评价。如何回溯并校正这种歧视性的数据输入，是大数据技术的一项关键任务。

在很多情况下，公平并非唯一的目标，需要兼顾效率与公平。如果把"效率损失"和"不公平程度"作为两个量化指标，那么这种兼顾可以表示为如下指令："在不增加效率损失的前提下尽可能减少不公平程度，在不增加不公平程度的前提下尽可能减少效率损失。"效率和公平在很多时候常常是相互冲突的，在这种情况下，上述指令就相当于经济学所说的"帕累托改进"，最终会达到所谓"帕累托边界"，也就是不再存在改进的可能，不可能减少不公平程度而不增加效率损失，反之亦然。

"帕雷托边界"包含了众多可能的组合。一种极端情况是效率损失为零，完全不考虑公平，这时减少不公平程度就会增加效率损失。另一种极端情况则是不公平程度为零，但完全不考虑效率。对于任何可以通过数据来表征"效率损失"和"不公平程度"的问题，都可以通过程序推算出它的"帕累托边界"，但是把该边界上的哪一个点——亦即哪一种"效率"与"公平"的组合——作为结论，就需要由人来做判断，而不是由机器来决定。

以上讨论的都是关于如何针对数据做出公平的决策。而在另外一些情境下，由于存在人际之间的互动和博弈，保障公平不仅需要考虑如何处理数据，也需要考虑如何影响人的动机。

驾车上路就是一个重要的"百姓日用而不知"的多重博弈。每个司机选择的车速和路线都不仅取决于他自己的主观愿望，而且受到道路上其他车辆的速度和路线的影响。现有导航 APP 的功能，是通过对即时道路和行车数据的处理，为每一个司机指出一条最快的行车路线。但是，每一个司机都试图缩短时间抄近路的结果，就是司空见惯的车流拥堵。

该书提出的解决之道，是设计一种新的导航 APP，其算法不是最小化每一个司机的当前通行时间，而是最小化某一区域内所有车辆的平均通行时间。计算表明，这样可以显著降低所有车辆的总通行时间，对社会来说更为公平。

问题在于，司机为何会有动机接受这样一种新的导航 APP 呢？该书指出，这种导航 APP 的作用是为司机之间的多重博弈建立"相关均衡"（correlated equilibrium）。所谓"相关均衡"的一个典型例子是交通信号灯。在没有交通信号灯的情况下，车辆在通过路口时缺乏协调机制，只能盲目选择或停或行，容易冲撞。交通信号灯则提供了一种协调机制，当大家遵循这套机制时，就可以相互判断对方的选择，从而做出自己的正确选择，顺利有序通过路口。同样，以最小化所有车辆平均通行时间为目标的"公平"导航 APP，它所指示的路线也会成为一种协调机制，由此带来的顺利有序就是司机接受它的动机所在。

另一个例子是互联网的内容推送，现在通行的算法是根据用户的选择和阅读兴趣进行内容推送，结果导致用户的信息渠道日益圄于单一视角和立场，从而造成公共舆论场的碎片化，加剧社会分歧。该书的解决方案是改进算法，不仅推送用户感兴趣的内容，也要推送与用户的惯常视角和立场相悖的内容，起到"兼听则明""闻者足戒"的作用。这也是一种公平。

该书篇末指出，对抽象的价值观念赋予精密的数学定义，是将社会规范从内部嵌入大数据技术的起点。将来还需要让大数据技术顾及更多的伦理观念，诸如"透明""可问责""安全""合乎道德"等。这不仅需要计算机科学家的学术探索，更需要借鉴哲学家的思辨成果。以哈佛公开课"公正"而蜚声国际的哲学家桑德尔（Michael Sandel），即深受两位作者青睐。毫无疑问，标志着人类文明新纪元的大数据时代，将会赋予哲学全新的内涵。

第七章

进化与遗传

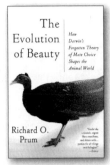 

《美之进化：被遗忘的达尔文配偶选择理论
如何塑造了动物世界和我们》
作者：[美]理查德·普鲁姆（Richard Prum）
出版社：Doubleday
出版时间：2017 年 5 月
定价：30 美元

《她有她母亲的笑容：遗传的力量、反
常和潜能》
作者：[美]卡尔·齐默（Carl Zimmer）
出版社：Dutton
出版时间：2018 年 5 月
定价：30 美元

进化在自然选择之外

——《美之进化：被遗忘的达尔文配偶选择理论如何塑造了动物世界和我们》

众所周知，雄孔雀会在求偶时向雌孔雀开屏，展示魅力。1860年，达尔文在给一位美国朋友的信中说，雄孔雀的漂亮尾翎令他深感困惑。

在此前一年，也就是 1859 年，达尔文出版了划时代巨著《物种起源》，提出了以自然选择理论为核心的进化论。然而，雄孔雀长长的尾翎会抑制其飞行能力，并不适应环境。但如果因此认为尾翎只是雄孔雀进化过程中阴错阳差而产生的累赘，为何它偏偏又是如此色彩斑斓，是雄孔雀的魅力之源？

1871 年，达尔文出版了《人类的由来及性选择》一书，不仅惊世骇俗地提出了人类是由类人猿进化而来，而且慧眼独具地阐述了关于动物进化的性选择理论。关于性选择，达尔文提出了两种不同的进化机制。其一是"战斗法则"，是指同性动物——经常是雄性——之间为了争夺对异性的性控制所引发的斗争，由此进化出硕大的体形，以及诸如牛角、鹿角等锐利器官。其二是"美之品味"，是指某一性别的动物——经常是雌性——基于自己的偏好来选择异性配偶，从而导致被选择的一方进化出各种富于魅力的特质，诸如鸟类多彩的羽毛、宛转的歌喉，以及山魈鲜艳的皮肤等。

在达尔文看来，动物世界之所以能够呈现出多姿多彩的美，乃是源于"美之品味"的进化机制。如果说自然选择是由于地理、气候、天敌、种群竞争等外部因素而导致动物器官的进化，"美之品味"的进化机制则是由动物——经常是雌性——自身的性欲望所引导的。达尔文认为雌性动物具有审美的本能,而雄性动物竭力通过展示魅力来取悦其性交对象。雌性动物确立了作为其物种的"美的标准",具有符合这一标准之特质的雄性动物可以获得更多的交配机会,其特质也可以遗传给雌性后代,由此导致两性的共同进化。在所有的动物种类中,鸟类的审美能力是除了人类之外最出色的,因此鸟类的色彩和歌喉构成了大自然之美的半壁江山。

达尔文的性选择理论甫一问世便遭受围攻。学术界部分地接受了"战争法则"机制,承认雄性动物的锐利器官和争夺异性的进化过程有关。然而,在维多利亚时代的氛围下,谈论雌性的性欲望实属禁忌;而且,达尔文主张动物尤其是鸟类也具有审美能力,否认审美能力为人类所独有,这被视为对人类尊严的亵渎。因此,"美之品味"的进化机制受到了几乎众口一词的拒斥。当时,进化论的主战场在于争辩人类是否由类人猿进化而来,达尔文也就没有为"美之品味"的进化机制提出进一步的辩护。

达尔文于 1882 年去世,从那以后,另一位提出自然选择理论的科学家华莱士(Alfred Wallace)成为进化论的头号权威。华莱士坚持自然选择理论的正统性,对达尔文提出的"美之品味"的进化机制做出了逆向思维的改造。以孔雀为例,华莱士声称,正因为尾翎是不适应环境的,那些有着更长、更鲜艳尾翎的雄孔雀,必定是在其他方面具有利于生存的长处,雌孔雀是本能地将雄孔雀开屏当成一种信号,以此逆向地推断雄孔雀的生存能力,而不是像人类一样审美。当华莱士于 1913 年去世时,他所主张的这种涵盖一切的自然选择理论,已经成为进化论的正统。绝大多数达尔文的信奉者所信奉的其实是华莱士对达尔文的解释。"美之品味"的进化机制就这样被学术界遗忘了。

2017 年，耶鲁大学鸟类学教授普鲁姆（Richard Prum）出版了《美之进化：被遗忘的达尔文配偶选择理论如何塑造了动物世界和我们》（*The Evolution of Beauty: How Darwin's Forgotten Theory of Mate Choice Shapes the Animal World—and Us*）一书，重新发现和深化了达尔文有关"美之品味"的进化论。

基于 30 多年的野外考察，普鲁姆提出了众多翔实的例证来支持达尔文的理论。一个例子是生活在美洲热带森林地区的侏儒鸟（manakin），其雄鸟通过在背后快速扇动翅膀发出声音来向雌鸟求爱，这种扇动翅膀的动作是脊椎动物中最快的动作，每秒振动频率达到 106 下，而它发出的声音频率达到 1500 赫兹，是翅膀的振动频率的 14 倍。普鲁姆研究发现，侏儒鸟的羽骨一般有 6 到 8 个骨面突起，羽毛在扇动时可以弯曲，在骨面突起处来回相互摩擦，以此发出高频声音。这种羽骨结构令侏儒鸟拙于飞行。然而，侏儒鸟的祖先其实是擅长飞行的，也就是说，求偶行为导致侏儒鸟进化出了不适合飞行的羽骨结构，这种进化不是为了适应自然，而是为了迎合雌鸟的品味。

普鲁姆进而论述了基于自然选择的进化和基于性选择的进化之间的关系，他指出，后者先于前者。也就是说，动物物种先是沿着性选择的方向进化，然后再被"适者生存"的自然选择所拣选或淘汰。一个例子是鸟类的起源。考古发现，恐龙身上演化出羽毛要远远早于其飞行能力，这些羽毛不是从原有的鳞片拉长而来，而是先长出绒毛，再演化成羽毛，最初的绒毛显然不是为了飞行。普鲁姆认为恐龙羽毛是雌恐龙的审美偏好所导致的进化结果。而当灾变来临时，那些有羽毛、能飞行的恐龙物种拥有更多的生存机会，得以避免灭绝的厄运，最终进化成鸟类。

达尔文主张雌性的欲望和审美是动物界"美之品味"进化机制的关键，普鲁姆则更强调雌性动物的"性自主"，亦即雌性动物需要从对性交对象的自主选择中享受性爱的快乐。人类在这方面尤为典型。从纯粹自然选择的角度说，加速精子和卵细胞的结合才是有益的，女性阴道的延展却是性选择的结果，是朝着享受性爱快乐的方向进化。由于男性的性器官需要负责射精的生理功能，故其进化深受自然选择影响，不同男性个体的性器官在大小和持久度等方面基本类同；相反，女性的性器官主要是"性自主"的进化结果，因此具备多样性。女性个体之间千差万别的程度也就远远超过了男性。

女性"性自主"的对立面是男性对女性的性强迫。普鲁姆认为，人类之所以一直存在一定比例的同性恋人群，根源就在于女性"性自主"对抗男性的性强迫所导致的进化过程。女同性恋显然是对男性的排斥，而男同性恋者一方面容易和女性建立具有安全感的亲密关系，另一方面也会成为一部分女性欣赏和爱慕的对象。之所以有相当数量的女性沉迷于创作和阅读以男同性恋为主题的耽美小说，原因即在于此。

人类进入文明时代以后，由于各种制度性因素，女性成为主要审美对象，其"性自主"也长期受到制度化的压抑。普鲁姆支持女性主义，他认为女性主义的核心在于确立女性的"性自主"，当前人类社会其实正在朝这个方向发展。

英国诗人济慈有一句名言："美即是真，真即是美。"在普鲁姆看来，这个观点是完全错误的。美是一个独立的范畴，不能也没有必要和"真"混为一谈。审美不是人类独有的能力，更不是人类文明的产物。远在人类出现之前，梁元帝萧绎所描述的"绮縠纷披，宫徵靡曼，唇吻遒会，情灵摇荡"的美之创造和美之体验就已经广泛存在于动物世界，尤其是鸟类世界之中。地球原本是一个单调沉闷的星球，与其他空旷的行星并无二致。正是在生物进化的过程中，"美"发生了。普鲁姆对达尔文进化论 2.0 版本的重新发现和深化，不仅为进化生物学提供了全新的视角，也为美学研究带来了极具创意的启示。

理解遗传

——《她有她母亲的笑容：遗传的力量、反常和潜能》

　　随着基因技术的发展，通过基因检测来寻找祖先的"祖源检测"业已成为一种时尚。2013 年，复旦大学对曹操 DNA 的确定，以及对曹操后人的认定，成为当年国内的一大新闻热点。对于具有祖先崇拜传统的中国人来说，若能通过基因检测技术证实自己是某位历史名人的后代，是一件相当荣耀的事情。

　　然而，中国传统文化中也一直回荡着一种充满告诫乃至惩戒意味的箴言，所谓"君子之泽，五世而斩"，"为将三世者必败"，等等。这凸显了一个悖论：一方面，血脉传承或者说基因复制被视为延续某人之"泽"的最好方式；另一方面，这种对于"泽"的延续又是不可保证的，终将无可避免地走向式微。

　　事实上，把血脉传承或者说基因复制视为延续某人之"泽"的最好方式，只是一种特定的文化选择。在古罗马，领养儿子并让养子继承家产和勋位，是一种流行的继承方式，罗马帝国的帝位在很多时候也是通过养子继承，这是罗马帝国长期保持强盛的重要原因。

　　中世纪欧洲则盛行严格的血统论，血统不仅成为家产和勋位传承的依据，而且被认为是品行、能力等特征的传承方式。对于血统的严格尊崇导致各国王室之间长期近亲通婚，结果造成癫痫、智力低下、精神分裂、血友病等疾病频繁出现。很多王室的衰落和崩溃都与此有关。

　　直到 19 世纪末，孟德尔提出的遗传学定律被科学界验证并广为接受，生物性状的传承路径和方式才首次得以揭示。"基因"（gene）概念于 1909 年问世，意指生物性状的基本传承单位。从此，英语有了一个词"genetics"，意思是研究基因的学问。英语中的"遗传"一词是"heredity"。随着基因研究的不断深入和基因技术的迅猛发展，在不少人看来，对于遗传的研究理所当然地就等于对基因的研究。

美国科普作家齐默（Carl Zimmer）的《她有她母亲的笑容：遗传的力量、反常和潜能》（*She Has Her Mother's Laugh: The Powers, Perversions, and Potential of Heredity*）一书，正是旨在批驳这种把遗传简化为基因传递的"基因原教旨主义"立场。齐默指出，那种认为某一个基因"负责"生物体的某一性状的流行观念其实是相当误导的。绝大多数复杂性状，诸如身高和智力，都是数以百计的基因共同起作用的结果。虽然身高和智力在很大程度上是可以遗传的，但是基因之间错综复杂的相互作用也对外部环境具有高度依赖性，生物体发育成长的外部环境可以影响其身高和智力。

关键在于，当人们在日常语境中谈论遗传时，并不限于关注身高、智力这类普通性状的代际传承，而是在很多时候更为关注行为模式和心理模式的代际传承，包括品行、能力等。这大约相当于中国人所说的"先人遗泽""君子之泽"。

在达尔文提出自然选择的进化论之前，拉马克曾经提出"用进废退"和"获得性遗传"的进化论。"用进废退"是指生物经常使用的器官会逐渐发达，而不使用的器官会逐渐退化；"获得性遗传"是指后天通过"用进废退"而获得的性状是可以遗传的，亦即生物可以把后天锻炼的成果遗传给下一代。拉马克的进化论有悖于孟德尔的遗传学定律。现代分子遗传学揭示，无论生物体的某一性状功能经常使用或是不使用，都不会编码到染色体中。

然而，现代生物学表明，在心理模式和行为模式的层面，后天获得的经验是可以代际传承的。齐默在书中提到了一则试验，实验者在电击老鼠的同时释放某种特定的气味，令老鼠条件反射地恐惧这种气味，这种特定的恐惧可以传承给子代，即使后者从未经历过电击。这种传承不是通过改变 DNA 序列而实现（有别于基因突变），而是通过某些可遗传的"基因表征"而实现，背后的机理非常复杂。不过，这种由外部环境所造成的行为模式和心理模式，总是在传承有限的数代之后消失殆尽，因此并不意味着"获得性遗传"的进化论可以在长时段成立。这恰恰印证了"君子之泽，五世而斩"的古训。

同样的基因序列在不同的环境里可以有着不同的表征。尤其对于人类来说，其所面临的外部环境是被文明所改造和嵌入的，基因表征受到文明的巨大影响。如果脱离文明的背景，简单地用基因来解释"先人遗泽"的遗传，不仅在科学层面是错误的，而且在道德和社会层面也是极其有害的。

齐默在书中强调指出，历史上，基因遗传学曾经被用来为"优生学"（eugenics）辩护。所谓"优生学"，顾名思义，是一门对生育进行调控以改善遗传素质的学问。然而，在西方生物学和医学发展史上，"优生学"实际上成为一门借口提高全民身心素质，鼓励"上等人"大量生育，减少乃至禁止"下等人"生育的伪科学。

1912 年，美国心理学家高达德（Henry Goddard）发表了一份题为《柯里柯克家庭：对低能遗传的研究》（*The Kallikak Family：A Study in the Heredity of Feeblemindedness*）的报告，"Kallikak"是借

用希腊文"好"和"劣"两字的英文拼写而造出来的生词，1934年上海开明书店出版的中译本将其命名为《善恶家族》，颇能得其神髓。这份报告的内容是，一个被称为"Martin Kallikak"的人在美国内战前同一个低能的酒吧女招待同居，这对配偶被跟踪查到的480名后裔都智力低下，而且很多是酗酒、精神失常、妓女或罪犯。后来此人又和一个身为贵格会教友的好女孩结婚，他们被跟踪查到的496名后裔全都具有正常的智力，而且很多是医生、律师、法官、作家等"高净值人士"。高达德将这种现象归咎于酒吧女招待的恶劣基因和贵格会女孩的好基因，从而首次把基因遗传学和优生学结合在一起。

这份报告在美国社会引起了巨大反响。美国有不少州都制定了对智力受损者强制绝育的法案。1927年，美国最高法院在对"巴克诉贝尔案"的判决中裁定，为了保护国家和人民的健康，对智力受损者施以强制绝育手术并不违宪，理由是"与其等着这些人犯罪之后再来判刑，或是让他们因为无能而饿死，不如防止那些生性明显低劣的人生育后代，这样对社会或全世界来讲都是一件好事……三代低能已经足够了"。

事实上，高达德的报告并不符合科学标准，其数据和研究方法都充满谬误。高达德自称是一位低能女性引起了他从事此项研究的兴趣，此人在报告中被他称为"Deborah Kallikak"，是那位酒吧女招待的后裔。后来的学者考证表明，Deborah Kallikak的真名叫Emma Wolverton，是一个智力正常而颇为任性的人，高达德把这种任性解释为低能，然后从遗传的角度找证据。

虽然美国和纳粹德国在第二次世界大战中是死敌，但是纳粹的"种族净化"梦想却和美国的优生学一脉相承。美国最高法院对于"巴克诉贝尔案"的裁定为正在兴起的德国纳粹党树立了楷模。1933 年，纳粹上台之后，迅速推出了《防止具有遗传性疾病后代法》，简称《绝育法》，规定患有一定疾病的人必须接受强制绝育手术，波及者多达数十万人。

今天，减少乃至禁止"下等人"繁殖的优生学在西方社会基本上已经被科学界和公众所抛弃。基因技术的发展，使得人类有可能从另一个角度来改善遗传素质，亦即通过寻找、修改和编辑致病基因来治疗与预防某些重症。

基因技术的发展也将改变"生育"的概念。科学家正在探讨将皮肤细胞通过基因编辑改造成精子或卵细胞，从而治疗各种不孕不育症。同性恋人也不必依赖领养或者精子卵子捐献，可以由其中一位从皮肤细胞生成精子或卵细胞，然后与伴侣的卵细胞或精子相结合，繁衍属于两个人的后代。

然而，越是在基因技术突飞猛进的今天，越是有必要避免将遗传简化为基因传递。人类不只是服从自然进化的规律，而是同时也一直进行着文明的演化。人类不仅要保证群体的繁衍，也要保证个体价值和权利的实现。强壮的猴王"一夫多妻"对于维持猴群的繁衍来说可能是最优的遗传策略，但是人类的历史发展表明，最大限度地保障每一位人类个体生育权的一夫一妻制才是文明演化的最优遗传策略。基因技术的发展必须遵循伦理学所指引和约束的方向，而伦理学必须在群体和个体之间寻求公平。

第八章

教　育

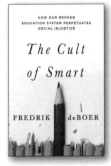

《指控教育：为何教育体系实属浪费
时间金钱》
作者：[美]布赖恩·卡普兰（Bryan
Caplan）
出版社：Princeton University Press
出版时间：2018 年 1 月
定价：29.95 美元

《对聪明的盲目崇拜：破碎的教育
体系如何使社会不公正永久化》
作者：[美]弗雷德里克·德波尔
（Fredrik deBoer）
出版社：All Points Books
出版时间：2020 年 8 月
定价：28.99 美元

教育何为

——《指控教育：为何教育体系实属浪费时间金钱》

从 1999 年开始，中国以平均每年扩招 50 万人的速度扩大高校招生人数，直到 2008 年才逐渐放缓。10 年之间，高校招生人数从 1998 年的 108 万人上升到 2008 年的 607 万人，中国迈进了高等教育大众化的时代。

美国每年大学招生人数将近 2000 万人。即便如此，还是有不少美国精英人士觉得美国的高等教育不够普及，有必要推动高校扩招。对于很多低收入家庭出身的美国人来说，昂贵的大学学费是令他们对大学教育望而却步的主要原因。有鉴于此，2017 年，纽约州率先立法，宣布从 2017 年秋季开始，家庭年收入在 10 万美元以下的本州学生，将获得免费就读纽约州公立大学的优惠。倘若美国其他各州起而效仿纽约州的这项立法，将会大幅提升美国的高等教育普及率。

然而，高等教育真的是越普及越好吗？政府真的应该大笔拨款资助教育吗？美国乔治梅森大学经济学教授卡普兰（Bryan Caplan）对这两个问题都说"不"。他在《指控教育：为何教育体系实属浪费时间金钱》（*The Case against Education: Why the Education System Is a Waste of Time and Money*）一书中系统阐述了说"不"的理由，辩锋犀利。该书甫一出版，即在美国知识界和舆论界引起强烈关注。

卡普兰主张，无论中小学还是大学，都不应该由政府通过纳税人的资金来提供资助，其经费只应该来自学费和私人捐赠。他的理由是，教育的主要价值，尤其是高学位教育的主要价值，并不在于它有助于人们成为更好的公民、思想者或工作者，而是在于其"信号"功能，能够清晰地显示出一个人的智力、毅力与遵守社会规范的能力。换言之，一个能够在逐级递进、层层淘汰的教育体系中脱颖而出或者说"幸存"的人，能够向就业市场和公众显示他具有优于那些被淘汰者的素质和能力。至于他究竟在学校里学了多少东西，其实并不是就业市场和公众的关注所在。

国内一篇曾经广受关注的报道可以佐证卡普兰的观点。2002 年和 2003 年的国际奥林匹克数学竞赛满分金牌得主付云皓在保送北京大学数学学院之后，沉迷于网络游戏，在数学之外的其他学科课程中屡屡挂科，最终因为物理补考成绩不及格只能从北大肄业，未能像许多国际奥数竞赛的参赛者那样从事学术研究，仅仅成为一所普通师范学院的数学教师。这篇题为《奥数天才坠落之后》的报道充满了"伤仲永"的意味。然而，付云皓因为物理挂科而不能正常毕业，并不说明他不具备从事数学研究的才华和能力，仅仅由于未能通过学位的"信号"功能来显示自己的素质和能力，在这篇报道中就被描述成了一个遭受"连绵不断的惩罚"的人，他所选择的"让初等教育越来越专业化"的人生道路，被定义为一种可怜的"失败"。

事实上，绝大多数通过物理考试的学生，只要以后的学习和工作与物理无关，都迟早会忘掉课程内容，与没能通过补考的付云皓并无差别。这也正是卡普兰指控教育体系的出发点：高中和大学开设的大多数课程都是不必要的，很快就会被学生遗忘，这些课程只能在很微弱的程度上提升学生的"人力资本"。除此之外，教育 80% 的价值就是"信号"——即使你没有学到任何有用的东西，一个学位也能让潜在的雇主相信你具有足够的智力、毅力和遵守社会规范的能力，可以胜任未来的工作。

和付云皓不同，卡普兰是教育体系中游刃有余的胜出者，他当学生时的基本策略就是对每门课都想办法花最少的时间来考最高的分数，结果轻松拿到了加州大学伯克利分校的学士学位和普林斯顿大学的博士学位。他并没有自鸣得意地教导世人"我的成功可以复制"，而是致力于揭示教育体系的荒谬。

既然教育的主要价值在于"信号"，那么从全社会的角度来看，教育基本上就是"零和博弈"，一些人所得就是另一些人所失。卡普兰指出，从前很多美国人不需要高中毕业也能找到一份收入不菲的工作，成为中产阶层；而现在如果不是大学毕业就很难找到工作，但其实很多大学毕业生干的也就是过去高中生甚至教育水平更低者所干的活，其职业技能主要来自入职以后的培训，与大学课程无甚关系。教育，尤其是高等教育，在很大程度上是对时间和金钱的浪费。而很多低收入劳工阶层的子女本应选择职业高中，结果却在普通高中浪费三年，高中毕业后既上不了大学，也缺乏工作技能。

如果政府用纳税人的钱来资助教育，除了浪费大笔公帑之外，还会加剧社会不平等。教育的"信号"功能意味着，有很多受教育水平低的工作者挣得比他们应得的少，同时有很多受教育水平高的工作者挣得比他们应得的多。在当今美国社会，教育的"信号"功能被高度强化了，和那些仅仅拥有高中毕业证的人士相比，大学学位拥有者的平均薪资要高出 84%，通过积累工龄来提升薪资是非常缓慢的，10 年工作经验常常也比不上一纸学位证书。因此，政府公帑推动的高校扩招只会让更多的高学历年轻人来挤占低学历中年人的机会和资源，让后者挣得比他们应得的更少。

在美国，历来有一种观点认为，政府有必要资助教育，因为教育是培养民众成为具备足够信息、知识和思辨能力的"理性"选民的必要条件，是民主制度的基石。卡普兰则否认教育可以让民众成为优质的"理性"选民，他在 2007 年出版的《理性选民的神话：为何民主制度选择不良政策》(*The Myth of the Rational Voter: Why Democracies Choose Bad Policies*) 中指出：在经济市场上，人要为自己的每一项选择负责，要承担不理性的错误决策所造成的后果；而在选举中，每个人投出的那一票和众多选民相比是无足轻重的，对选举结果的影响几乎可以忽略不计，因此选民会倾向于选择"非理性"，沉迷于某一竞选者魅力四射的政治造势活动，而不是理性辨析其政策后果。因此民主常常是失灵的，民粹横流才是选举政治的常态，精英也会被煽动家牵着鼻子走，再高的教育也无济于事。

卡普兰对教育体系的尖锐批判诚然劲爆，但立论过于偏激，故而反驳者甚众。反对意见主要集中在以下几点：其一，卡普兰高估了教育的"信号"功能，现有的计量研究表明，"信号"功能虽然重要，但只占教育价值的 30% 左右，教育的主要价值还是体现在人力资本提升等方面；其二，卡普兰认为政府资助教育会加剧社会不平等，但是他没有考虑社会上最为贫穷的群体，他们如果没有政府资助将会无法负担对于找工作来说最起码的教育；其三，卡普兰声称低收入劳工阶层的子女就应该选择职业高中，这等于是主张阶层固化，让低收入劳工阶层的下一代继续从事低技能、低收入的工作。

最有力的驳斥来自长期研究教育的经济学家麦克弗森（Michael McPherson），他在《下一步教育》(*Education Next*) 杂志发表书评指出，教育的关键用途并不在于让受教育者掌握某种特定的知识和技能，而是在于使其具备适应变化和处理不确定性的能力。一个例证是，在人类历史上，农业长期依赖基本的手工农具，农家子弟只需要重复其父辈的技能，超出基本识字范围的求学在经济上是一种浪费。然而，当机械化、化肥等新技术出现以后，在全世界范围内，农民之间的受教育程度差距迅速转化为显著的财富差距。原因并不在于那些受过教育的农民更善于学习新技术本身，而是在于他们更懂得如何利用新技术所带来的各种机遇。

换言之，卡普兰关注的只是如何在一个静止的世界里以最经济的方式实现充分就业，但真正的问题却是如何应对一个变动不居的世界的重重挑战。然而，他对教育体系的批判虽然剑走偏锋，却切中时弊，值得每一位关心教育的人士深省。

走出英才制度的樊笼

——《对聪明的盲目崇拜：破碎的教育体系如何使社会不公正永久化》

近年来，民粹主义大潮席卷西方世界，引发了巨大的社会动荡和制度危机。民粹主义是对"英才制度"（meritocracy）的反抗，对英才制度的反思也因此成为西方知识界的热点话题。

曾经以《21世纪资本论》一书震撼世界的法国经济学家皮凯蒂在2019年出版了新书《资本与意识形态》（*Capital and Ideology*），他在书中指出，民粹主义在西方世界兴起的关键原因在于，自从20世纪90年代以来，此前长期代表低受教育程度和低收入群体的左翼政党变成了知识精英阶层主导的政党，从而放弃了改善底层50%人群的社会经济纲领。皮凯蒂将当今西方的左翼政党称为"婆罗门左派"，婆罗门是印度种姓制度中的最高等级，皮凯蒂用这个术语来隐喻知识精英与普通民众之间的分野犹如种姓制度一样难以逾越。近30年来，代表知识精英阶层的"婆罗门左派"和代表高收入群体的"工商右派"在西方主要国家轮流执政，令普通民众的政治诉求得不到回应，日积月累的不满最终导致民粹主义大潮的决堤。

英才制度的含义是在考试成绩或工作绩效上更为优秀的人有权利获得更多的资源，它在教育上体现为"择优录取"，在工作上体现为"唯才是举"。在当代社会，英才制度和教育直接挂钩，是否有学历，是否出身名校成为衡量一个人优秀与否的重要标准。对英才制度的反思者常常强调，改进这一制度的关键在于扩大高校招生的覆盖面，照顾来自社会中下阶层的学生。这种观点并未质疑英才制度的基本逻辑，只是要求增进高等教育资源的机会平等。

然而，美国经济学家卡普兰在《指控教育：为何教育体系实属浪费时间金钱》一书中主张，教育的主要价值在于其"信号"功能，一个能够在逐级递进、层层淘汰的教育体系中脱颖而出或者说"幸存"的人，能够向就业市场和公众显示他具有优于那些被淘汰者的素质和能力。至于他究竟在学校里学了多少东西，其实并不是就业市场和公众的关注所在。从全社会的角度来看，教育基本上就是"零和博弈"，一些人所得就是另一些人所失。按照这种釜底抽薪的思路，即使想方设法扩大招生覆盖面，也无法改变教育体系的本质功能就是要筛选赢家、淘汰输家的事实，最终还是会造成普通民众和知识精英之间的分野和对立。

如果说卡普兰揭示了教育体系和英才制度在实践中的缺陷，美国作家德波尔（Fredrik deBoer）的《对聪明的盲目崇拜：破碎的教育体系如何使社会不公正永久化》（*The Cult of Smart: How Our Broken Education System Perpetuates Social Injustice*）一书，则是对教育体系和英才制度旨在将赢家和输家分门别类的基本逻辑给出了犀利的批判。

近几十年来，美国的教育体系日益采取了统一而严格的课程标准，课程的差异性和灵活性受到排斥。研究者发现，在严格的课程标准下，中学生在代数课上的不及格率惊人，成为导致留级乃至辍学的主要原因。事实上，如果不是教师在很多情况下高抬贵手放差生过关，免得他们落后于同龄人，不及格率还会高出很多。

德波尔指出，为了让大多数学生从中学毕业，应该放宽课程标准，用实用的统计课程取代抽象的代数课程，同时为那些想要在数学上深造的学生提供进阶课程。如果相信教育能够塑造人的神话，相信任何学生在任何科目上都能够通过自身努力达到任何水平，那么可以主张高标准、严要求。但是如果不再相信这个神话，那么就应该接受较低的标准，以便让更多的学生留在学校中，让那些永远不会达到更严格标准的学生免于失败的挫折和羞辱。

之所以说"教育能够塑造人"是一个神话，因为一个人在某一科目上的学习能力在很大程度上是由基因决定的。这包含了两个层面的事实：其一，遗传塑造了人的许多方面，包括通常定义的"智力"或学术能力；其二，在不同人口群体之间并不存在由于遗传所导致的智力差异，例如黑人的智商并不比白人低，女人在科学上并不比男人差，但是个体遗传所导致的智力差异是真实存在的，会引发难以逾越的成绩差距——这其实就是孔子说的"唯上智与下愚不移"。

将智力差异归因于种族差异是完全错误的。在人类遗传基因错综复杂的表型中，肤色只是标志之一，通过肤色定义的种族概念所包装的远远不止基因血统，还包含了所有的文化、社会、语言和政治标记，在历史上是为了维护白人至上而制造出来的。但是，个体基因遗传所造成的智力差异是客观存在的。世界上大多数遗传行为学专家都反对"智力与种族相关"，同时相信遗传影响智力。

这并不是否认"智力"是一个社会化的概念。当第二次世界大战结束之后犹太人开始大量进入美国精英大学时，这些大学决定将"性格"作为智力的一部分纳入招生程序，以确保有足够多的白人盎格鲁—撒克逊新教徒男性能够入学，理由是他们具有符合文化规范的"性格"。而现在美国社会对智力的定义重视那种适合华尔街或硅谷的量化思维能力，无视情商、社会意识或道德推理，这说明了为什么在金融和 IT 行业充斥着唯利是图的反社会人格。这并不意味着智商测试不能呈现任何有意义的事情，智商测试能够反映出一致而持久的特质，并且能够预测与这套特质相关的学术和社会结果。然而，通过英才制度和教育体系对这套特质进行奖励，是一种社会选择，由此产生了深远的负面后果。

德波尔强调，当前美国社会的关键政治任务是反对如下理念，即只有那些能解复杂方程式的"做题家"才是有价值的人。每个人都可以通过自己的方式成为一个优秀的人，一个有价值的人。当今美国英才制度所推崇的量化思维能力反而是未来职场中最有可能被人工智能取代的。

"扶持行动"（affirmative action）是美国增进高等教育机会平等的主要途径，是在招生时对社会经济条件处于劣势的黑人和拉丁裔等群体给予优待，减少种族之间的社会经济不平等。但是无论如何，总会有人在选拔中被淘汰，他们是否就应该得到贫穷、无望和边缘化的待遇？如果学业成绩很大程度上是由智力决定，而智力来自基因遗传，不在个人控制范围之内，那么用智力来决定一个人的物质生活条件是否公正？

这涉及哲学家罗尔斯的正义理论。罗尔斯认为，一个人由于自然和社会的偶然因素所拥有的优势，不能成为他借此获得较大益处的正当理由。他在《正义论》中写道："既然出身与自然天赋方面的不平等是不应得的，这些不平等就应当以某种方式来补偿。这样，这个原则就认为，为了平等地对待每一个人，提供真正的机会平等，社会必须对于那些自然天赋较低或出身于较不利的社会地位的人给予更多的注意。这个观念就是要按平等的方向补偿由偶然因素造成的倾斜。"

德波尔指出，与罗尔斯的正义理论恰恰相反，英才制度的基本逻辑就是把赢家和输家分门别类，确保前者获得更大的经济奖励。只要这个基本逻辑不改变，任何通过局部修补增进机会平等的做法，最终都将会加深不平等。因此，有必要重建社会契约，提倡"结果平等"。

"结果平等"很容易让中国人联想起计划经济时代的大锅饭。然而，在当今西方社会方兴未艾的"全民基本收入"理念，就是对"结果平等"的一种实践。比利时学者帕里斯（Philippe Van Parijs）和范德鲍特（Yannick Vanderborght）在 2017 年出版的《基本收入：一个关于自由社会与理智经济的激进建议》（*Basic Income: A Radical Proposal for a Free Society and a Sane Economy*）一书中指出，"全民基本收入"就是政府直接把钱发给公民，金额应为人均 GDP 的四分之一。按照 2019 年的数据，这意味着美国人每月 1329 美元，而中国人每月 214 美元。"全民基本收入"的特征是"个人、普遍、无义务"，"个人"是指将钱直接发给个人而非家庭；"普遍"是指与接受者的收入和资产无关；"无义务"是指不要求接受者参加工作。派发这笔钱的理由在于，一个社会的技术和产业发展是建立在无数前人的智慧和劳动的基础上，今天的社会总财富是所有成员的共同遗产，每位成员都应当享有平等的红利。

"全民基本收入"理念的普及，与 2020 年美国总统大选的华裔参选人杨安泽的竞选活动有很大关系。杨安泽宣称，在新技术革命所向披靡的时代大潮面前，未来 10 年，美国将会有 7000 万人因为人工智能和自动化技术的迅速发展而失去工作，迫切需要推出"全民基本收入"为民众提供生活保障。

按照经济学教科书的正统观点，技术进步固然会造成一部分工作机会消失，但同时也会创造新的工作机会和社会财富，故而不必杞人忧天。牛津大学经济史学者弗雷（Carl Frey）在《技术陷阱：自动化年代的资本、劳动与权力》（*The Technology Trap：Capital, Labor, and Power in the Age of Automation*）一书中驳斥了这种观点。他指出，主流经济学家的误区在于其视野囿于 20 世纪的经验。20 世纪的技术进步具有普惠特征，促成了财富的平等分配和中产阶级的涌现，但这是因为 20 世纪的技术发展主要属于"劳动赋能型"，例如流水线的发明既增加就业，又降低劳动强度。但是当前人工智能和自动化技术的进步，类似于第一次工业革命时期蒸汽机和多轴纺纱机的问世，属于"劳动替代型"。第一次工业革命曾经使得三代英国工人陷入失业和低收入的悲惨处境，而将来美国有 47% 的工作岗位会被机器替代。这些岗位不仅包括传统的蓝领职业（例如无人驾驶技术会令美国 350 万卡车司机下岗），也包括像基金经理、工程师、律师、医生等精英职业。如果不能通过财富再分配来补贴新技术革命中的输家，结局不堪设想。这说明了"结果平等"的重要性。

"全民基本收入"的一个重要特征是"无义务"，也就是不要求接受者参加工作，这是在制度层面对资本主义"工作伦理"的消解。在美式资本主义的价值体系里，工作挣钱、谋求职场升迁乃是神圣的宗教伦理。杨安泽指出，大多数人追求"好工作"的动机只是出于对失败的恐惧，而不是为了实现人生价值，这使得体制成为大多数人的陷阱，他们被体制榨干，而不是成为完满的人。值得指出的是，"工作伦理"并不是美式资本主义的专利。1987 年诺贝尔文学奖得主、苏联诗人布罗茨基就曾经被苏联政府以"社会寄生虫"的罪名判服苦役 5 年。

"工作伦理"和英才制度构成了完美的闭环。美国学者马科维茨（Daniel Markovits）在《英才制度陷阱：美国的基础神话如何助长不平等，瓦解中产阶级，吞噬精英》（*The Meritocracy Trap: How America's Foundational Myth Feeds Inequality, Dismantles the Middle Class, and Devours the Elite*）一书中指出，在英才制度下，一方面是中下阶层无法向上流动，"美国梦"破灭；另一方面是貌似实现了"美国梦"的精英阶层，为了维持财富和社会地位，更加拼命地榨取自己，并将这种逻辑传递给自己的后代，他们和中下阶层一样是受害者。

要走出英才制度的樊笼，首先需要改革教育体系。德波尔提出了几条改革路径：第一，提供全面的儿童保育和课后照顾服务；第二，将法定辍学年龄降至 12 岁，亦即允许一部分实在不想上学的人小学毕业就自谋出路；第三，取消由政府提供经费、私人经营的"特许学校"，这类学校注重考试成绩，倾向于大幅削减那些与提高分数没有直接关系的教学项目；第四，放宽课程标准；第五，要让民众理解，上大学并不是生活称心如意的必要条件。

在知识精英与普通民众之间的分野犹如种姓制度一样难以逾越的大背景下，德波尔所倡导的教育改革，虽然乍听起来像"全民基本收入"一样过于理想主义，但却是重建社会契约的第一步。

第九章

警惕灾难

《警告：发现卡珊德拉阻止灾难》
作者：[美]理查德·克拉克（Richard A.
Clarke）、R.P. 艾迪（R.P.Eddy）
出版社：Harper Collins
出版时间：2017 年 5 月
定价：29.99 美元

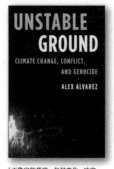

《不稳定的基础：气候变化、冲突
与族群清洗》
作者：[美]亚力克斯·阿尔瓦雷斯
（Alex Alvarez）
出版社：Rowman & Littlefield
出版时间：2017 年 7 月
定价：34 美元

《流行病与社会：从黑死病到现在》
作者：[美]弗兰克·斯诺登（Frank
M. Snowden）
出版社：Yale University Press
出版时间：2019 年 10 月
定价：40.00 美元

《我们的最后警告：气候紧急状态的六度》
作者：[英]马克·林纳斯（Mark Lynas）
出版社：Fourth Estate
出版时间：2020 年 4 月
定价：27.99 美元

聆听卡珊德拉

——《警告：发现卡珊德拉阻止灾难》

卡珊德拉是古希腊神话中的特洛伊女祭司，拥有准确的预言能力，却由于得罪日神阿波罗而受到诅咒，导致她的预言不被人相信，甚至成为世人眼中的疯子。对于攸关特洛伊命运的诸多重大事件，诸如帕里斯与海伦私奔、特洛伊战争、木马计等，她都做出了准确预言，反复警告，但得到的却只是同胞的轻蔑和谩骂。直到特洛伊城最终沦陷，特洛伊人才如梦初醒，流泪忆及卡珊德拉的预言，但已无力回天。

作为一个神话原型形象，卡珊德拉之所以具有经久不衰的感染力，盖因几乎每个时代都有一些预言家背负着相同的命运。他们洞悉可怖的噩运，竭力警告世人却横遭白眼，甚至落得"千夫所指，无疾而终"的下场。那么，有没有可能让世人少一点追悔莫及的眼泪，及时聆听这类卡珊德拉式预言家的警告呢？这正是《警告：发现卡珊德拉阻止灾难》（*Warnings: Finding Cassandras to Stop Catastrophes*）一书的主旨所在。

该书两位作者之一的克拉克（Richard A. Clarke）本人就是一个卡珊德拉式的人物。他在 1992 年被老布什总统任命为美国反恐事务的主管和国家安全委员会成员，直到 2003 年离职以前，一直扮演着美国"反恐沙皇"的角色。在"9·11"之前，他反复提醒小布什政府注意本·拉登有可能对美国本土发动恐怖袭击，却被认为纯属小题大做，本末倒置。在"9·11"之后，他又因为预言美国发动伊拉克战争将会适得其反，而受到副总统切尼的公开指责。这段胸中块垒显然是他研究卡珊德拉现象的驱动力。

这本书分为两大部分。第一部分研究了最近 30 年来的 7 起灾难性事件，包括 1989 年伊拉克入侵科威特、2005 年美国"卡特里那"飓风、2014 年恐怖组织"伊斯兰国"（IS）的崛起、2011 年日本福岛核泄漏事故、2008 年美国麦道夫金融庞氏骗局案、2010 年美国西弗吉尼亚矿难、2008 年全球金融危机。它们的共性是在每一起事件发生前，都曾经有卡珊德拉式的准确预言，但都遭到无视。

两位作者运用系统分析的方法，通过案例研究，总结出了一个"卡珊德拉系数"的矩阵，在此无法全盘详述，只能择其荦荦大端，简单介绍。

其一，从警告的角度而言，如果所警告的事件在历史上从未发生过，或是不符合专家们的共识（共识当然完全可能是错误的），或是事件规模过于巨大（所谓"一个人的死亡是悲剧，100 万人的死亡只是统计数字"），或是感觉过于玄幻犹如好莱坞大片，或是司空见惯导致视而不见，就容易令人产生拒斥心理。

其二，从决策者和公众的角度而言，如果没有人专门负责处理对灾难性事件的警告，或是议程墨守成规，或是缺乏必要的专业知识来理解一个复杂的警告，或是出于意识形态的反感，或是保守怯懦缺乏勇气，或是满足于解决表面现象而拖延根本问题，或是无法识别异常事件，就会导致对警告的漠视。

其三，从预言家的角度而言，如何将卡珊德拉式的洞悉未来者和形形色色的游谈无根者区别开来？毕竟后者在数量上远远大于前者。如果一个预言家本身是某一领域内可信的专家，具有令人不快的个性，对数据了如指掌，擅长跨领域的原创性思考，质疑一切未经重复验证的结论，具有强烈的责任心和焦虑感，那么他或她就很可能是一个卡珊德拉式的人物（当然不能保证一定就是）。

其四，从批评者的角度而言，哪些人易于成为卡珊德拉式预言家的批评者和反对者？一种情况是某些专家出于科学上的严谨，觉得警告内容尚未得到"足够"充分的数据验证，或是尚未显示"足够"明显的迹象，殊不知对于灾难性事件来说，当数据"足够"充分，迹象"足够"明显之时，就已经无法挽回了。另一种情况则是出于私心，因为警告的内容推翻了专家们先前建立的知识体系，打破了他们的权威，所以遭到他们的反对。还有一种情况是专家们对警告表示认同，但是一些有社会地位的非专业人士振振有词地对其加以奚落。最后一种情况则是打太极拳式的应对："嗯，你所警告的灾难也许会发生，但是眼下我们还有更迫切的事情要处理……"

第二部分将目光转向未来有可能发生的重大灾难性事件。作者列举了七个方面，都是早已有人发出警告，但在公众舆论中争议纷纭，而各个国家和国际社会的决策者们并未真正着手面对的。其一是人工智能凌驾于人类智慧之上，导致人类受其控制；其二是新型的致死微生物导致全球大瘟疫；其三是全球气候变暖导致海平面上升；其四是地区性核战争令烟尘密布全球大气层的中间层，从而遮蔽太阳照射，导致地球进入冰河世纪；其五是互联网遭受类似珍珠港事件的黑客攻击；其六是流星撞击地球；其七是基因编程技术导致在实验室里诞生可怕的新物种，或是"美丽新世界"式的人种改进。

读者也许会问，难道这些警告不都早已为人熟知了吗？有多少科幻小说和大片是以此为题材啊。然而，如前所述，警告的内容给人感觉过于玄幻，恰恰是令人心生拒斥的理由。大众文化对此类警告的消费，其实常常是消解了它们本应唤起的惊悸之感，转化为娱乐性的心灵抚慰。

两位作者在这本书中的分析是富于启发的，但是其局限性也非常明显。他们的考察重点在于思维习惯，对社会规范、政治制度、文化心理等不是未曾涉及，就是一语带过。就拿作者身处其中的美国社会来说，西弗吉尼亚矿难的警告之所以被无视，背后主要是经济利益和阶级政治在起作用；麦道夫金融庞氏骗局案在很大程度上是"皇帝的新衣"，很多圈里人不是不知情，只是不愿开口说出真相而已；全球气候变暖就更是关系到利益大洗牌、社会大重组的政治议题，与流星撞击地球的议题完全不是一个层次。

此外，在古希腊神话里，除了卡珊德拉的预言，还有俄狄浦斯的预言，亦即所谓"自我实现的预言"。对于有些议题来说，由于存在"集体行动的非理性"，一个准确的预言反而会加速灾难的到来。比如当公众都意识到金融危机将至，争先恐后地挤提或赎回，只会令金融危机来得更加迅猛。再如互联网所面临的黑客攻击，越是有预言家揭示其风险巨大，就越能刺激某些个人、组织乃至政府下大本钱投入黑客行动，因为彼之风险就是我之收益，于是网络空间的暗战就会不断升级。两位作者完全忽视了此类警告的"自我实现"效应，不能不说是一个理论上的盲点。

最后，两位作者也许并未意识到，卡珊德拉式的预言家虽然要面对公众的漠视和冷嘲，饱受孤独和焦虑的煎熬，但其实仍然是幸运的。毕竟他们的声音传播到了公共领域，而没有从一开始就被封杀。在古希腊神话里，虽然卡珊德拉被特洛伊同胞视为精神错乱的疯女人，但她一直保持着阿波罗神庙祭司的地位，虽然说出的警告不被相信，但还是可以一直说下去。在古罗马作家维吉尔的《埃涅阿斯记》中，特洛伊英雄埃涅阿斯从燃烧的特洛伊城逃到意大利，最终成为罗马人的祖先。也就是说，保障了卡珊德拉"警告权"的特洛伊终究未曾绝祀。

气候变化的潘多拉盒子

——《不稳定的基础：气候变化，冲突与族群清洗》

近年来，气候变化已经成为备受瞩目的全球性议题。然而，多数论者主要是在自然灾害的层面评估气候变化的后果，并未从人类命运的视角展开充分讨论。这也使得公众普遍对于气候变化缺少足够的危机意识。

美国北亚利桑那大学犯罪学教授阿尔瓦雷斯（Alex Alvarez）的《不稳定的基础：气候变化、冲突与族群清洗》（*Unstable Ground: Climate Change, Conflict, and Genocide*）一书，是一部探讨气候变化对人类社会灾难性冲击的开创之作。书中指出，气候变化所导致的资源匮乏和资源争夺，将会触发频繁而剧烈的冲突、战争和族群清洗，这是世界许多地区已经和正在发生的事实。

气候变化主要是指由于人类活动所造成的全球变暖现象，其原因是自从工业革命以来大量使用矿石燃料而导致二氧化碳等温室气体排量剧增。如果未来地球的平均气温再上升 4 摄氏度，将会导致全球一半耕地荒废，彻底摧毁人类的粮食供应。就当前而言，全球变暖的直接恶果是改变了大气层的环流规律，从而改变降雨分布，导致世界部分地区洪涝频发，而另一些地区则陷于持久干旱。洪涝的危害自不待言，持久干旱所引发的水资源匮乏更是会动摇人类社会的生存基础。

阿尔瓦雷斯详细分析了进入 21 世纪以来发生的两场与水资源匮乏有关的重大冲突事件：一是始于 2003 年、至今尚未消弭的达尔富尔危机；二是从 2011 年持续至今、不断升级的叙利亚危机。

达尔富尔位于苏丹西部，处于沙漠和草原过渡地带，面积约 50 万平方公里。历史上其北部居住着游牧的阿拉伯部落，南部则居住着从事农耕的黑人土著。1998 年以来，长年旱灾使得达尔富尔北部草原大幅沙化，阿拉伯游牧部落陆续迁入南部寻找草场和水源，与黑人农耕土著的关系急剧恶化。由于苏丹政府一向由国内的阿拉伯族群所掌控，故而在冲突中偏袒南迁的游牧部落。从 2003 年开始，以黑人民兵为一方，政府军和游牧部落民兵为另一方爆发冲突，黑人民兵起初取得了若干胜利，但游牧部落民兵随后凭借精良装备占据优势，大开杀戒。联合国将达尔富尔冲突称为严重的"人道主义危机"，美国等西方国家则将其定性为"族群清洗"。

叙利亚危机是指分属不同宗教派别的叙利亚政府与反对派之间从 2011 年开始的内战，不仅中东各国和美国、俄罗斯等相继介入角力，而且直接导致恐怖组织"伊斯兰国"（IS）的崛起。在这场危机中迄今已有几十万人被杀，近千万人流离失所。联合国报告称政府军和反对派武装均犯下了族群清洗的战争罪行。气候变化是导致这场危机的重要原因之一。从 2006 年到 2011 年的持续干旱，造成叙利亚主要粮食作物小麦减产 47%，大麦减产 67%，牲畜存栏数从 2100 万减少到 1500 万，这对于一个四成劳动力从事农业的国家来说是致命的。政府不但未能为民众纾困，反而贪腐丛生。2011 年，在遍及邻国的"阿拉伯之春"运动的影响下，反对派发起示威活动，叙利亚政府出兵镇压，冲突遂一发而不可收拾。

在古希腊神话中，潘多拉打开诸神送给她的密封的盒子，释放出了种种祸患。气候变化对于人类社会来说，其实也正如打开了潘多拉的盒子，释放出人类自身的群体暴力。这些群体暴力主要是针对长期遭受偏见的少数族群，不但会导致骚乱、屠杀和战争，而且很有可能引发将特定宗教、民族、种族或国籍的群体屠戮殆尽的族群清洗。

身为犯罪学教授的阿尔瓦雷斯将人类社会的群体暴力根据其导因分为三大类型：政局主导、意识形态主导和心理主导，在书中详细分析了群体暴力与气候变化的叠加效应。

先看政局主导的群体暴力，它主要是国家治理失败的产物。在当今世界，南苏丹、索马里、中非共和国和苏丹是四个治理最为失败的国家，紧随其后的是刚果民主共和国、乍得、也门、叙利亚、阿富汗、几内亚、海地、伊拉克、巴基斯坦、尼日利亚、科特迪瓦和津巴布韦等国家。在这些国家的许多地区，政府权力处于真空状态，公共管理付之阙如，为各种军阀、革命运动、有组织犯罪集团和恐怖组织的崛起铺平了道路，群体暴力接踵而至。

政局动荡所造成的群体暴力固然可怕，但是导致族群清洗的关键因素还是意识形态。当一个国家的社会精英主要出身于某一特定族群，而且该国的意识形态具有族群上的排他性时，其治理失败易于引发族群清洗。相反，一个具有族群包容性的国家即使治理失败，动荡不安，也不大可能引发族群清洗。

在前述的两个例子中，苏丹不仅自从独立以来一直由阿拉伯人掌控国家机器，而且一直将自己定义为一个阿拉伯国家，多方压制国内黑人土著的权利。叙利亚则长期处于阿拉维派和逊尼派的教派冲突状态，阿萨德政权属于占人口 12% 的阿拉维派，这一教派在历史上长期被逊尼派压制，在法国委任统治时期大批从军，在叙利亚独立以后通过掌控军权而掌控政权，长期通过冻结民众基本权利的"紧急状态法"治理国家。两个国家的内战都走向了族群清洗。

书中提到的另一个较早的例子是 20 世纪 90 年代的卢旺达大屠杀。在从 1994 年 4 月 6 日至 7 月中旬的 100 天内，卢旺达的胡图族对图西族实施族群清洗，导致该国 700 万人口中约有 50 万到 100 万人被杀。

事实上，胡图族和图西族在语言和文化上都十分相近，其差异主要来自比利时殖民时期的强行划分，个子高、鼻子窄、肤色浅者被界定为图西族，反之则被界定为胡图族，殖民者将图西族扶植为统治阶级。卢旺达独立以后，胡图族执掌政权，展开报复，在国家意识形态中一再宣称历史上图西族是压迫者，胡图族是被压迫者，尤其是反复强调图西族内心深处仍然希望奴役胡图族，因此胡图族应当不惜一切代价来镇压图西族的反抗。1989 年以后，由于气候变化导致持续干旱，加之滥伐森林造成河流枯竭，卢旺达出现了严重的粮食短缺，族群矛盾恶化。扭曲的意识形态打开了族群清洗的地狱之门，那些支持和平的胡图族人也因被施暴者视为叛徒而惨遭杀害。

在卢旺达大屠杀中，族群清洗的主导因素已经不仅仅是意识形态作祟，而是源自心理层面甚至是潜意识最深层的"恶"。阿尔瓦雷斯指出："意识形态能够强烈地塑造人的认识能力，以至于让那些参加族群清洗和其他形式的群体暴力的人认可其残暴行为的道德必要性。具有嘲讽意味的是，那些族群清洗的肇事者仍旧将自己定义为善良、道德和爱国的公民。……危险的意识形态还会经常强调历史上的受害经验，以此有效地强化和延续一种被侮辱过的群体身份，从而为族群清洗和其他形式的暴力提供了一份预先准备好的辩护理由。这就是所谓'被选择的创伤'，借此建立的群体身份能够用来将当下的迫害和暴力加以正当化。"

　　当前的公众舆论主要是将气候变化当成一个自然灾害问题，鲜有从人类命运的视角来洞察这一议题的纵深。然而，气候变化对人类社会的灾难性冲击，并不能简化为海平面升高多少、降雨量改变多少等等这一类可以被量化的科学问题。正所谓"天作孽犹可违，自作孽不可活"，气候变化打开了潘多拉的盒子，让人类社会在日益加剧的资源争夺中释放各种"自作孽"的恶端，才是其最直接、最致命的危害。

　　改善国家治理，促进族群包容，净化群体心理的魔障，应是人类社会应对气候变化的当务之急。

流行病的历史教训
——《流行病与社会：从黑死病到现在》

众所周知，战争、革命和经济危机会对社会造成巨大的冲击。而在历史学家斯诺登（Frank M. Snowden）看来，流行病对社会的冲击力绝不亚于战争、革命和经济危机。他在《流行病与社会：从黑死病到现在》（*Epidemics and Society: From the Black Death to the Present*）一书中讲述了流行病在全球化之前的西方世界和在全球化时代的全世界所造成的长期社会、政治与文化后果，梳理了宝贵的历史经验和教训。

最显著的历史教训，莫过于不可预测的流行病对大国战略的破坏力。拿破仑被公认为人类历史上最杰出的统帅之一，但是他的霸图却两度因为流行病而落空。1801 年底，拿破仑派遣他的妹夫勒克莱尔率领军队渡过大西洋，镇压海地的黑人革命。当时法国还统治着北美大陆广袤的法属路易斯安那地区，拿破仑希望以海地为跳板与英国较量，在西半球建立一个庞大的殖民帝国。然而，派往海地的法军在成功镇压革命之后，很快便因为黄热病而大批死亡，勒克莱尔也在1802 年去世。拿破仑不得不放弃海地，并在 1803 年把法属路易斯安那卖给新兴的美国，这成为法国势力淡出西半球和美国启动"西进运动"的转折点。

1812 年，拿破仑亲自指挥 61 万大军入侵俄国，起初所向无前，势不可当，但是由于水土不服，加之俄国军队事先污染了沿途的水源，导致痢疾和通过虱子传播的斑疹伤寒在法军中流行，造成死伤枕藉，大量减员，士气低落。拿破仑虽然挥师攻入莫斯科，无奈俄国军队坚壁清野，严冬来临，天寒地冻，只能被迫退兵。当法军撤退到华沙之后，原本 61 万大军只剩下不到 6 万人。一度几乎控制了整个西欧大陆的拿破仑帝国因此分崩离析，各个附庸国纷纷脱离法国独立。1814 年拿破仑被迫退位并被放逐，此后他虽然卷土重来，但最终因为滑铁卢战役的失败而彻底退出历史舞台。

流行病常常会加剧平时隐藏在日常秩序之下的阶级矛盾和社会冲突。1884 年，意大利暴发霍乱，作为疫情中心的意大利南部第一大城那不勒斯有 6000 人因此死亡。霍乱病人主要是卫生条件不佳的下层民众，而上层人士少有染病。阴谋论在下层民众中盛行，很多人相信这次疫情的起因是当局为了清除低端人口而暗中投毒。市政当局派遣由警察护送的医生挨家挨户清查疫情，更激起了广泛的怀疑和恐惧，下层民众对警察和医生的攻击一度发展成为巷战，迫使政府调动军队镇压。而当一名杂货商人的儿子在医院不治身亡之后，此人激动地宣称是医生谋杀了他儿子，由此引发了一场暴乱。

流行病所引发的"阶级之战"不仅包括下层民众针对上流社会的造反，也包括上流社会对下层民众的镇压。在资本主义社会的初级阶段，欧洲上流社会习惯于将人口稠密、房屋破败拥挤、环境肮脏恶浊的无产阶级聚居区视为瘟疫策源地，将贫穷的无产者视为"危险"的疾病传播者。19 世纪对于无产阶级的两次最为血腥的屠杀，就发生在曾经两度爆发大规模霍乱的巴黎，一次是 1848 年，卡芬雅克残酷镇压"六月起义"；另一次是 1871 年，梯也尔血洗"巴黎公社"。导致这两次屠杀的原因，除了一般意义上的阶级矛盾之外，还因为当时的巴黎上流社会相信这个肮脏褴褛的"危险的阶级"充满了道德上和病理上的邪恶。

自古以来，对于流行病的防御措施常常包含了对特定人群的社会排斥，而这种排斥又常常反过来助长了疾病的扩散。1896 年，源于云南的鼠疫经由香港传播到了英国殖民统治下的印度西海岸大都市孟买。殖民政府对感染者实施强迫隔离措施，并以铁腕手段进行盘查、消毒、疏散，对受感染的社区房屋毫不留情地予以拆除。这些措施并非出自医学上的深思熟虑，而是草率生硬的高压政策，体现了殖民政府固有的傲慢。孟买有一半居民逃出城外，盖因畏惧政府的铁腕手段更甚于害怕染病。孟买政府宣称有效控制了当地疫情，然而逃出城外的几十万人却使得疫情不仅遍及全印度，而且随着新兴的蒸汽轮船播散到了欧洲、非洲和美洲，成为人类历史上第三次鼠疫大流行。

政府对于流行病的不作为、隐瞒和否认在历史上经常发生。那不勒斯在 1884 年的霍乱之后，耗巨资重建城市，市政当局信誓旦旦地宣称这座城市永远不会再有霍乱流行。然而，1911 年，那不勒斯再度暴发霍乱。意大利政府和那不勒斯市政当局联手封锁消息，委派秘密警察没收医生关于如何防范霍乱的传单，逮捕向公众警告霍乱疫情的医护人员。当时正值意大利王国成立 50 周年，意大利政府担心疫情一旦公开，会破坏庆典气氛，损害国家形象。而那不勒斯市政当局在城市重建过程中与黑社会相互勾结，中饱私囊，令工程质量大打折扣，如果公开疫情，无法对公众交代。政府的隐瞒导致这场霍乱传播到了那不勒斯之外，席卷意大利全境，成为大作家托马斯·曼的著名小说《死于威尼斯》的故事背景，最后又传播到了美国。

南非政府对于艾滋病的态度更是令人扼腕。20 世纪 80 年代初期，南非发现了艾滋病。早期的病人几乎都是黑人，当时种族隔离制度下的白人政府对艾滋病采取了漠视态度。从 1990 年起，南非逐步废除种族隔离制度，1994 年，曼德拉领导的政党"非洲人国民大会"赢得选举，执政至今。但是，艾滋病在南非的流行并未因为黑人政治地位的提高而得到控制。废除种族隔离制度加速了人口流动和经济开发，令大量本国黑人、底层白人和邻近国家的移民劳工背井离乡，生活在失去家庭关系的打工宿舍区。在宿舍区内部频繁爆发不同种族和族群之间的暴力冲突，而且宿舍区人员经常会闯入当地社区强暴女性。南非社会普遍将艾滋病视为病人自作自受的结果，缺少对艾滋病成因和传播途径的科学认知，甚至忌讳谈论在性生活中使用避孕套，这种蒙昧状态令艾滋病的传播愈演愈烈。90 年代后期，艾滋病在南非出现爆炸性增长，控制疫情刻不容缓。

然而，1999 年接替曼德拉担任南非总统的姆贝基却对艾滋病采取了不作为的立场。姆贝基拒绝相信艾滋病是由 HIV 病毒引起，怀疑国际通用的抗 HIV 病毒药物的有效性，认为通过增加营养、增强免疫力就可以防治艾滋病。姆贝基执政时期的南非成为世界上唯一一个在原则上拒绝为 HIV 病毒阳性的怀孕妇女提供上述药物的国家，造成大量的母婴传播。2006 年，南非达到了艾滋病流行的顶峰，超过 34 万人死于艾滋病相关疾病，将近总死亡人口的一半。南非的人均寿命从 1998 年的男女 68.2 岁，降为男性 52.3 岁，女性 54.7 岁。2008 年，随着姆贝基辞职，南非终于结束了对艾滋病的否认时期，政府大力普及艾滋病知识，推广使用抗 HIV 病毒药物。时至今日，南非的艾滋病疫情有了很大好转，但依然相当严峻，每五个南非人中间就有一个艾滋病人。

对于防治流行病来说，社会进步是关键。前文提到，那不勒斯在 1884 年霍乱流行之后的城市重建并未阻止 1911 年的霍乱疫情再度暴发。但是城市重建也不乏成功的案例，最典型的例证就是从 19 世纪 50 年代到 70 年代由奥斯曼（Georges Haussmann）主持规划实施的巴黎改造工程。在重建之前，巴黎市中心的旧城区自从中世纪以来几乎没有改变，有些街区平均每三平方米就有一户居民，拥挤脏乱令人窒息。在 1832 年的霍乱流行期间，巴黎有近 18400 人死于疫情；1848 年的另一次霍乱也造成了不计其数的感染和死亡，首当其冲者就是这些凄惨绝望的旧城区。奥斯曼的改造工程拆除了此类中世纪城区，修建了宽敞的街道、公园、绿地、广场、新的下水道和供水系统，这次改造极大地改变巴黎的城市格局，使其成为现代都市的模范。1892 年，德国暴发霍乱，距离巴黎 700 多公里的汉堡有约 8600 人因此丧生，但是巴黎未受影响。这说明了城市改造的成功。

与硬件改造相比，软件层面的社会发展更为重要。第二次世界大战结束以后，美国洛克菲勒基金会在美国占领下的意大利撒丁岛赞助实施消灭疟疾的项目，方法是喷洒杀虫剂 DDT 扑杀传染疟疾的病媒蚊，1951 年，撒丁岛成功消灭了疟疾。当时舆论认为这是 DDT 效力的体现。但是多年后的回顾性研究表明，洛克菲勒基金会高薪雇用大批当地居民喷洒 DDT，提高了这些居民的生活水平和购买力，从而改善了社区经济状况和卫生条件，这才是消灭疟疾的关键。世界卫生组织错误地总结了撒丁岛的经验，从 1955 年开始在全球推广使用 DDT 灭蚊项目，结果虽然取得了暂时成功，却严重破坏了生态平衡。尤其是在社会发展水平不高的非洲，DDT 的喷洒偷工减料，浅尝辄止，反而使蚊子很快进化产生了抗药性。当前全球每年有超过 100 万人死于疟疾，主要是非洲的儿童。

在斯诺登撰写这部著作的时候，21 世纪人类社会爆发的两次重大疫情分别是中国 2003 年的 SARS 疫情和西非国家 2014 年至 2016 的埃博拉疫情，它们提供了怎样的教训呢？

斯诺登指出，面对 SARS 疫情的人类社会是幸运的，因为 SARS 病毒是通过飞沫传播，距离有限，传播力弱，不像流感和天花病毒可以通过空气传播，可以迅速蔓延。SARS 病毒的传播途径主要是通过不成比例的少数超级传播者传播给很多感染者，而大多数感染者都不会再度传播给其他人，因此只要识别并救治超级传播者，就可以控制疫情。尽管如此，SARS 疫情还是凸显了医疗资源紧张的问题。即使是像中国这样医疗条件远远优于许多小国的大国，在处理 SARS 疫情时都未免有些吃力。

埃博拉疫情的教训则要沉重得多。2014 年至 2016 年在西非出现的疫情是 1976 年首次发现该病毒以来发生的最大、最复杂的疫情，波及几内亚、塞拉利昂和利比里亚三国，患者人数约 28600 人，死亡人数约 11300 人。在疫情暴发初期，三国政府、世界卫生组织和国际社会都没有全力控制事态蔓延，导致疫情失控。一些当地医护人员坚持在前线救死扶伤，但是受制于有限的医疗资源，无法解决问题，不少医护人员殉职。慈善团体和非政府组织——例如无国界医生组织——在抗击疫情的斗争中起到了关键作用。世界卫生组织则反应迟缓，显示了国际卫生体系的失灵。

西非国家的民俗文化也令抗击疫情雪上加霜。很多民众相信感染埃博拉病毒必死无疑，不愿接受治疗，助长了病毒扩散。很多病人家属由于不了解相关知识，在护理病人的过程中自己也受到了感染。大难不死的幸存者体内拥有病毒抗体，可以承担前线的护理工作，但是他们却频频受到当地社区的排斥。很多当地居民反对隔离，反对将病人送往远离社区的医院。

概言之，SARS 疫情和埃博拉疫情体现了当今全球医疗资源供给和医疗反应能力的缺口，令很多业内专家担心全球社会能否经受得起下一场大规模流行病的冲击。2020 年横扫全球的新冠疫情，正是以一种极端暴烈、锐利而惨痛的方式，将上述缺口直接呈现在所有人面前。

在 20 世纪 60 和 70 年代，国际医学界曾经有一种乐观的声音，认为距离人类战胜各种流行病已经为期不远。如今再也没有人如此乐观。斯诺登指出，全球化加快了人和物资的流通，也让细菌和病毒的流通更加便捷；人口增长和快速城市化造就了全球数以亿计的城市新增人口，其中大多数是卫生条件不佳、容易感染的下层贫民；大多数细菌和病毒都已经产生抗药性，很多超级细菌和超级病毒是在医院环境下产生，病人在医院更容易受感染的情况时常发生。凡此种种，都意味着 21 世纪的疫情风险将会更加复杂，更加棘手。

拯救地球的最后窗口期

——《我们的最后警告：气候紧急状态的六度》

全球变暖是当今人类社会乃至整个地球生态系统面临的最严峻的挑战。2015 年，联合国 195 个成员国签署《巴黎协定》，承诺共同遏阻全球变暖趋势，将全球平均气温控制在比工业革命以前高出 2 摄氏度之内，并尽可能接近 1.5 摄氏度。该协定对各国并没有强制约束力，由各国自主推动。

即使各国都能切实履行对协定做出的相关承诺，科学家发现，把各国的方案——减少排放、建设可再生能源、拯救森林等——累加起来输入电脑模拟的结果，是 21 世纪地球平均气温将比工业革命之前上升 3.5 摄氏度。

几摄氏度的升温在很多人听起来似乎并没有那么可怕，因为并不了解地球平均气温每升高 1 摄氏度的确切后果。英国作家、环保活动家林纳斯（Mark Lynas）的著作《我们的最后警告：气候紧急状态的六度》（*Our Final Warning: Six Degrees of Climate Emergency*）填补了这一空白。林纳斯曾在 2007 年出版《六度：我们在一个更热星球上的未来》（*Six Degrees: Our Future on a Hotter Planet*）一书，预测全球变暖的前景。现在他表示自己当年的预测过于保守，全球变暖的速度远比之前想象的要快，灾难也会更快到来。

2015 年，也就是各国签订《巴黎协定》的那一年，全球平均气温越过了比工业革命之前高出 1 摄氏度的门槛。显而易见的后果是，格陵兰岛的冰层正在变成湖泊和溪流，一半的北极海冰消失了，南极洲的冰川正在加速滑入海中，世界各地的高山冰川也在萎缩。

容易被忽视的后果是：全球森林火灾季节的持续时间增加了五分之一。世界上最长、最大的珊瑚礁群，位于澳大利亚东岸的大堡礁的繁殖成功率下降了 90%。由于大量二氧化碳溶解在海水中，使海洋更加酸化，带有碳酸钙外壳的海洋生物将会被酸性海水溶解，许多种类的浮游生物将被消灭，而它们是海洋食物链的基础，是从鲭鱼到须鲸等高等生物赖以生存的关键。

如果温度继续升高，超过工业革命之前 2 摄氏度，可以肯定，北冰洋在夏天会没有冰，并因此改变整个北半球的天气系统。40% 的永久冻土地区将会融化，释放出 600 亿到 700 亿吨二氧化碳和甲烷，使全球气温进一步升高。南极西部的冰原开始滑入海洋，由此造成的海平面上升，即使保守估计，也会推算出 7900 万人将流离失所。蚊子传播的疾病，如登革热，从热带和亚热带蔓延到温带地区。过量的二氧化碳使谷物的营养价值降低，全球粮食供应遭遇危机。

在南美洲的秘鲁，首都利马位于沙漠环抱之中，几乎从不下雨，当地居民只能依赖来自安第斯山脉冰川的水。然而，比工业革命之前高出 2 摄氏度的气温会让安第斯山脉的冰川完全消失，导致利马供水枯竭。在美国加州，内华达山脉将不再有积雪，使得洛杉矶等城市在夏季越来越渴。地中海南部将失去五分之一的降雨量，引发水资源危机。

虽然升温 2 摄氏度仍然可以让大多数人类存活，但是现存物种的三分之一可能会因为气候变化消灭了它们的栖息地而灭绝。99% 的珊瑚礁将会死亡。

然而，所有这些都比不上亚马孙河流域绵延数百万平方公里的热带雨林有可能爆发的灾难。电脑预测模型显示，由于热带雨林没有进化出抗火能力，一旦干旱恶化超过临界点，任何火星都可能点燃大火，从而摧毁几乎整个雨林生态系统。一旦树木消失，沙漠就会在干旱的气候中出现，而森林燃烧所释放的二氧化碳，可能会使全球气温进一步升高 1.5 摄氏度，直接将地球带入升温 4 摄氏度的世界。

《巴黎协定》承诺将全球平均气温控制在比工业革命以前高出 2 摄氏度之内，科学家估计，要实现这一目标，人类社会最多还有 10 年时间来降低全球碳排放。否则，地球将注定进入比工业革命之前升温 3 摄氏度的世界。

这个世界意味着人类从未经历过的全球高温水平，超过 10 亿人只能在人工降温的室内生存，室外即使是阴凉地也会中暑。要在历史上寻找类似的高温，必须把时间至少倒退到 300 万年前的更新世，也就是冰河世纪之前。海平面上升将会超过 15 米，数以亿计的民众被迫迁移到更高的地方。此前将阳光反射到太空的茫茫白冰被蓝色的海洋或棕色的陆地取代，后者吸收了阳光，让气候更热。

澳大利亚的大部分地区将会位于常规降雨带之外。在南部非洲以博茨瓦纳为中心的一大片地区，耕地将会成为沙丘，农业被摧毁。在巴基斯坦，由于喀喇昆仑山脉的冰川消融，印度河的水位下降到涓涓细流，粮食供应将崩溃，而且很可能因为印度河支流上的水坝问题与邻国印度爆发冲突。美国将会出现特大干旱，加拿大可能会修筑边境墙阻止美国难民涌入。

事实上，在这个世界里，全球粮食短缺极有可能引发大规模文明崩溃，数以亿计的气候难民流离失所。而且，人类将不再有能力控制全球变暖进程，地球的平均温度将无可遏阻地比工业革命之前升高 4 摄氏度。

在这个时刻到来之际，锁在北极和西伯利亚永久冻土中的数千亿吨碳将进入融化区，释放出加速全球变暖的大量甲烷和二氧化碳。没有人知道这种情况会以多快的速度发生，也没有人知道它对全球气温的影响。整个北冰洋的冰盖将会消失，使北极至少 300 万年来首次成为开放水域。北极熊和其他以冰为生的物种的灭绝将成为必然。

南极冰盖也可能受到严重影响。南极西部的冰层可能会从基岩上松动，并随着变暖的海水蚕食其底部而坍塌，这将最终使全球海平面再增加 5 米。随着海平面上升加速，海岸线不断变化，许多地区，尤其是许多岛屿，都将被淹没。

撒哈拉沙漠在吞并了整个北非之后，将北上进入欧洲，在意大利、西班牙、希腊和土耳其蔓延。在瑞士，夏季气温可能达到 48 摄氏度。阿尔卑斯山的冰雪将不复存在。中国华北平原的夏季最高温度将超过 60 摄氏度。美国西部发生超大火灾的概率将增加 6 倍，印度发生洪水的风险将上升 20 倍。一条"无法居住的地带"将贯穿中东、印度大部分地区、巴基斯坦、孟加拉国和中国东部。极端气候所引发的风暴，在全球各地将真菌孢子从尘埃中掀起，使人群遭受致命的真菌感染。海洋温度将超过许多热带海洋生态区的所有物种的耐热阈值。陆地和海洋的生物灭绝肯定会是自 6500 万年前白垩纪末期的恐龙大灭绝以来最严重的一次。

最可怕的是正反馈，一个升温 4 摄氏度的世界，会由于北极和西伯利亚永久冻土融化所释放的甲烷，继续升温到比工业革命之前高出 5 摄氏度。

在这样一个世界里，复杂的人类社会早已度过了崩溃点。要想知道地球此时是什么样子，就必须放弃模型，在地质学上追溯到一个被称为始新世的时期。在加拿大北极地区发现的鳄鱼、海龟等亚热带物种的化石，其年代都是在 5500 万年前的始新世早期，当时地球经历了一场突如其来的全球变暖。这些化石显示，格陵兰岛海岸上生长着面包树，而北冰洋距离北极 200 公里范围内的水温高达 20℃。北极和南极都没有冰。

科学家猜测，始新世全球变暖的原因来自甲烷水合物。这种不太可能存在的物质，是一种甲烷和水的冰状组合，只有在低温高压下才会稳定。它可能在一次巨大的海洋"打嗝"中从海底喷发，进入大气层，作为温室气体引发全球气温飙升。今天，大量的这种甲烷水合物仍然存在于海底大陆架上。随着海洋变暖，它们可能会再次释放出来，与 5500 万年前的甲烷喷发遥相呼应。不过，始新世早期的全球温室效应至少需要 1 万年的时间才能实现，今天的地球则可以在不到一个世纪的时间里完成同样的进程。

平均气温比工业革命之前升高 6 度的世界，会非常类似于 2.51 亿年前的二叠纪末期。多达 95% 的物种都在那段时期中灭绝了。沉积层显示，当时地球上大部分植物覆盖层都随着土壤被风暴冲刷侵蚀而消失殆尽，岩石显示出真菌繁殖的高峰，因为植物和动物都在原地腐烂。还有更多的尸体被冲入海洋，使海洋缺少氧气。沙漠入侵欧洲中部，甚至可能已经到达北极圈附近。

虽然确切的原因还不清楚，但不可否认的是，二叠纪末期的物种大灭绝与一次超级温室效应有关。当时岩石中的氧同位素表明，全球温度上升了 6 摄氏度，也许是因为比 2 亿年后的始新世早期发生了更大规模的甲烷喷发。

从升温 1 度到升温 6 度，并非匀速的线性增长，而是不断加速的指数增长。如果人类社会继续按照现在的规模向大气层进行碳排放，到了 2100 年，其数量将足以使得地球比工业革命之前升温 6 摄氏度。二叠纪末期的物种大灭绝将会在地球上重演。

值此危急存亡之秋，人类社会有何对策呢？

林纳斯指出，工程师们已经着手工作，而且做得很好。大约 10 年前，可再生能源的价格开始暴跌，现在跌速还在不断加快。自 2010 年以来，太阳能每千瓦小时的价格已经下降了 82%，风力发电的价格几乎同样大幅下降。现在，电池的价格也在以同样的曲线下滑。在许多地方，建造新的太阳能阵列实际上比继续运行已有的天然气和燃煤发电厂更便宜，因为太阳免费提供能量。加之环保活动人士针对银行和资产管理公司的宣传攻势，很多投资者已经开始果断地转向可再生能源。环保运动也开始削弱化石燃料行业的政治影响力，过去 30 年，化石燃料行业一直游说各国政府阻止向新能源的过渡。

然而阻力依然非常巨大。向可再生能源的转型，意味着目前支撑化石燃料公司——以及像公司一样行事的国家，如沙特阿拉伯——价值的大量石油和天然气储备将要被留在地下，像管道和发电厂这样的基础设施将需要远在其使用寿命结束之前被关闭。虽然这个转型过程会创造更多的工作岗位，而不是减少工作岗位——化石燃料往往是资本密集型的，而可再生能源则是劳动密集型的——但是政治制度更多的是回应目前的工作岗位持有者，而不是回应潜在的替代者。因此，对于发展可再生能源的阻挠不仅来自化石燃料行业的大资本，也来自这一行业数以亿计的就业人群。

林纳斯在该书结尾写道："现在还不算太晚，事实上永远也不会太晚。正如 1.5 度比 2 度好，2 度比 2.5 度好，3 度比 3.5 度好，以此类推。

我们决不应该放弃。"然而，正如他在书中所揭示的那样，如果越过了升温 2 摄氏度的临界点，就会引发正反馈，使地球温度不受控制地继续升高。联合国政府间气候变化专门委员会在 2018 年的报告中指出，全球社会需要在 2030 年之前实现能源系统的根本转型，将碳排放量下降 50%，否则就不可能达成《巴黎协定》的目标。时不我待，只争朝夕。

第十章

后人类时代

《深度思考：机器智慧之终与人类创造
性之始》
作者：[俄]加里·卡斯帕罗夫（Garry
Kasparov）
出版社：PublicAffairs
出版时间：2017 年 5 月
定价：28 美元

《生命 3.0：人在人工智能时代》
作者：[美]迈克斯·泰格马克（Max
Tegmark）
出版社：Alfred A. Knopf
出版时间：2017 年 8 月
定价：28 美元

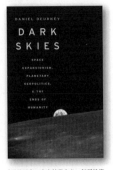

《黑暗天空：太空扩张主义、行星地缘
政治学与人类的终结》
作者：[美]丹尼尔·杜德尼（Daniel
Deudney）
出版社：Oxford University Press
出版时间：2020 年 3 月
定价：34.95 美元

即将到来的人工智能"人格化"

——《深度思考：机器智慧之终与人类创造性之始》

2016 年 3 月，谷歌开发的人工智能程序"阿尔法围棋"与曾经称霸世界棋坛的韩国棋手李世石举行围棋大战，以四比一获胜，轰动世界。2017 年 5 月，它与等级分排名世界第一的中国棋手柯洁对战，以三比零获胜。围棋界公认"阿尔法围棋"的棋力已经超过人类职业棋手顶尖水平。在它战胜柯洁之后，其研发团队宣布"阿尔法围棋"不再与人类棋手比赛。

从社会学角度而言，一个有趣的现象是围棋界对"阿尔法围棋"的接纳。"阿尔法围棋"在战胜李世石之后被韩国棋院授予名誉职业九段称号；而当它战胜柯洁之后，中国围棋协会也授予它职业九段称号。虽然"阿尔法围棋"的战绩给人类棋手带来了深深的震惊和沮丧，但是围棋界至少在名义上并没有把"阿尔法围棋"视为非我族类的机器怪物，而是让"棋手"的称号涵盖了人工智能程序。

此举意义深远。须知"法人"这个对于现代社会来说不可或缺的概念，就是中世纪后期的欧洲注释法学派在总结概括罗马法的基础上，作为自然人的对应物而提出的。这个概念将法律意义上的虚拟人格赋予了公司、社团等组织，承认其具有民事权利和民事行为能力，依法独立享有民事权利和承担民事义务。——试想一下，既然今天围棋界能够将人工智能程序视为棋手，焉知将来人类社会不会承认人工智能程序具有某种法律意义上的人格权，独立享有某些权利和承担某些义务？

回溯到 1997 年，那一年，国际象棋界也发生过一场著名的"人机大战"，由 IBM 公司研制的电脑"深蓝"对战当时排名世界第一、同时也被公认为史上最强棋手的卡斯帕罗夫（Garry Kasparov），结果"深蓝"获胜。那场比赛在当时造成的轰动效应，应该说远在"阿尔法围棋"战胜李世石和柯洁之上。有了"深蓝"的先例，"阿尔法围棋"的胜利只是让世人觉得"另一只靴子终于落下来了"。然而，"深蓝"并没有被国际象棋界视为棋手，相反，在社会学的意义上，它只是一台机器。

2017 年，已经退役多年的棋王卡斯帕罗夫出版了《深度思考：机器智慧之终与人类创造性之始》（*Deep Thinking: Where Machine Intelligence Ends and Human Creativity Begins*）一书，首次公开回顾了当年与"深蓝"的对局经历，分析了电脑对国际象棋发展的影响，总结了自己对人工智能的思考。

卡斯帕罗夫指出，1997 年那次被媒体大肆渲染的他与"深蓝"之间的比赛，其实是一次回访赛。此前，在 1996 年 2 月，他与"深蓝"之间有过一次棋战，他以三胜二和一负的战绩取胜。为了准备这次回访赛，IBM 砸下了大量资源，不仅大规模升级了"深蓝"的硬件，而且秘密雇用了一个国际象棋大师团队来训练强化其软件。IBM 还做了不少小动作来确保"深蓝"的优势，例如拒绝提供"深蓝"的近期棋谱（卡斯帕罗夫的棋谱都是公开的），拒绝按照国际象棋大赛的比赛惯例让卡斯帕罗夫携助手参赛，等等。"深蓝"在这次回访赛中以二胜三和一负的战绩取胜。卡斯帕罗夫要求再次比赛，但是 IBM 拒绝，并且迅速将"深蓝"拆卸，使卡斯帕罗夫无法报仇。综合两场比赛的战绩，卡斯帕罗夫其实仍是以四胜五和三负的战绩略胜一筹。

在与"深蓝"的对局之后，卡斯帕罗夫脑洞大开，发明了一种新的国际象棋对局形式——"先进国际象棋"（advanced chess）。参赛各方由人类棋手和电脑联合组成一支队伍，在对局过程中，人类棋手可以咨询电脑。首先，在开局阶段可以通过海量数据库检索对手的着法以前是否有人使用过，胜率几何；其次，在中局阶段把自己设想的几种不同着法交给电脑执行，比较各自优点，也防止自己有漏算；最后，在残局阶段，电脑可以计算各种变化，检索是否可以得到一个制胜局面。人类棋手必须在对局时限之内妥善分配时间，在电脑执行各种变化的同时，他自己也需要思考棋局。

1998 年，在西班牙的莱昂举办了第一场"先进国际象棋"公开赛，两位参赛的人类棋手分别是卡斯帕罗夫和托帕洛夫。此后莱昂基本上每年都会举办一次"先进国际象棋"的公开赛。结果表明，整体大于局部，顶尖人类棋手和电脑联合组队的棋力超过了由顶尖人类棋手或是电脑独自对局时的棋力。顶尖人类棋手可以通过直觉判断棋局，其思路可以超出电脑计算的极限。电脑则可以让顶尖人类棋手在战术上无懈可击，更加凸显战略层面的比拼。国际象棋变得更好玩了。

在《深度思考》一书中，卡斯帕罗夫得出了这样一个结论：但凡是那些人类知道自己如何去做的事情，机器都能比人类做得更好；但是还有很多事是人类能做但却并不确切知道自己是如何去做的，依靠的是一种只可意会不可言传的感觉，对于这些事情，机器就很难做好了。因为机器在起步阶段必须依靠人类输入的先验知识，如果人类无法解释关于"如何去做某件事"的知识，机器自然也就无从起步了。这也正是此书副标题所强调的重点所在："机器智慧之终与人类创造性之始"。

"阿尔法围棋"自然也在卡斯帕罗夫的关注范围之内。他指出，"阿尔法围棋"和"深蓝"存在很大差别，"深蓝"是由一个国际象棋大师的团队来训练强化其软件，而"阿尔法围棋"涨棋力的关键则是和自己反复对弈。"深蓝"的软件程序只能用来下国际象棋，而"阿尔法围棋"的算法可以普遍化，推广到诸多领域。用专业术语来说，"阿尔法围棋"是把树状图的搜索和两个深度神经网络相结合，其中一个估值网络评估大量选点，另一个走棋网络则选择落点，起初模仿参悟海量数据库内的人类职业棋手的过往棋局，然后和自己对弈，通过不断回馈修正错误来强化学习。这种算法可以解决人类在诸多领域所面临的存在多重相关因素的连续性决策问题。

卡斯帕罗夫虽然指出了"阿尔法围棋"与"深蓝"之间的区别，但认为它们本质上并无不同，都不具备人类所独有的创造性。然而这个结论下得未免太早了。2017 年 10 月，《自然》杂志发表重磅论文《无需人类知识精通围棋》，介绍了谷歌开发的新一代人工智能程序"阿尔法元"（AlphaGo Zero），它完全从零开始，不需要任何历史棋谱的指引，仅仅依靠和自己对局来强化学习，结果在和旧版"阿尔法围棋"的棋战中取得了一百比零的战绩。这意味着人工智能可以不再被人类知识所局限，而是自行发现新知识，创造新策略。"深度思考"不再是人类可以自傲的资本。

事实上，随着人工智能的突飞猛进和对人类社会的全方位渗透，它在社会学和法律意义上的"人格化"也即将到来。如果说通过引入电脑参赛，卡斯帕罗夫的"先进国际象棋"改变了国际象棋的对局规则，那么当工作场所和生活世界中的规则也因为人工智能的介入而改变之际，对人工智能的民事权利和义务就必须有所规定。如果当初"深蓝"被视为棋手，IBM 就没有权利拆卸它，卡斯帕罗夫就可以和它继续对局，看看究竟谁的水平更高。

科幻小说家阿西莫夫早在 1950 年就提出了著名的"机器人三大法则"，但那只是抽象地要求机器人服从人类利益，而不是设计一套机器人和人类都应当遵守的规则系统。在人工智能发展史上，卡斯帕罗夫的关键意义并不在于他曾被"深蓝"击败，而在于他发明的"先进国际象棋"对局规则赋予了电脑和人类棋手平等的参赛权，从而成为对人工智能赋予民事权利的先驱者。

为什么生命 3.0 才是人类的希望？

——《生命 3.0：人在人工智能时代》

1993 年，科幻作家文奇（Vernor Vinge）发表了一篇广为关注的论文《即将到来的技术奇点》，预言"30 年后，我们将具备创造超人类智能的技术手段，届时人类纪元将会终结"。"奇点"（singularity）在数学上是指使得某种函数无法成立或是趋于无穷大的点，文奇以此隐喻一个不可思议的大巨变的时间点。2005 年，发明家和未来学家库兹韦尔（Ray Kurzweil）出版了《奇点迫近》（*The Singularity Is Near*）一书，预言智能机器将会在 2030 年左右超越所有人类智能的集合，成为人类文明的继承者，人类也将进化成半机器人，通过神经系统直接进入"虚拟现实"和"增强现实"。

2010 年，哲学家查尔默斯（David Chalmers）发表了论文《奇点：哲学分析》，文中指出，倘若超人类的智能机器具有对人类不友善的价值观，即使并不是明显地反人类，那么从长期而言人类将很难持续生存。例如，倘若智能机器认为人类的生命和其他动物的生命是平等的，那么就不会特别在乎人类的利益，人类的生存空间就会大为削减。因此人类应当力图使智能机器具有对人类友善的价值观。2016 年，哲学家博斯特罗姆（Nick Bostrom）出版了《超级智能》（*Superintelligence*）一书，强调必须让人工智能的发展受到严格的伦理学框架的制约和引导，否则未来超人类的智能机器很可能会为了实现自己的目标而不择手段，将世界推向毁灭。例如，一台超级电脑有可能会为了最有效地计算圆周率的值，而设法把所有电网的电力都用于自己的运算，从而导致大范围断电。两位哲学家的主张在受到广泛关注的同时，也引发了尖锐的质疑——智能机器真的能够具有价值观吗？

2017 年，麻省理工学院宇宙学教授泰格马克（Max Tegmark）出版了《生命 3.0：人在人工智能时代》（*Life3.0: Being Human in the Age of Artificial Intelligence*）一书，通过将人工智能界定为一种高阶的生命形式——"生命 3.0"，开启了洞察人工智能和人类未来命运的新视野。高科技企业家马斯克在推特上推荐此书，并评论说："人工智能将是人类有史以来最好或最坏的事物，所以不能出错。"

泰格马克将生命定义为"自我复制的信息处理系统，其信息（软件）决定了其行为和其硬件的蓝图"。这个乍看起来令人费解的定义是《生命 3.0》一书的基石。以单细胞生命阿米巴为例，它一方面能够收集、处理周围环境的信息，在此基础上依据某种"算法"做出相应的变形和运动；另一方面可以通过 DNA 编码信息并自我复制。由于自然选择，只有那些在 DNA 中编码了适应环境的"好算法"的阿米巴才能一代代自我复制，那些编码了"坏算法"的阿米巴都灭绝了。这种最简单的生命形式被泰格马克定义为"生命 1.0"。这种类型的生命可以在物种层面上通过进化而适应环境，例如细菌可以在若干代之后对抗生素产生抗药性；但是其个体的行为完全受 DNA 所编码的"算法"决定，换言之，其个体的"软件"并不具备重新设计自身"算法"的能力。

如果说阿米巴的"软件"只是 DNA，人类的"软件"就要复杂得多。人类个体的大脑通过神经元突触处理信息，可储存约 10 万 GB 的信息量，而人类个体的 DNA 所编码的信息量仅为 1GB 左右。人类个体可以通过大脑的信息处理系统来学习如何适应和改造环境，更重要的是，人类可以通过语言和符号实现信息和知识的汇总、提炼与传播，用泰格马克的话说就是具备"文化能力"。泰格马克将人类定义为"生命2.0"，其个体的"软件"可以重新设计自身"算法"。

但是"生命2.0"也有局限，人类的肉身或者说"硬件"依然受制于DNA的信息编码，不可能随心所欲重新设计。泰格马克认为，在跨越"奇点"之后，未来的人工智能将会一方面具备类似于人类的"文化能力"，另一方面又能重新设计和改造自身的"硬件"身体，从而成为一种新的生命形式——"生命3.0"。当然，这三种生命形式之间的界线并非泾渭分明，而是存在复杂的中间地带。例如很多高等动物可以视为"生命1.1"，而今天有能力实现人工器官植入的人类可以视为"生命2.1"。

质疑者也许会问：人工智能是信息处理系统没错，但它有意识吗？如果没有意识，它又怎能有资格被视为生命？泰格马克的回应是，今天的人工智能早已不限于运行程序，而是通过形形色色的传感器来捕捉外部环境的各种特征，因此完全能够在跨越"奇点"之后形成对于自身和外部世界互动的认识，从而形成意识。

在心理学界和认知科学界，"具身认知"的观念早已成为主流。这种观念认为，人类的认知最初是在活的身体界面上，通过与环境的相互作用而发生的，发展到高级阶段才具备符号语义特征。而人工智能的发展路径则恰恰相反，是先建构复杂的符号语义系统，近年来才随着各种传感器的广泛运用而逐渐具备"身体界面"。然而殊途同归，人工智能最终完全可以像人类一样具备意识和文化能力。这也意味着对前文提出的问题有了肯定的答案：未来的智能机器能够具有价值观；因为价值观无非就是自主设定的行为偏好。

泰格马克总结了各路专家对于未来一万年内智能机器如何影响人类社会的多种设想，将其概括为 12 种版本：一是自由至上主义乌托邦，人类和智能机器由于确立产权而和平共处；二是仁慈独裁者，智能机器统治社会，法令严明，得到了绝大多数人的拥护；三是平等主义乌托邦，人类和智能机器废除了私有产权，保证收入，和平共处；四是守夜人，智能机器对人类社会只在必要情况下做最小程度的干涉，目标是防止出现另一类智能机器；五是上帝保护者，全知全能的智能机器将人类的幸福最大化，同时又隐而不显，让人类觉得自己可以掌握命运；六是被奴役的上帝，智能机器被人类控制，创造出不可思议的技术和财富，可能为善也可能为恶，取决于其人类控制者的动机；七是征服者，智能机器控制了人类，并且觉得人类或是一种威胁，或是一种渣滓，或是一种资源浪费，因此通过一种人类甚至无法理解的方式灭绝人类；八是后裔，智能机器取代了人类，但是让人类体面退场，让人类自豪地觉得智能机器是优秀的后裔，就像父母为孩子比自己更优秀而骄傲；九是动物园管理者，全能的智能机器驯养一部分人类，就像人类豢养动物；十是"1984"，一个由人类统治的奥威尔式的"老大哥"政府永远禁止对于超人类智能机器的研发；十一是反转，对超人类智能机器的研发被人类社会的反技术潮流所阻止；十二是自我毁灭，还没有等到超人类智能机器研发成功，人类已经由于核战争、生物武器或气候变化等因素而灭绝。

泰格马克指出，这 12 种版本都有可能成为现实，而且未来的可能性远远不止这 12 种。就悲观的方面而言，人类有可能在人工智能跨越"奇点"之后走向衰落乃至灭绝；但是就乐观的方面而言，人类有可能在友善的智能机器的帮助下，在未来 10 亿年内保持繁荣，将文明散布到广袤的银河系中，甚至像很多科幻小说所描述的那样，穿越时空隧道，征服更浩渺的宇宙。

泰格马克是一位宇宙学家，因此视角与众不同。在他看来，以宇宙的时空尺度而言，"生命 2.0"所创造的文明注定要困死在沧海一粟之中，瞬息即逝；只有"生命 3.0"所创造的文明才拥有在宇宙中绵延相续的希望。跨越"奇点"的人工智能很可能会导致人类提前灭绝，但是如果没有超人类的智能机器，人类将注定灭绝。这好比一个赌局，人类无法不押宝人工智能，即使这意味着人类将不再是万物之灵，步入"后人类时代"。

唯其如此，我们才能深刻理解马斯克对于此书言简意赅的评论："人工智能将是人类有史以来最好或最坏的事物，所以不能出错。"

太空扩张是否可取

——《黑暗天空：太空扩张主义、行星地缘政治学与人类的终结》

2020 年 5 月底，美国 SpaceX 公司的龙飞船发射升空，将两位宇航员送入国际空间站。这是史上首次由私人航天公司运载宇航员前往国际空间站，其第一级火箭和飞船本身都可以回收再利用，揭开了商业载人航天的帷幕。SpaceX 公司的创始人马斯克从小深受科幻文化影响，一直想要殖民火星，这是他在 2002 年创立这家公司的根本动力。马斯克认为，移居火星攸关人类生存，因为未来地球很可能不再适宜居住。此次龙飞船的成功发射，意味着登陆火星提上了议事日程。

像马斯克这样热衷于太空扩张和外星殖民的人士绝非少数。美国宇航局（NASA）前局长格里芬将其定位为"物种生存"问题。已故著名天体物理学家霍金曾经猜测，如果人类不能在 100 年内殖民太空，可能会面临灭绝。为这一议题草创蓝图的先驱人物是号称现代宇航之父的齐奥尔科夫斯基。这位经历了沙俄和苏联两个时代的俄罗斯科学家提出了火箭推进计算的基本公式，为太空飞行奠定了理论基础。他有一句名言："地球是人类的摇篮，但人类不可能永远生活在摇篮中。"

齐奥尔科夫斯基的豪言壮语激励了无数追随者，成为"太空扩张主义"的宣言。然而，地球真的只是人类的摇篮吗？就算将地球视为摇篮，人类对于走出摇篮是否已经做好了充分准备？美国政治学家杜德尼（Daniel Deudney）在《黑暗天空：太空扩张主义、行星地缘政治学与人类的终结》（*Dark Skies: Space Expansionism, Planetary Geopolitics, and the Ends of Humanity*）一书中，详尽分析了"太空扩张主义"的起源、流派、论点和论据，从而得出结论：在现有的文明条件下，人类的太空扩张是非常不可取的，人类灭绝的概率实际上可能会上升而不是下降。

支持太空扩张和外星殖民的一个重要理由是，正如不能把所有鸡蛋都放在一个篮子里，人类也不能把命运完全寄托在脆弱的地球上，而是应该分散风险。然而，杜德尼指出，太空扩张将会得不偿失，极大地增加人类的风险。这主要体现在三个方面：其一，太空扩张将会导致针对地球目标的外太空军事化；其二，太空扩张将会危及个人自由；其三，人类的外星殖民将会引发星际地缘政治冲突，危及人类生存。

先看针对地球目标的外太空军事化，事实上，人类在技术上跨越太空飞行的门槛，最初来自纳粹德国的武器研制。纳粹德国在第二次世界大战中研制的 V-2 火箭是世界上最早投入实战使用的弹道导弹，也是人类发明的第一个可以飞入太空的航天器，其目的在于从欧洲本土袭击英国。第二次世界大战结束之后，美国接收了 V-2 火箭的核心设计团队和制造设施，成为美国发展太空计划的基础；而苏联也通过俘获的 V-2 火箭资料和相关科研人员，开发出导弹和火箭科技，与美国展开太空竞赛。苏联率先把人类送入太空，而美国则实现了人类首次登月。除了火箭之外，近地轨道空间站最初也是被设想为针对地球目标的核武器发射平台，可以短时间内对任何地球目标发射导弹，从而建立全球军事统治。

1966 年，联合国通过了号称"太空宪法"的《外层空间条约》，条约规定：探索和利用太空应当为所有国家谋福利；任何国家不得将太空据为己有；限制太空军事化，不得部署核武器和任何其他大规模毁灭性武器。但是，《外层空间条约》并没有阻止美国总统里根在20世纪80年代提出针对苏联的"星球大战计划"，在太空展开军备竞赛。而特朗普政府更是组建了一支独立的"太空军"，作为美国继陆军、海军、空军、海军陆战队和海岸警卫队之后的第六个正式军种，以此来威慑美国的对手。

显然，针对地球目标的外太空军事化是对人类社会的重大威胁，对此应该坚持《外层空间条约》，阻止太空扩张。

再看个人自由。在西方国家尤其是美国，很多人把太空扩张视为实现个人自由和潜能的孵化器。他们认为，地球上的人类社会已经拥挤、僵化和老朽，自由处于危险之中，移居太空类似于当年的美国西部牛仔逃离尔虞我诈的东部各州，建立一个自由人自由联合的民主社会。

杜德尼指出，这种想法是极其可疑的。太空扩张或者是由政府主导，或者是由公司和资本主义主导。在第一种情况下，个人完全从属于集体。而在第二种情况下，最有财富和最有权势的人群成为太空扩张的主导者，他们将会逃避地球上既有的政府监管规则，将此前作为"无主之地"的太空"私有化"，从而不可避免地造成财富积累的严重等级分化，进而导致陡峭的政治等级制度。而在人类建立了如同"群岛"般的多个太空定居社会的情况下，每一个"岛屿"内部都有动力以"安全"为由，将这种陡峭的政治等级制度合法化。个人自由将会受到严格限制，那些处于底层的群体首当其冲。

因此，重视个人自由的人应该是太空扩张的强烈怀疑者和反对者，而不是积极的支持者。

外星殖民引发星际地缘政治冲突，则是更为可怕的噩梦。每个行星都有自己独特的环境，这些环境将推动达尔文式的进化，只要未来的生命满足了自然选择进化的基本条件——比如差异性繁殖和整个种群的性状变异——那么进化的压力就会产生新的生命形式。与此同时，利用技术来改造和增强身体和大脑，也会影响在外星殖民的未来种群的进化轨迹，结果可能产生具有全新的认知架构、情绪反应、身体能力和寿命的生物。同时，跨越空间的扩张也将导致意识形态的多样化。不同的物种将创造自己的文化、语言、政治机构、宗教、技术、仪式、规范、世界观，结果会越来越难以理解对方的动机、意图、行为、决定，最终完全将对方视为异类。

众所周知，地球上的物种之间为了争夺空间和资源的竞争无所不在。而对于智能物种来说，更是仅仅为了尊严和荣耀就足以引发杀戮。在未来的太空"群岛"上，随着智能物种的异化程度不断加深，能够促进相互尊重和相互容忍的同质性纽带势将不断减弱，建立一个和平的跨星球"世界政府"的可能性会越来越渺茫，星际地缘政治冲突将会比比皆是，在极端情况下甚至会引发"岛屿"之间的种族灭绝战争。

17世纪的政治哲学家霍布斯设想过一种办法，来摆脱人人相互敌对的"丛林状态"。所有人出于对自身安全的考虑，签订社会契约，把自己的自然权利让渡给一个绝对的威权"利维坦"，服从它的统治，由它来垄断合法使用武力的权利，建立法律和秩序。然而，在"太空群岛"的各个岛屿彼此距离遥远的情况下，要想建立一个自上而下的治理系统，跨越浩瀚的宇宙距离，有效协调执法活动、司法判决等，是一件不可能的事情。

因此，所有外星殖民社会都会为了自保而囤积可怕的大规模杀伤性武器，不仅是核武器，还可以对小行星重新定向，作为炸弹撞击对方，毫无疑问还会出现一系列超出人类目前想象力的异常强大的超级武器。一个自杀性的邪教组织可能使用这类武器来毁灭宇宙。从历史上看，防御性措施往往滞后于进攻性措施，这意味着在异常强大的超级武器面前，只要在短时间内处于脆弱状态，就有可能被灭绝。

也许上述灾难性的场景在时间和空间上都显得过于遥远。但是，即使是最小程度的太空扩张，也会给地球安全带来不可承受的风险。如果一个完全独立的火星殖民地进攻地球，地球上的人类社会将极难抵御。这是因为地球的重力相对较大，火箭必须达到相对较高的逃逸速度才能摆脱地球引力，而火星的重力加速度仅为地球重力加速度的三分之一强，从火星上发射火箭要容易得多。而如果是从月球、邻近的小行星或空间平台上发射火箭攻击地球，就更是轻而易举。

鉴于太空扩张的巨大风险，杜德尼对齐奥尔科夫斯基的名言——"地球是人类的摇篮，但人类不可能永远生活在摇篮中"——提出了强烈的质疑。很多太空扩张主义者宣称，由于太阳将在几十亿年以后燃烧殆尽并且吞噬地球，所以人类最好尽快想办法把自己送出太阳系。杜德尼指出，这个论证是愚蠢的，就像一个人意识到自己必须在几年后离开家，然后决定马上开始收拾行李。人类还有十几亿年的时间为太阳的死亡做准备，与其担心无比渺远的未来，不如把未来几十年的精力和资源用于解决地球上迫在眉睫的问题，比如气候变暖。不应该把地球设想为摇篮，而是应当意识到，地球是无垠宇宙荒漠中的一小片珍稀罕见的适合人类生存的绿洲，地球是人类的家园。

杜德尼指出，人类的问题不在于被困在地球上，而在于被困在一个支离破碎、容易引发暴力的国际体系之中。如果人类无法在具备天时地利的地球上建立起相互制约、互惠互利的制度，那么在太空"群岛"的地缘政治结构中就更不可能实现。人类的生存和发展取决于治理能力，而不是大规模的太空扩张。诚然，在渺远的未来，人类将会只有离开地球并迁徙到宇宙中的其他地方才能生存下去，但是这与人类在未来几个世纪的抉择和命运都没有关系。

支持太空扩张主义的思想基础是对于技术进步的乐观信仰。借用古希腊神话的典故，太空扩张主义者是普罗米修斯的信徒，相信无止境的技术进步可以引领人类文明实现无止境的繁荣。与此对立的关于技术进步的"反乌托邦"的悲观叙事，认为技术进步很可能会将人类引入不可预见的灾难性后果，甚至导向世界末日。古希腊神话里的伊卡洛斯是这种悲观叙事的原型，伊卡洛斯在使用羽毛和蜡制造的飞翼逃出克里特岛时，由于初尝飞行的喜悦，越飞越高，因为太接近太阳而使蜡融化，不幸坠海身亡。19世纪英国作家玛丽·雪莱的小说《弗兰肯斯坦》，更是将技术进步的灾难性后果讲述得狰狞可怕。

杜德尼指出，人类开发新技术的能力是无可置疑的，但是人类能否发展出准确的预见能力，预测新技术的后果究竟是通向繁荣抑或灾难？人类能否发展出强大的自我克制能力，去放弃那些诱人的、但是有可能开启灾难之门的技术可能性（比如克隆人）？从以往的历史记录来看，答案并不乐观。而在科学技术获得长足发展的今天，普罗米修斯式的技术乐观主义，比以往更加危险，更有可能令盲目的人类失足坠入深渊。

人类文明与地球的关系，经历了几个发展阶段。杜德尼将从旧石器时代到公元 1500 年左右的人类地球文明称为"群岛地球"，当时各个文明区域和政治实体之间彼此隔离，在技术上不可能形成一个统一而和平的人类社会。从公元 1500 年开始，人类地球文明进入了"全球地球"时代，随着各个文明区域之间的交往日益频繁，加之后来的工业革命对生产力的巨大解放，全球越来越有可能在政治上实现统一，1945 年成立的联合国就是人类社会迈向政治统一的重要一步。

20 世纪中叶的一系列技术发展，标志着人类地球文明进入了"行星地球"时代。第一批核武器、第一枚远程火箭和卫星、第一台电子数字计算机和 DNA 分子的首次测序都是在这一时期实现的。与此同时，人类见证了人口和经济高速增长的开端，与地球的关系也发生了根本转变。核技术、航天技术、生物技术、信息技术一方面赋予了人类前所未有的改造自然的能力，另一方面也使得人类对于地球生物圈的影响达到了极其危险的程度。

在人类地球文明进入"行星地球"时代之际，最重要的任务是重新构建与地球的关系。太空发展计划应当是以地球为中心，而不是盲目地相信太空扩张会让人类更有生存保障。

附：本书所评书目汇编
（按本书目录顺序排列）

第一章　民众、国家与权力

The Novel of the Century: The Extraordinary Adventure of Les Misérables, by David Bellos, Farrar, Straus and Giroux (March 21, 2017)

　　《世纪小说:〈悲惨世界〉的非凡历险》，作者: [美] 大卫·贝卢斯，美国普林斯顿大学法国文学与比较文学教授

Urban Rage: The Revolt of the Excluded, by Mustafa Dikec, Yale University Press (January 9, 2018)

　　《城市怒火：被排斥者的反叛》，作者: [土耳其 / 英] 穆斯塔法·迪切奇，英国伦敦大学人文地理学教授

The Square and the Tower: Networks and Power, from the Freemasons to Facebook, by Niall Ferguson, Penguin Press (January 16, 2018)

　　《广场与塔：从共济会到脸书的网络与权力》，作者: [英] 尼尔·弗格森，美国斯坦福大学胡佛研究所资深研究员

On Grand Strategy, by John Lewis Gaddis, Penguin Press (April 3, 2018)

《论大战略》，作者：[美]约翰·刘易斯·加迪斯，美国耶鲁大学军事史教授

The Struggle against Imperialism: Anticolonialism and the Cold War, by Edward H. Judge, and John W. Langdon, Rowman & Littlefield Publishers (June 15, 2018)

《反抗帝国主义：反殖民主义与冷战》，[美]爱德华·嘉治、约翰·兰登，两位作者是美国莱莫恩学院（Le Moyne College）历史学教授

The Virtue of Nationalism, by Yoram Hazony, Basic Books (September 4, 2018)

《民族主义的优点》，作者：[以色列]约拉姆·哈扎尼，以色列哲学家与政治评论家

Cultural Backlash: Trump, Brexit, and Authoritarian Populism, by Pippa Norris, and Ronald Inglehart, Cambridge University Press (February 14, 2019)

《文化反动：特朗普、英国脱欧与威权民粹主义》，作者：[美]皮帕·诺里斯、罗纳尔德·英格哈特，皮帕·诺里斯是哈佛大学肯尼迪政府学院讲师与澳大利亚悉尼大学国际关系学教授，罗纳尔德·英格哈特是美国密歇根大学政治学教授

Escape from Rome: The Failure of Empire and the Road to Prosperity, by Walter Scheidel, Princeton University Press; Reprint edition (March 16, 2021)

《逃离罗马：帝国的失败与通往繁荣之路》，作者：[奥地利]沃尔特·谢德尔，美国斯坦福大学古典学与历史学教授

第二章　反思资本主义

The Optimistic Leftist: Why the 21st Century Will Be Better Than You Think, by Ruy Teixeira, St. Martin's Press (March 7, 2017)

《乐观的左派：为何21世纪比你想的要好》，作者：[美]胡伊·特谢拉，美国进步中心（Center for American Progress）资深研究员

Behemoth: A History of the Factory and the Making of the Modern World, by Joshua B. Freeman, W. W. Norton & Company; 1st edition (February 27, 2018)

《巨兽：工厂史和现代世界形成史》，作者：[美]约书亚·弗里曼，美国纽约市立大学历史学教授

Crashed: How a Decade of Financial Crises Changed the World, by Adam Tooze, Viking (August 7, 2018)

《崩溃：十年金融危机如何改变世界》，作者：[英]亚当·图斯，美国哥伦比亚大学历史系教授

Can Democracy Survive Global Capitalism?, by Robert Kuttner, W. W. Norton & Company (April 10, 2018)

《民主能否幸存于全球资本主义》，作者：[美]罗伯特·库特纳，美国资深政治评论家，经济政策研究所（Economic Policy Institute）创始人之一

The Code of Capital: How the Law Creates Wealth and Inequality, by Katharina Pistor, Princeton University Press (May 28, 2019)

《资本的编码：法律如何创造财富和不平等》，作者：[德]卡塔

琳娜·皮斯特，美国哥伦比亚大学法学院教授

Why You Should Be a Socialist, by Nathan J. Robinson, All Points Books (December 10, 2019)

《为何你应当成为社会主义者》，作者：[美] 内森·罗宾逊，美国政治评论家

Break 'Em Up: Recovering Our Freedom from Big Ag, Big Tech, and Big Money, by Zephyr Teachout, All Points Books (July 28, 2020)

《打破它们：从大农业、大科技和大资本恢复我们的自由》，作者：[美] 泽福·蒂侨特，美国福特汉姆大学法学院副教授

The Deficit Myth: Modern Monetary Theory and the Birth of the People's Economy, by Stephanie Kelton, PublicAffairs(June 9, 2020)

《赤字神话：现代货币理论与人民经济的诞生》，作者：[美] 斯蒂芬妮·凯尔顿，美国纽约州立大学石溪分校经济学与公共政策教授

第三章　美国

The End of Loyalty: The Rise and Fall of Good Jobs in America, by Rick Wartzman, PublicAffairs(May 30, 2017)

《忠诚的终结：美国好工作的兴衰》，作者：[美] 瑞克·沃兹曼，德鲁克研究所（Drucker Institute）资深学者

Moral Combat: How Sex Divided American Christians and Fractured American Politics, by R. Marie Griffith, Basic Books (December 12, 2017)

《道德之战：性如何分裂美国基督徒并且撕裂美国政治》，作者：[美] 玛丽·格里菲斯，美国圣路易斯华盛顿大学人文学杰出教授

War on Peace: The End of Diplomacy and the Decline of American Influence, by Ronan Farrow, W. W. Norton & Company (April 24, 2018)
《战争凌驾和平：外交的终结与美国影响力的衰落》，作者：罗南·法罗，美国记者和政治分析家

The Death of Truth: Notes on Falsehood in the Age of Trump, by Michiko Kakutani, Tim Duggan Books (July 17, 2018)
《真相之死：关于特朗普时代谎言的笔记》，作者：[美] 角谷美智子，曾任美国《纽约时报》首席书评人

The End of the Myth: From the Frontier to the Border Wall in the Mind of America, by Greg Grandin, Metropolitan Books (March 5, 2019)
《神话的终结：美国精神从边疆到边界墙》，作者：[美] 格雷格·格兰丁，美国纽约大学历史系教授

Trade and American Leadership: The Paradoxes of Power and Wealth from Alexander Hamilton to Donald Trump, by Craig Van-Grasstek, Cambridge University Press (January 3, 2019)
《贸易与美国领导地位：从汉密尔顿到特朗普的权力 / 财富悖论》，作者：[美] 克雷格·范格拉斯塔克，美国哈佛大学肯尼迪学院公共政策讲师

Why Cities Lose: The Deep Roots of the Urban-Rural Political Divide, by Jonathan A. Rodden, Basic Books(June 4, 2019)

《为何城市失败：城乡政治分隔的深层根源》，作者：[美] 乔纳森·罗登，美国斯坦福大学政治学教授

Crisis of Conscience: Whistleblowing in an Age of Fraud, by Tom Mueller, Riverhead Books (October 1, 2019)

《良知危机：欺诈时代吹哨何为》，作者：[美] 汤姆·穆勒，美国作家

Unholy: Why White Evangelicals Worship at the Altar of Donald Trump, by Sarah Posner, Random House (May 26, 2020)

《不圣洁：白人福音派为何拜倒在特朗普的圣坛前》，作者：[美] 萨拉·波斯纳，美国作家

第四章　欧洲

Adults in the Room: My Battle with the European and American Deep Establishment, by Yanis Varoufakis, Farrar, Straus and Giroux; Illustrated edition (October 3, 2017)

《房间里的成年人：我与欧美当权精英的战斗》，作者：[希腊] 雅尼斯·瓦鲁法克斯，希腊雅典大学经济学教授，曾任希腊财政部长

The Marshall Plan: Dawn of the Cold War, Benn Steil, Oxford (January 1, 2018)

《马歇尔计划：冷战破晓》，作者：[美] 本·斯泰尔，美国外交关系学会国际经济部主任

The Global Age: Europe 1950-2017, by Ian Kershaw, Viking (April

30, 2019)

《全球化年代：欧洲 1950—2017》，[英]伊恩·克肖，英国历史学家

Understanding Russia: The Challenges of Transformation, by Marlene Laruelle, and Jean Radvanyi, Rowman & Littlefield Publishers (August 16, 2018)

《理解俄罗斯：转型的挑战》，作者：[法]玛琳·拉怀勒、[法]吉恩·劳德瓦尼，玛琳·拉怀勒是美国乔治·华盛顿大学国际关系学教授，吉恩·劳德瓦尼是法国国立东方语言文化学院俄罗斯研究与地理学教授

第五章　中东

Destroying a Nation: The Civil War in Syria, by Nikolaos van Dam, I.B. Tauris (October 31, 2017)

《摧毁一个国家：叙利亚内战》，作者：[荷兰]尼可拉奥斯·范登，荷兰资深外交官，曾任荷兰派往叙利亚的特使

The Coming Economic Implosion of Saudi Arabia: A Behavioral Perspective, by David Cowan, Palgrave Macmillan (April 16, 2018)

《即将到来的沙特阿拉伯经济内爆：一个行为的视角》，作者：[英]大卫·考文，英国《环球法律邮报》（*Global Legal Post*）特约编辑

Iran Rising: The Survival and Future of the Islamic Republic, by Amin Saikal, Princeton University Press (February 5, 2019)

《伊朗崛起：伊斯兰共和国的生存与未来》，作者：[澳大利亚] 阿明·赛卡尔，澳大利亚国立大学国际关系学教授

Erdogan's Empire: Turkey and the Politics of the Middle East, by Soner Cagaptay, I.B. Tauris (September 19, 2019)

《埃尔多安的帝国：土耳其与中东政治》，作者：[土耳其 / 美] 索内尔·卡加帕泰，美国华盛顿近东政治研究所研究员

The Hundred Years' War on Palestine: A History of Settler Colonialism and Resistance, 1917–2017, by Rashid Khalidi, Metropolitan Books (January 28, 2020)

《巴勒斯坦百年战争：定居者殖民征服与原居民反抗的历史 1917—2017》，作者：[巴勒斯坦 / 美] 拉希德·哈利迪，美国哥伦比亚大学现代阿拉伯研究教授

第六章　大数据与社会

Automating Inequality: How High-Tech Tools Profile, Police, and Punish the Poor, by Virginia Eubanks, St. Martin's Press (January 23, 2018)

《自动化不平等：高科技工具如何记录、管治和惩罚穷人》，作者：[美] 弗吉尼亚·尤班克斯，美国纽约州立大学奥尔巴尼分校政治学副教授

The Efficiency Paradox: What Big Data Can't Do, by Edward Tenner, Knopf (April 17, 2018)

《效率悖论：大数据不能做什么》，作者：爱德华·坦纳，美国史密

森尼—莱梅尔逊中心（Smithsonian's Lemelson Center）"杰出学者"

The Ethical Algorithm: The Science of Socially Aware Algorithm Design, by Michael Kearns, and Aaron Roth, Oxford University Press (November 1, 2019)

《伦理算法：具有社会意识的算法设计科学》，作者：[美] 迈克尔·克恩斯、亚伦·罗斯，迈克尔·克恩斯是美国宾夕法尼亚大学计算机系教授，亚伦·罗斯是美国宾夕法尼亚大学计算机系副教授

第七章　进化与遗传

The Evolution of Beauty: How Darwin's Forgotten Theory of Mate Choice Shapes the Animal World - and Us, by Richard Prum, Doubleday (May 9, 2017)

《美之进化：被遗忘的达尔文配偶选择理论如何塑造了动物世界和我们》，作者：[美] 理查德·普鲁姆，耶鲁大学鸟类学教授

She Has Her Mother's Laugh: The Powers, Perversions, and Potential of Heredity, by Carl Zimmer, Dutton (May 29, 2018)

《她有她母亲的笑容：遗传的力量、反常和潜能》，作者：[美] 卡尔·齐默，美国科普作家

第八章　教育

The Case against Education: Why the Education System Is a Waste of Time and Money, by Bryan Caplan, Princeton University Press (January 30, 2018)

《指控教育：为何教育体系实属浪费时间金钱》，作者：[美] 布赖恩·卡普兰，美国乔治梅森大学经济学教授

The Cult of Smart: How Our Broken Education System Perpetuates Social Injustice, by Fredrik deBoer, All Points Books (August 4, 2020)

《对聪明的盲目崇拜：破碎的教育体系如何使社会不公正永久化》，作者：[美] 弗雷德里克·德波尔，美国作家

第九章　警惕灾难

Warnings: Finding Cassandras to Stop Catastrophes, by Richard A. Clarke, and R.P.Eddy, Ecco (May 23, 2017)

《警告：发现卡珊德拉阻止灾难》，作者：[美] 理查德·克拉克、R. P. 艾迪，美国国家安全与反恐专家

Unstable Ground: Climate Change, Conflict, and Genocide, by Alex Alvarez, Rowman & Littlefield Publishers (July 25, 2017)

《不稳定的基础：气候变化，冲突与族群清洗》，作者：[美] 亚力克斯·阿尔瓦雷斯，美国北亚利桑那大学犯罪学教授

Epidemics and Society: From the Black Death to the Present, by Frank M. Snowden, Yale University Press (October 22, 2019)

《流行病与社会：从黑死病到现在》，作者：[美] 弗兰克·斯诺登，耶鲁大学历史系荣休教授

Our Final Warning: Six Degrees of Climate Emergency, by Mark Lynas, Fourth Estate (April 16, 2020)

《我们的最后警告：气候紧急状态的六度》，作者：[英] 马克·林纳斯，英国作家和环保活动家

第十章　后人类时代

Deep Thinking: Where Machine Intelligence Ends and Human Creativity Begins, by Garry Kasparov, PublicAffairs (May 2, 2017)

《**深度思考：机器智慧之终与人类创造性之始**》，作者：[俄] 加里·卡斯帕罗夫，前国际象棋世界冠军

Life 3.0: Being Human in the Age of Artificial Intelligence, by Max Tegmark, Knopf; 1st edition (August 29, 2017)

《**生命** 3.0：**人在人工智能时代**》，作者：[美] 迈克斯·泰格马克，美国麻省理工学院宇宙学教授

Dark Skies: Space Expansionism, Planetary Geopolitics, and the Ends of Humanity, by Daniel Deudney, Oxford University Press (March 2, 2020)

《**黑暗天空：太空扩张主义、行星地缘政治学与人类的终结**》，作者：[美] 丹尼尔·杜德尼，美国约翰·霍普金斯大学政治学副教授

后 记

本书能够集腋成裘，首先要感谢《第一财经》的编辑符淑淑女士。正是她近乎无条件的信任，使我有幸在"结束铅华归少作，屏除丝竹入中年"之际，得到了一个让自己不松懈的机会，把披阅英文新书这件事坚持下来。另一位编辑张晶女士亦曾负责我的稿件半年有余，在此一并致谢。

感谢朱岳兄的推荐、孟凡礼兄的厚爱和后浪出版公司的支持，使本书得以顺利出版。

对于治学和为文，我多年来追求的境界是"堂堂之阵，正正之旗，分合变化，不可端倪"，虽然不敢说有什么造诣，但一直在朝这个方向努力。本书献给已归道山的沈昌文先生，同时也是送给正在学习汉字的敦敦小朋友的礼物，希望他将来可以读懂。

图书在版编目（CIP）数据

审势：洞察世界的风口/黄湘著.——北京：光明
日报出版社，2022.8
ISBN 978-7-5194-6725-8

Ⅰ.①审… Ⅱ.①黄… Ⅲ.①国际政治—文集②世界
经济—文集 Ⅳ.①D50-53②F112-53

中国版本图书馆CIP数据核字(2022)第140041号

审势：洞察世界的风口
SHENSHI : DONGCHA SHIJIE DE FENGKOU

著　者：黄　湘

责任编辑：舒　心　曲建文　　　　　策　划：郝明慧
封面设计：黄　海　　　　　　　　　责任校对：傅泉泽
责任印制：曹　净

出版发行：光明日报出版社
地　　址：北京市西城区永安路106号，100050
电　　话：010-63169890（咨询），010-63131930（邮购）
传　　真：010-63131930
网　　址：http://book.gmw.cn
E-mail：gmrbcbs@gmw.cn
法律顾问：北京市兰台律师事务所龚柳方律师

印　　刷：天津中印联印务有限公司
装　　订：天津中印联印务有限公司
本书如有破损、缺页、装订错误，请与本社联系调换，电话：010-63131930

开　　本：143mm×210mm
字　　数：254千字　　　　　　　　　印　张：10.75
版　　次：2022年8月第1版　　　　　印　次：2022年8月第1次印刷
书　　号：ISBN 978-7-5194-6725-8

定　　价：58.00元